co-Trip
여행 독일어

German

용기를 내어 독일어로 말을 걸어 봅시다.
조금이라도 내 마음이 전해진다면 여행은 좀 더 즐거워질 거예요.
여느 때보다 더 따뜻하게, 같이 경험해 볼까요?

혜지원

『여행 독일어』를 가지고…

자, 이제 시작해 봅시다.

여행을 할 때 필요한 기본 회화부터, 알아 두면 좋을 현지 정보,
편안한 여행을 즐기기 위한 표현과 단어를 모았습니다.
자, 다양한 회화 표현으로 여행 기분을 느껴 볼까요?

모처럼 여행을 왔으니 현지인 분들과 커뮤니케이션을 해 볼까요? 간단한 인사라도 그 나라의 말로 먼저 말을 걸어 본다면, 현지인 분들도 웃는 얼굴로 반겨 줄 겁니다.

맛집 탐방, 쇼핑, 뷰티 등 의사소통을 해야 하는 순간에 필요한 표현들을 가득 담았습니다. 간단한 의사소통이라도 평소와는 다른 경험을 할 수 있을지도 모릅니다. 다양한 회화 표현을 통해 여행을 좀 더 즐겁게 보내 볼까요?

check list

무엇을 추천해 주시나요?
Was empfehlen Sie?
바스 엠쁠렌 지?

이 케이크 한 조각 주세요.
Ein Stück von diesem Kuchen, bitte.
아인 슈튁 뽄 디젬 쿠헨 비테

여기서 사진 찍어도 되나요?
Darf ich hier fotografieren?
다프 이히 히어 뽀토그라삐어렌?

얼마입니까?
Was kostet das?
바스 코스테트 다스?

3

HOW TO 독일어

회화 수첩은 현지에서 자주 사용하는 문장을 중심으로 최대한 많은 내용을 담았습니다. 사전에 미리 알아두고 공부해 놓으면 좋은 정보들도 담았습니다. 현지에서 자주 쓰이는 어휘들도 기억해 둡시다.

> "카페에서는 어떻게 말해야 주문할 수 있을까?", "이 화장품은 어떻게 말해야 하지?" 등 순간적으로 당황했던 적은 없나요? 이 회화 수첩은 현지에서 흔히 접할 수 있는 상황별로 정리했습니다. 각 장면에 연관된 문장이나 단어들을 모아 현지에서도 쉽게 사용할 수 있도록 했습니다.

사용하는 포인트는 이곳에

● 상황별 구성으로 문장을 익히기 쉽습니다.

● 여러 가지 신으로 기본 문장에 충실하였습니다.

● 영어와 한국어로 되어 있어, 현지에서도 도움이 됩니다.

1 상황별로 아이콘이 붙여져 있습니다.

맛집, 쇼핑, 뷰티, 관광, 엔터테인먼트, 호텔의 각 상황별로 제목의 옆에 아이콘이 붙여져 있습니다. 필요한 상황을 바로 찾을 수 있도록 하였습니다.

2 단어를 바꿔서 활용할 수 있어서 편리합니다.

숫자나 지명 등 바꿔 넣는 것 만으로도 문장을 만들 수 있어 편리합니다.

| 노이슈반슈타인 성으로 가는 버스가 있나요? | Gibt es einen Bus zum Schloss Neuschwanstein?
깁트 에스 아이넨 부스 춤 슐로스 노이슈반슈타인?
Is there a bus that goes to Neuschwanstein Castle? |

3 중요 문장을 찾기 쉽습니다.

특히 중요한 문장은 일목요연하게 정리해서 알 수 있도록 하였습니다.

| 이 반지 좀 볼 수 있을까요? | Könnte ich vielleicht diesen Ring sehen?
쾬테 이히 빌라라이히트 디젠 링 제엔?
Could I see this ring? |

4 상대의 말도 이해할 수 있도록 하였습니다.

현지 사람이 자주 사용하는 문장도 적혀 있습니다. 사전에 체크해 놓으면, 당황하지 않고 대화를 이어갈 수 있을 것입니다.

| 이건 얼마나 오래됐나요? | Wie lang ist das?
비 랑 이스트 다스?
How long is it? |

5 독일어 이외에도 영어 표기가 있습니다.

영어 표기도 기재되어 있습니다.
독일어가 통하지 않으면 영어로 시도해 봅시다.

| 한번 해 봐도 될까요? | Kann ich das mal anprobieren?
칸 이히 다스 말 안프로비어렌?
May I try this on? |

액세서리나 수공예품도 사러 가 봅시다.

반지나 리본 등 작고 귀여운 물건은 몇 개든 갖고 싶어져요.
가족이나 친구들에게 선물로 주면 좋아할 것 같아요.

바꿔서 쓰는 대야어패턴 찾아넣으세요

이 반지를 볼 수 있을까요?	Könnte ich vielleicht diesen Ring sehen? 쾬테 이히 빌라라이히트 디젠 링 제엔?/ Could I see this ring?
한번 해 봐도 될까요?	Kann ich das mal anprobieren? 칸 이히 다스 말 안프로비어렌?/ May I try this on?
이건 어떤 종류의 보석인가요?	Was ist das für ein Edelstein? 바스 이스트 다스 퓌어 아인 에델슈타인?/ What is this stone?
이거 독일에서 만들어졌나요?	Ist das in Deutschland hergestellt? 이스트 다스 인 도이칠란트 헤어게슈텔트?/ Is this made in Germany?
이건 얼마나 오래됐나요?	Wie lang ist das? 비 랑 이스트 다스?/ How long is it?
그거 이미 주세요.	Davon möchte ich zwei Meter haben. 다본 뫼히테 이히 츠바이 메터 하벤 I'll have two meters of it. 숫자P.150
선물 포장해 주세요.	Packen Sie es bitte als Geschenk ein. 파켄 지 에스 비테 알스 게셴크 아인 Please make it a gift.
다른 색깔(디자인)으로도 있나요?	Haben Sie das auch in anderen Farben(mit einem anderen Muster)? 하벤 지 다스 아우흐 인 안더렌 파르벤(밋 아이넴 안더렌 무스터)?/ Do you have another color(print)?
따로따로 포장해 주세요.	Packen Sie es bitte getrennt ein. 파켄 지 에스 비테 게트렌트 아인 Could you wrap these individually?
그 위에 리본(테이프) 좀 붙여주세요.	Machen Sie da bitte ein Band drum. 마헨 지 다 비테 아인 반트 드럼 Could you put some ribbons?

90

6 주고받는 대화 형식으로 내용을 파악할 수 있습니다.

실제 대화 내용을 적어놨기 때문에 어떻게 대화를 주고받으면 좋을지를 알 수 있습니다.

안녕하세요!(점심 인사)

Guten Tag!
구텐 탁

어서오세요, 여기 좀 보세요!

Herzlich Willkommen. Schauen Sie bitte hier!
헤어츨리히 빌콤멘 샤우엔 지 비테 히어

오래된 건가요?

Ist das alt?
이스트 다스 알트?/

이건요 60년대 거 예요.

Das ist aus den sechziger Jahren.
다스 이스트 아우스 덴 제히치거 야렌

4

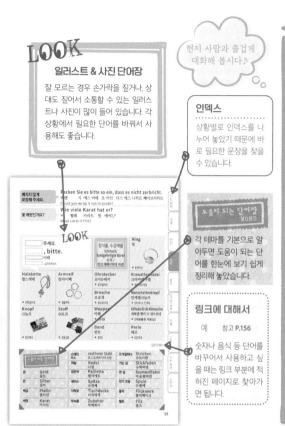

LOOK

일러스트 & 사진 단어장

잘 모르는 경우 손가락을 짚거나, 상대도 짚어서 소통할 수 있는 일러스트나 사진이 많이 들어 있습니다. 각 상황에서 필요한 단어를 바꿔서 사용해도 좋습니다.

현지 사람과 즐겁게 대화해 봅시다♪

인덱스

상황별로 인덱스를 나누어 놓았기 때문에 바로 필요한 문장을 찾을 수 있습니다.

각 테마를 기본으로 알아두면 도움이 되는 단어를 한눈에 보기 쉽게 정리해 놓았습니다.

링크에 대해서

예   참고 P.156

숫자나 음식 등 단어를 바꾸어서 사용하고 싶을 때는 링크 부분에 적혀진 페이지로 찾아가면 됩니다.

회화 수첩으로 적극적으로 현지 사람들과 의사소통해 보는 방법!

비결 1 책의 가장 앞부분에 나오는 인사나 기본 문장을 사전에 외워둡시다.

간단한 인사나 기본이 되는 문장을 외워 두면 유사시에 편리합니다.   P.10

비결 2 사진과 일러스트 단어를 상대방에게 보여주며 의사 전달합니다.

하고 싶은 말이 잘 전달되지 않을 때에는 사진이나 일러스트를 보여서 본인의 의사를 전달해 봅시다.
P.36 / P.48 / P.80

비결 3 한국의 문화를 소개하면서 적극적으로 의사소통을 해봅시다.

한국 문화에 관심을 갖고 있는 외국인들이 많습니다. 한국에 대해 소개하면서 대화를 이어나가 봅시다.   P.146

발음에 대해

다양한 문장 표현과 단어에 한국어로 표기를 덧붙였습니다. 그대로 읽으면 현지에서 알아들을 수 있을 정도로 비슷한 발음으로 적어 두었으니, 적극적으로 소리내어 말해 보세요.

● 독일어는 발음을 어떻게 하지?

●기본은 로마자 읽기

독일어는 26자의 알파벳과 3종류의 움라우트("ä", "ö", "ü"), 에스체트(ß)로 구성되어 있습니다. 먼저 알파벳 읽기를 외우고, 이를 이용해 로마자 읽기를 합니다.

●독일어 특유의 움라우트

변모음인 움라우트는 각각 다음과 같이 발음합니다. "ä"는 '아' 입모양으로 [이]라고 발음합니다. "ö"는 '오' 입모양으로 [이]라고 발음합니다. "ü"는 '유' 입 모양으로 [이]라고 발음합니다.

●복모음

복모음은 각각 ei(아이), ie(이), eu(오이), au(아우), äu(오이)로 발음합니다. ➜ 독일어 문법은 p.154

5

Contents

독일은 이런 곳입니다. •8

상황별 대화는 6가지 분야로 소개하고 있습니다.

 관광   맛집  쇼핑   뷰티   엔터테인먼트   호텔

독일은 이런 곳입니다.

유서 깊은 역사와 문화를 가지고 있으며 전 국토에 걸쳐 볼거리가 많은 독일. 다음 지명들은 목적지를 물을 때나 현지 사람들과 이야기할 때 활용해 보세요.

독일 기본 정보

Q 사용하는 언어는?

A 독일어입니다.
일부 지역에서는 덴마크어나 소르브어 등도 사용하고 있습니다.

Q 화폐는?

A 유로화(€)입니다.
2002년부터 유럽연합(EU) 가맹국으로서 유럽연합의 화폐인 유로를 사용하고 있습니다.

Q 추천하는 여행 시즌은?

A 봄~여름을 추천합니다.
봄~여름에는 습도가 낮고 낮이 길기 때문에 시간을 보내기 편합니다. 관광을 하기에는 베스트 시즌입니다. 축제나 크리스마스 마켓 등으로 활발한 가을~겨울의 독일도 매력적입니다.

독일에서 지켜야 할 매너를 알아봅시다.

· **제스처에 주의합시다** : 사람 앞에서 코를 훌쩍거리는 행위는 불쾌감을 주는 행위입니다. 입을 손으로 가리고 웃는 것도 하지 맙시다.

· **흡연할 때는 항상 주의!** : 공공장소에서 흡연을 하는 것이 금지되어 있기 때문에, 흡연을 해도 되는지 확인한 후에 흡연을 하도록 합니다. 여행자여도 위반 시에 벌금을 물 수가 있습니다.

· **미술관, 박물관에서의 매너** : 미술관이나 박물관 등에서는 큰 짐은 맡기고 입장해야 합니다. 촬영 금지인 곳도 많기 때문에 주의해야 합니다. 성당에서는 노출이 심한 복장은 피하는 것이 좋습니다.

> 독일의 대표적인 지명

Hamburg 함부르크
독일에서 2번째로 큰 도시입니다. 창고 거리와 슈테른샨체 등 즐거운 관광지가 한가득입니다.

Köln 쾰른
세계에서 3번째로 큰 고딕 양식 대성당을 볼 수 있습니다. 독특한 박물관도 놓치면 안 됩니다.

DATA
정식 국명 / 독일연방공화국
인구 / 약 8,388만 명(2022년 기준)
면적 / 약 35만km²
수도 / 베를린
한국과의 시차 / -8시간
(서머타임 시 -7시간)

Frankfurt 프랑크푸르트
독일 교통의 중심지. 귀국 전에 기념품을 구입할 때 가도 좋습니다. 명물인 사과주도 맛볼 수 있습니다.

로맨틱 가도
그림 같은 분위기의 길거리가 이어져 있는 곳으로 독일 관광의 하이라이트입니다.

덴마크 Denmark
북해 North Sea
슐레스비히 홀슈타인 주 SCHLESWIG-HOLSTEIN
함부르크
네덜란드 NETHERLANDS
브레멘 Bremen
니더작센 주 NIEDERSACHSEN
독일연방 FEDERAL REPUBLIC
메르헨 가도
하멜른 Hameln
노르트라인 베스트팔렌 주 NORDRHEIN-WESTFALEN
뒤셀도르프 Düsseldorf
아이제나흐 Eisenach
쾰른
헤센 주 HESSEN
튀링겐 주 THÜRINGEN
괴테 가도
방베르크
프랑크푸르트
뤼데스하임
자를란트 주 SAARLAND
로맨틱 가도
로텐부르크
프랑스 FRANCE
하이델베르크
바덴바덴
슈투트가르트 Stuttgart
판타스틱 가도
바덴 뷔르템베르크 주 BADEN-WÜRTTEMBERG
취리히 Zürich
스위스 SWITZERLAND
퓌센

라인강　　바이로이트　　포츠담
Rhein　　**Bayreuth**　　**Potsdam**

독일의 관습을 알고 갑시다.
'폐점법'에 따라 영업 시간에 규제가
있어 일요일 등에는 가게 영업이 제
한되어 있는 독일. 최근에는 완화되
었지만, 쇼핑은 평일 오후에 하는 것
이 더 낫습니다.

Berlin
베를린
신구 문화가 교차하는 독일의 수도.
독일의 클래식이나 예술품을 만끽할
수 있습니다.

발틱해
Baltic Sea

메클렌부르크
포어포메른 주
MECKLENBURG-VORPOMMERN

공화국
OF GERMANY

베를린

브란덴부르크 주
BRANDENBURG

작센안할트 주
SACHSEN-ANHALT

라이프치히
Leipzig

아이센
Meissen

드레스덴
Dresden

작센 주
SACHSEN

바이로이트
Bayreuth

고성 가도

뉘른베르크

딩켈스뷜

바이에른 주
BAYERN

뮌헨

알펜 가도

폴란드
POLAND

체코
CZECH REPUBLIC

프라하
Praha

고성 가도
중세의 전설이 살아 숨쉬는 고성과
역사가 있는 많은 거리가 이어져 있습니다.

München
뮌헨
바이에른 왕국의 수도로서 번성했던 남
독일 최대의 도시입니다. 가극장과 미술
관 외에도 맥주의 도시로 유명합니다.

Wien
빈
합스부르크 제국 약 640년의 역사와,
궁정 문화가 남아 있는 '음악의 도시'
입니다. 명물인 디저트를 중심으로 카
페 여행을 할 때 빼놓을 수 없습니다.

오스트리아
AUSTRIA

빈

잘츠부르크
Salzburg

독일어를 공식적으로 사용하고 있
는 나라는 독일 이외에도 오스트리
아, 스위스(그 외 이탈리아어, 프랑
스어, 로망스어), 벨기에(그 외 프랑
스어, 플라망어) 등이 있습니다.

원포인트

지명을 사용해 말해 봅시다.

[   ]에 가고 싶습니다.

Ich würde gern nach [   ] gehen.

이히 뷔어데 게언 나흐 [   ] 제엔

목적지를 전달할 때
는 지명을 확실하게
이야기해요.

어디에서 오셨습니까?
Woher kommen Sie?
보헤어 콤멘 지?

저는 [   ]에서 왔습니다.
Ich komme aus [   ].
이히 콤메 아우스 [   ].

오스트리아의 디저
트, 엔터테인먼트도
소개하고 있습니다.

현지인과 커뮤니케이션을
적극적으로 해 보세요.

9

먼저 인사부터 시작해 봅시다.

커뮤니케이션의 시작은 인사부터!
먼저 기본적인 인사 표현을 알고, 적극적으로 사용하는 것부터 시작해 봐요.

안녕하세요(아침). / 안녕하세요(점심). / 안녕하세요(저녁).
Guten Morgen. / Guten Tag. / Guten Abend.
구텐　모르겐 　/　구텐　탁 　/　구텐　아벤트
Good morning. / Good afternoon. / Good evening.
※ 남독일이나 오스트리아에서는 '안녕하세요'를 Grüß Gott!(구류스 고트)라고 합니다.

안녕히 계세요. / 안녕.
Auf Wiedersehen. / Tschüs.
아우프 비더제헨 　/　츄스
Good-bye. / Bye.

네. / 아니요.
Ja. / Nein.
야 / 나인
Yes. / No.

좋은 하루 되세요.
Schönen Tag noch.
셰넨　탁　노흐
Have a nice day.

감사합니다.
Danke schön.
당케 셴
Thank you.

천만에요.
Bitte.
비테
You are welcome.

또 봐요! / 내일 봐요.
Bis bald! / Bis morgen.
비스 발트! 　/　비스 모르겐
Bye! / See you tomorrow.

> **상대방의 눈을 보며 의사표시를**
> 자신의 의사를 전할 때는 확실하게 상
> 대방의 눈을 봅시다. 독일에서는 눈을
> 피하는 것은 좋은 인상을 남기지 못한
> 답니다.

2가지의 '당신'
높임말인 Sie와 보통 말인 du는 영어로
말하면 둘 다 you라는 의미입니다. 얼마
나 친근한지에 따라 나누어 사용합니다.

만나서 반갑습니다. 제 이름은 김영희입니다.
Freut mich. Ich heiße Kim Young Hee
쁘로이트 미히   이히 하이쎄 김영희
Nice to meet you. I'm Kim Young Hee.

만나서 반가워요.
Es freut mich, Sie zu sehen.
에스 쁘로이트 미히   지   쭈 제엔
I'm glad to see you.

당신은 한국에서 오셨습니까?
Kommen Sie aus Korea?
콤멘   지 아우스 코레아?
Are you from Korea?

네. 서울에서 왔습니다.
Ja, ich komme aus Seoul.
야   이히 콤메   아우스 서울
Yes, I'm from Seoul.

실례합니다.
Entschuldigung.
엔슐디궁
Excuse me.

네, 무슨 일이세요?
Wie bitte?
비   비테?
Pardon?

11

알아 두면 편리한 문장들을 모아 봤어요.

여행지에서 자주 쓰이는 간단한 문장 표현을 모았습니다.
이것만으로도 의사소통의 폭이 확 넓어진답니다.

여행 전에 외워 두면
편해요!

시간이 얼마나 걸리나요?
Wie lange dauert es?
비 랑에 다우어트 에스?
How long does it take?

얼마입니까?
Was kostet das?
바스 코스테트 다스?
How much is it?

네, 부탁드려요. / 아니요, 괜찮아요.
Ja, bitte. / Nein, danke.
야 비테 / 나인 당케
Yes, please. / No, thank you.

이것은 무엇입니까?
Was ist das?
바스 이스트 다스?
What is this?

이해하지 못했습니다.
Ich verstehe nicht.
이히 페어슈테헤 니히트
I don't understand.

모르겠습니다.
Ich weiß nicht.
이히 바이스 니히트
I don't know.

다시 한번 말씀해 주시겠습니까?
Können Sie das bitte noch einmal sagen?
퀸넨 지 다스 비테 노흐 아인말 자겐?
Can you repeat that again?

천천히 말씀해 주시겠어요?
Können Sie bitte langsamer sprechen?
퀸넨 지 비테 랑자머 슈프레헨?
Could you speak more slowly?

말씀하신 것을 이 종이에 써 주실 수 있으실까요?
Können Sie mir das bitte aufschreiben?
퀸넨 지 미어 다스 비테 아우프슈라이벤?
Could you write it on the paper?

한국어[영어]를 할 수 있는 사람이 있나요?
Gibt es hier jemanden, der Koreanisch[Englisch] spricht?
깁트 에스 히어 예만덴 데어 코레아니쉬[앵글리쉬] 슈프리히트 ?
Is there anyone who speaks Korean[English]?

아주 좋습니다. / 그냥 그래요.
Sehr gut. / Es geht.
제어 굿 / 에스 게에트
It's very good. / So so.

좋아요. / OK. / 아니요.
Sicher. / OK. / Nein.
지허 / 오케이 / 나인
Sure. / OK. / No.

실례합니다.
Entschuldigung.
엔슐디궁
Excuse me.

죄송합니다.
Tut mir leid.
투트 미어 라이드
I'm sorry.

저예요. / 당신이에요.
Ich. / Sie.
이히 / 지
It's me. / It's you.

이걸로 부탁드려요.
Das, bitte.
다스 비테
I'll take this.

언제? / 누가(누구)? / 어디서? / 왜?
Wann? / Wer? / Wo? / Warum?
반?/ 베어?/ 보? / 바룸?
When? / Who? / Where? / Why?

13

알아 두면 편리한 문장들을 모아 봤어요.

> ☐☐☐☐☐ 부탁드려요.
>
> ☐☐☐☐☐ **, bitte.**
> 비테
> ☐☐☐☐☐ ,please.

Point ~, bitte는 원하는 것이 있을 때 상대방에게 부탁하는 표현입니다. ☐☐☐☐에 '물건'이나 '서비스'를 넣어 말해 봅시다. 원하는 물건을 받았거나 뭔가 호의를 받았을 때는 Danke schön이라고 한마디하는 것 잊지 않기!

커피
der Kaffee
데어 카페
coffee

차
der Tee
데어 테
tea

콜라
die Cola
디 콜라
coke

생수
das Mineralwasser
다스 미네랄바써
mineral water

맥주
das Bier
다스 비어
beer

레드 와인
der Rotwein
데어 로트바인
red wine

소고기
das Rindfleisch
다스 린트쁠라이쉬
beef

소시지
die Wurst
디 부어스트
sausage

프레첼
die Brezel
디 브레쩰
pretzel

자허토르테 케이크
die Sachertorte
디 자허토르테
Sachertorte

메뉴
die Speisekarte
디 슈파이제카르테
menu

지도
der Stadtplan
데어 슈타트플란
map

der, die 등은 정관사입니다
(p.155 참고)

팸플릿
die Broschüre
디 브로쉬어
brochure

영수증
die Quittung
디 크빗퉁
reciept

14

[   ] 해도 되나요?

Darf ich [   ] ?

다프   이히 [   ] ?

Can I [   ] ?

Point Darf ich ~ ?는 '~해도 좋을까요?'라는 표현으로 상대방에게 허락을 구할 때 쓰는 표현입니다. [   ]에 자신이 하고 싶은 것을 넣어 말해 봅시다. 상대방은 주로 Ja(네)나 Nein(아니요)라고 답합니다.

사진을 찍다
ein Foto machen
아인 쁘토 마헨
take a picture

화장실에 가다
auf die Toilette gehen
아우프 디 토일레테 게엔
go to a restroom

주문하다
bestellen
베슈텔렌
order

여기에 앉다
hier sitzen
히어 짓쩬
sit here

창문을 열다
das Fenster öffnen
다스 뻰스터   외프넨
open the window

예약하다
reservieren
레저비어렌
make a reservation

체크인하다
einchecken
아인체켄
check in

그곳에 가다
dorthin gehen
도어트힌   게엔
go there

여기에 머물다
hier bleiben
히어 블라이벤
stay here

핸드폰을 사용하다
das Telefon benutzen
다스 텔레뽄   베눗쩬
use a phone

나중에 전화하다
nachher anrufen
나흐헤어   안루뻰
call later

쿠폰을 사용하다
einen Gutschein benutzen
아이넨 굿샤인   베눗쩬
use a coupon

거기로 걸어가다
zu Fuß dorthin gehen
쭈 뿌스 도어트힌 게엔
walk there

ein, einen 등은
부정관사입니다
(p.155 참고)

여기서 결제하다
hier bezahlen
히어 베짤렌
pay here

알아 두면 편리한 문장들을 모아 봤어요.

어디에 있나요?

Wo ist ❓ **?**
보 이스트 ?
Where is ?

Point Wo ist ~ ?는 '장소' 등을 물을 때 쓰는 표현입니다. 어딘가에 가고 싶을 때나 찾고 싶은 물건이 있을 때 사용합니다. 에 장소, 물건, 사람 등을 넣어 물어보면 좋습니다.

이 레스토랑
dieses Restaurant
디제스 레스토랑
this restaurant

화장실
die Toilette
디 토일레테
a restroom

역
der Bahnhof
데어 반호프
a station

매표소
der Fahrkartenschalter
데어 빠카르테샬터
a ticket booth

나의 좌석
mein Sitzplatz
마인 짓츠플랏츠
my seat

지하철역
der U-Bahnhof
데어 우반호프
a subway station

안내소
die Information
디 인포마찌온
an information center

에스컬레이터
die Rolltreppe
디 롤트레페
an escalator

엘리베이터
der Aufzug
데어 아우프쭉
an elevator

계단
die Treppe
디 트레페
stairs

카페
das Café
다스 카페
a café

은행
die Bank
디 방크
a bank

길을 걷다가 건물 안으로 들어가기 전까지 상황에서 폭넓게 쓸 수 있는 표현입니다.

우체국
das Postamt
다스 포스트암트
a post office

경찰서
die Polizei
디 폴리짜이
a police station

▢▢▢▢ 있나요?
Haben Sie ▢▢▢▢ ?
하벤 지 ▢▢▢▢ ?
Do you have ▢▢▢▢ ?

Point Haben Sie ~ ?는 '~은/는 있습니까?'라고 물을 때 쓰는 표현입니다. ▢▢▢▢ 에 제품이나 물건, 요리 등을 넣어서 사용합니다. 가게에서 자신이 원하는 물건을 팔고 있는지 묻거나, 식당에서 주문을 할 때 등에 사용하세요.

약
die Medikamente
디 메디카멘테
medicines

우유
die Milch
디 밀히
milk

잡지
die Zeitschrift
디 짜이트슈리프트
magazine

초콜릿
die Schokolade
디 쇼콜라데
chocolate

변압기
der Transformator
데어 트란스뽀마토어
transformer

버터
die Butter
디 부터
butter

잼
die Marmelade
디 마말라데
jam

케첩
der Ketchup
데어 케첩
ketchup

소금
das Salz
다스 잘츠
salt

후추
der Pfeffer
데어 페퍼
pepper

냅킨
die Papierserviette
디 파피어저비어테
paper napkins

건전지
die Batterie
디 바테리
batteries

복사기
der Kopierapparat
데어 코피어아파가트
a copy machine

생리대는
die damenbinde라고
합니다.

가위
die Schere
디 셰어레
scissors

17

알아 두면 편리한 문장들을 모아 봤어요.

> [   ]을/를 찾고 있어요.
> ## Ich suche [   ].
> 이히 주헤 [   ]
> I'm looking for [   ].

Point Ich suche ~ 는 '~을/를 찾고 있습니다'라고 상대방에게 전하는 표현입니다. '잃어 버린 물건', '사고 싶은 물건', '찾는 물건'을 말할 때 외에, '가고 싶은 장소' 등을 전하고 싶을 때도 사용합니다.

나의 지갑
mein Geldbeutel
마인 겔트보이텔
my wallet

나의 여권
mein Reisepass
마인 라이제파스
my passport

나의 카메라
mein Fotoapparat
마인 뽀토아파가트
my camera

화장실
die Toilette
디 토일레테
a restroom

출구
der Ausgang
데어 아우스강
an exit

입구
der Eingang
데어 아인강
an entrance

티셔츠
das T-Shirt
다스 티셔츠
T-shirts

신발
die Schuhe
디 슈에
shoes

가방
die Tasche
디 타셰
bags

화장품
die Kosmetik
디 코스메틱
cosmetics

사진관
das Fotogeschäft
다스 뽀토게셰프트
a photograph store

환전소
die Wechselstube
디 벡셀슈투베
a money exchange

> 사람을 찾을 때도
> 쓰입니다.

서점
die Buchhandlung
디 부흐한들룽
a bookstore

아스피린
das Aspirin
다스 아스피린
an aspirin

[   ] 해 주실 수 있나요?
Könnten Sie bitte [   ]?
쾬텐 지 비테 [   ]?
Could you [   ]?

 Point Könnten Sie bitte ~ ? 는 '괜찮으시면 ~해 주실 수 있을까요?'라고 정중하게 전하는 표현입니다. [   ]에 '상대방이 해 주었으면 하는 것'을 넣어 사용합니다.

부탁을 들어주다
einen Gefallen tun
아이넨 게팔렌 툰
do me a favor

도와주다
helfen
헬펜
help me

다시 말하다
noch einmal sagen
노흐 아인말 자겐
say that again

천천히 말하다
langsamer sagen
랑자머 자겐
speak slowly

말한 것을 쓰다
aufschreiben, was Sie gerade gesagt haben
아우프슈라이벤 바스 지 게라데 게작트 하벤
write down what you said

택시를 부르다
ein Taxi rufen
아인 탁시 루펜
call me a taxi

길을 알려 주다
den Weg sagen
덴 벡 자겐
show me the way

담요를 주다
eine Decke geben
아이네 데케 게벤
give me a blanket

의사를 부르다
einen Arzt rufen
아이넨 아츠트 루펜
call for a doctor

잠시 기다리다
einen Augenblick warten
아이넨 아우겐블리크 바르텐
wait a minute

찾다
suchen
주헨
look for it

주변을 안내하다
herumführen
헤룸퓌어렌
show me around

짐을 옮기다
das Gepäck tragen
다스 게팩 트라겐
carry the luggage

~, bitte보다 더 진심을
담아 쓰는 표현입니다.

주소를 말해 주다
die Kontaktadresse geben
디 콘탁트아드레쎄 게벤
tell me your address

19

현지인에게 내 마음을 전달해 봅니다.

독일어 표현들을 외우는 것은 조금 어려운 일이지만, 감정을 바로 전달할 수 있는 한마디를 사전에 알아 둔다면 현지에서 죽마고우를 만난 듯 쉽게 친해질 수 있습니다.

한마디로
전달하는
감정

가볍게 인사를 할 때는…

Hallo! 할로
안녕!

주로 친한 사이의 상대방에게 씁니다. 모르는 사람이거나, 상대방이 연배가 많지 않은 경우에도 사용합니다.

감사한 마음을 전달하고 싶을 때는…

Vielen Dank!
삘렌 당크
고마워!

이외에 **Danke schön**(당케 셴=고마워)과 같은 표현도 쓸 수 있습니다.

레스토랑이나 비어 홀에서…

Lecker! 레커
맛있다!

여행 중에 상당히 많이 쓸 수 있는 표현입니다.

상대방의 부탁에 대해…

Macht nichts.
막트 니히츠
괜찮아.

'신경쓰지 마'라고 하는 뉘앙스로 씁니다.

끈질기게 초대한다면…

Nein, Danke!
나인 당케
괜찮아요!

의연한 태도로 확실하게 거절하는 것이 중요합니다.

여행 친구와 헤어질 때 인사는…

Gute Reise!
구테 라이제
좋은 여행 되세요!

여행을 시작하는 사람이나 여행 중의 상대방에게 꼭 이 한마디를!

부끄러워하지 말고 확실히 소리를 내어 감정을 전달합시다!

커뮤니케이션의 핵심을 알아 두세요.

원활한 의사소통에 필요한 것은 단순히 언어 지식만은 아닙니다. 그 나라의 문화와 사고 방식, 행동의 배경을 아는 것이 가장 중요합니다.

대화를 할 때는 애매한 태도를 취하지 말고 상대방의 눈을 보고 의사를 전합시다. 미소를 띠거나 애매한 웃음은 오히려 불신감을 줄 수 있습니다.

독일에서는 점원에게도 인사를 하는 것이 기본입니다. 가게에 들어가면 꼭 '구텐 탁!'(안녕하세요!)이라고 인사를 합시다.

길거리에서 누군가와 몸을 부딪혔다면 반드시 '엔트슈르딩'(죄송합니다)이라고 말합니다.

상대방의 경계심을 푸는 것이 중요합니다. 간단한 한마디라도 말을 걸어 본다면 커뮤니케이션이 원활하게 이루어질 거예요.

이런 상황에서
실제로 사용해 봅시다.

여행지에서는 여러 가지 상황에 마주치게 됩니다.

맛있는 요리를 먹고 만족하거나, 쇼핑 중 눈에 들어온 아이템을 사거나 할 것입니다.

또는, 길을 잃어버리거나, 물건을 잃어버리는 경우도 있을지 모릅니다.

좋은 추억을 만들기 위해서, 유사시에 여러분에게 도움을 줄 수 있는 것은 현지인들과의 회화입니다.

현지 사람들과 적극적으로 의사소통을 하면서, 여행을 보다 풍부하고 재미있게 만들어 봅시다.

뷰티
Schönheit
셴하이트

쇼핑
Einkaufen
아인카우쁀

엔터테인먼트
Unterhaltung
운터할퉁

맛있게 드세요.
Guten Appetit.
구텐 아페티트

맛있다!
Lecker!
레커

관광
Sehenswürdigkeit
제엔스뷔어디히카이트

미식가
Gourmet
구흐멧

먼저 길거리를 거닐어 볼까요?

독일은 옛날부터 지역별로 힘이 강했기 때문에 각 지역마다 독자적인 문화가 생겨났습니다. 먼저 길을 걸으며 다양한 거리 분위기를 맛봅시다.

길을 묻는 표현

뭐 좀 물어봐도 될까요?

Ich habe eine Frage.
이히 하베 아이네 쁘라게
May I ask you something?

저는 마리엔 광장에 가고 싶어요.

Ich möchte zum Marienplatz gehen.
이히 묘히테 쭘 마리엔플랏츠 게엔
I'd like to go to Marienplatz.

참고 P.36

오른쪽으로 돌면, 왼쪽에 있을 거예요.

Wenn Sie nach rechts abbiegen, sehen Sie es auf der linken Seite.
벤 지 나흐 레히츠 압비겐 제엔 지 에스 아우프 데어 링켄 자이테
Turn right and it's on your left.

저를 따라오세요!

Folgen Sie mir bitte!
뽈겐 지 미어 비테
Follow me.

이 주소로 가려면 어떻게 가나요?

Wie komme ich zu dieser Adresse?
비 콤메 이히 쭈 디저 아드레쎄?
How can I get to this address?

이 지도상에서 제가 어디에 있는 건가요?

Wo bin ich auf diesem Stadtplan?
보 빈 이히 아우프 디젬 슈타트플란?
Where am I on this map?

우리가 어디에 있는 건가요?

Wo sind wir?
보 진트 비어?
Where are we?

저는 길을 잃었어요.

Ich habe mich verlaufen.
이히 하베 미히 뻬어라우뻰
I'm lost.

이 거리 이름은 무엇인가요?

Wie heißt die Straße?
비 하이스트 디 슈트라쎄?
What is this street's name?

가장 가까운 역이 어디인가요?

Wo ist der nächste Bahnhof?
보 이스트 데어 네스테 반호프?
Where is the nearest station?

실례합니다.
Entschuldigung!
엔슐디궁

감사합니다.
Danke schön!
당케 션

길을 물을 때 쓰는 단어

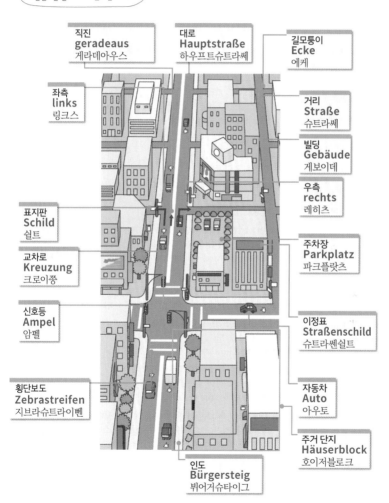

직진
geradeaus
게라데아우스

대로
Hauptstraße
하우프트슈트라쎄

길모퉁이
Ecke
에케

좌측
links
링크스

거리
Straße
슈트라쎄

빌딩
Gebäude
게보이데

우측
rechts
레히츠

표지판
Schild
쉴트

교차로
Kreuzung
크로이쭝

신호등
Ampel
암펠

주차장
Parkplatz
파크플랏츠

이정표
Straßenschild
슈트라쎈쉴트

횡단보도
Zebrastreifen
지브라슈트라이쁜

자동차
Auto
아우토

주거 단지
Häuserblock
호이저블로크

인도
Bürgersteig
뷔어거슈타이그

먼저 길거리를 거닐어 볼까요?

관광지에서

상수시 궁전이 오늘 여나요?	**Ist Schloss Sanssouci heute geöffnet?**

이스트 슐로스 장수시 호이테 게외프네트?
Is Schloss Sanssouci open today?

참고 P.36

네, 열었습니다./ 아니요, 안 열었습니다.	**Ja, es ist geöffnet. / Nein, es ist geschlossen.**

야 에스 이스트 게외프네트 / 나인 에스 이스트 게슐로센
Yes, it is. / No, it isn't.

입장료가 얼마입니까?	**Was kostet der Eintritt?**

바스 코스테트 데어 아인트리트?
How much is the admission?

1인당 8유로입니다.	8 Euro pro Person.

아흐트 오이로 프로 페어존
8 euros per a person.

참고 P.150

어른 2명이요.	**Zwei Erwachsene, bitte.**

쯔바이 에어박세네 비테
Two adults, please.

참고 P.150

한국어 소책자 가지고 계신가요?	**Haben Sie eine koreanische Broschüre?**

하벤 지 아이네 코레아니셰 브로쉬어?
Do you have a Korean brochure?

가이드 투어가 언제 시작하나요?	**Wann beginnt die Führung?**

반 베긴트 디 퓌어룽?
What time does the guided tour start?

저 건물의 이름이 무엇인가요?	**Wie heißt das Gebäude?**

비 하이스트 다스 게보이데?
What is the name of that building?

건물 안으로 들어가도 되나요?	**Kann man hier hineingehen?**

칸 만 히어 히아인게엔?
Can I go inside of the building?

출구[입구 / 비상출구] 가 어디 있나요?	**Wo ist der Ausgang[Eingang /Notausgang]?**

보 이스트 데어 아우스강[아인강/노트아우스강]?
Where is the exit [entrance/emergency exit]?

여기 엘리베이터가 있나요?	**Gibt es einen Aufzug?**

깁트 에스 아이넨 아우프쭉?
Is there an elevator?

사진 찍어 줄 수 있으신가요?	**Könnten Sie bitte ein Foto machen?** 퀸텐 지 비테 아인 뽀토 마헨? Could you take a photo?
여기를 누르세요.	**Drücken Sie bitte hier.** 드뤼켄 지 비테 히어 Press here, please.
플래시를 터트려도 되나요?	**Darf ich hier ein Blitzlicht benutzen?** 다프 이히 히어 아인 블리츠리히트 베눗쩬? Can I use the flash?
저건 무엇인가요?	**Was ist das?** 바스 이스트 다스? What is that?
여기 기념품 가게가 있나요?	**Gibt es hier einen Souvenirladen?** 깁트 에스 히어 아이넨 수베니어라덴? Is there any gift shops?
일루미네이션이 몇 시에 시작되나요?	**Wann wird die Beleuchtung eingeschaltet?** 반 비어트 디 베로이히퉁 아인게샬테트? What time does the illumination go on?
이 극장이 언제 지어졌나요?	**Wann wurde das Theater gebaut?** 반 부어데 다스 테아터 게바우트? When was this theater built?
19세기 중반이에요.	**Mitte des 19. Jahrhunderts.** 미테 데스 노인첸텐 야훈더츠 Mid 19th century. 참고 P.150

도움이 되는 단어장 WORD

관광안내소	Touristeninformation 투어리스트인포마찌온	광장	Platz 플랏츠	세계문화유산	Weltkulturerbe 벨트쿨투어에어베
성, 궁전	Schloss/Palast 슐로스 / 팔라스트	공원	Park 파크	폐허	Ruine 루이네
대성당	Kathedrale/Dom 카테드랄레 / 돔	강	Fluss 쁠루스	길, 도로	Straße 슈트라쎄
미술관	Kunstmuseum 쿤스트무제움	섬	Insel 인젤	정원	Garten 가르텐
		운하	Kanal 카날	사진촬영금지	Fotografieren verboten! 뽀토그라피어렌 뻬어보텐
		다리	Brücke 브뤼케	입장금지!	Eintritt verboten! 아인트리트 뻬어보텐

25

먼저 길거리를 거닐어 볼까요?

관광 안내소를 이용해 봅시다

관광 안내소가 어디에 있나요?	**Wo ist die Touristeninformation?** 보 이스트 디 투어리스트인포마찌온? Where is the tourist information?
혹시 무료 지도 가지고 있나요?	**Haben Sie einen kostenlosen Stadtplan?** 하벤 지 아이넨 코스텐로센 슈타트플란? Do you have a free map of this area?
관광 안내 책자를 받을 수 있을까요?	**Ich hätte gern eine Reisebroschüre.** 이히 헤테 게언 아이네 라이제브로쉬어 Can I have a sightseeing brochure?
한국어로 된 안내 책자가 있나요?	**Gibt es die Broschüre auf Koreanisch?** 깁트 에스 디 브로쉬어 아우프 코레아니쉬? Do you have one in Korean?
이 도시에는 어떤 관광 명소들이 있나요?	**Was für Sehenswürdigkeiten gibt es in dieser Stadt?** 바스 뛰어 제엔스뷔어디히카이텐 깁트 에스 인 디저 슈타트? Could you recommend some interesting places?
당일치기 여행을 위한 장소를 추천해 주실 수 있나요?	**Können Sie mir bitte einen Ort für einen Tagesausflug empfehlen?** 쾬넨 지 미어 비테 아이넨 오어트 뛰어 아이넨 타게스아우스쁠룩 엠뻴렌? Could you recommend some places for a day trip?
전망이 좋은 곳이 어디인가요?	**Von wo hat man eine schöne Aussicht?** 뽄 보 핫 만 아이네 셰네 아우스지히트? Where is the place with a nice view?
거기 오늘 여나요?	**Ist es heute geöffnet?** 이스트 에스 호이테 게외프네트? Is it open today?
언제 닫나요?	**Wann ist es geschlossen?** 반 이스트 에스 게슐로센? When do they close?
화요일에요. / 거긴 매일 열어요.	Dienstag. / **Es ist jeden Tag geöffnet.** 딘스탁 / 에스 이스트 예덴 탁 게외프네트 Tuesday./They are open every day. 참고 P.151
거기까지 걸어갈 수 있나요?	**Kann man zu Fuß dorthin gehen?** 칸 만 쭈 뿌스 도어트힌 게엔? Can I walk there?

여기서 거기까지 먼가요?

Ist es weit von hier?
이스트 에스 바이트 본 히어?
Is it far from here?

아니요, 멀지 않습니다. / 버스타고 10분 걸립니다.

Nein, nicht weit. / Es dauert 10 Minuten mit dem Bus.
나인 니히트 바이트 / 에스 다우어트 쩬 미누텐 밑 뎀 부스
No, it's not./It's ten minutes by bus. 참고 P.150

여기서부터 걸어가면 얼마나 걸리나요?

Wie lange dauert es von hier zu Fuß?
비 랑에 다우어트 에스 본 히어 쭈 뿌스?
How long does it take to walk from here?

거기까지 어떻게 가면 되는지 알려 주실 수 있나요?

Können Sie mir bitte sagen, wie ich dorthin komme?
쾬넨 지 미어 비테 자겐 비 이히 도어트힌 콤메?
Could you tell me how to get there?

거기까지 지하철로 갈 수 있나요?

Kann man dort mit der U-Bahn hinfahren?
칸 만 도어트 밑 데어 우반 힌빠렌?
Can I go there by subway?

여기가 지도상에서 어딘지 보여 주시겠어요?

Können Sie es mir bitte auf diesem Stadtplan zeigen?
쾬넨 지 에스 미어 비테 아우프 디젬 슈타트플란 짜이겐?
Could you tell me by this map?

여기에 무슨 관광 명소들이 있나요?

Gibt es irgendein Wahrzeichen?
깁트 에스 이어겐트아인 바짜이헨?
Are there any landmarks?

여기 근처에 안내소 [경찰서]가 있나요?

Gibt es hier eine Information[ein Polizeirevier] in der Nähe?
깁트 에스 히어 아이네 인포마찌온[아인 폴리짜이르비어] 인 데어 네?
Is there an information center [a police station] near here?

	도움이 되는 단어장 WORD	공동 묘지	Friedhof 프리드호프	분수	Springbrunnen 슈프링브루넨
		탑	Turm 투엄	해안	Küste 퀴스테
교회	Kirche 킬헤	천문대	Sternwarte 슈테언바르테	벼룩시장	Flohmarkt 쁠로막트
예배당	Kapelle 카뻴레	수족관	Aquarium 아쿠바리움	지도	Karte 카르테
스테인드글라스	Glasmalerei 글라스말러라이	크루즈 여행 (선박 유람 여행)	Kreuzfahrt 크로이츠빠아트	매점	Verkaufsstand 뻬어카우프스슈탄트
전망대	Aussichtsplattform 아우스지히츠플랫폼	야경	Nachtansicht 나흐트안지히트	안내 책자 (소책자)	Broschüre 브로쉬어

독일의 매력적인 구 시가지를 걸어 봅시다.

독일에는 중세 풍경이 깃든 거리가 무수히 많이 남아 있습니다.
옛날 이야기에 나올 것 같은 길거리를 탐방하며 걸어 봅시다.

1 로텐부르크
Rothenburg

중세의 길거리가 거의 그대로 남아 있
는 아름다운 도시입니다. 관광, 와인, 식
사, 역사 등 즐길 거리가 많은 매력 만점
인 도시입니다.

2 딩켈스뷜
Dinkelsbühl

1시간 정도면 한 바퀴를
둘러볼 수 있을 정도로
작은 도시입니다. 중세
의 건축물이 그대로 남
아 있습니다. 내부도 아
름다운 목조 구조의 '도
이치 하우스'는 꼭 보기
바랍니다.

귀여운 건물이
한가득입니다!

3 퓌센
Füssen

노이슈반슈타인 성에 가는 관광객이
많이 방문하는 도시입니다. 중세 유럽
에서 유행했던 현악기 류트의 발상지
로 유명합니다.

느긋하게 둘러보고 싶네요

사진 좀 찍어 주실 수 있나요?	**Könnten Sie vielleicht ein Foto machen?** 쾬텐 지 삘라이히트 아인 뽀토 마헨? Can you take a picture?
몇 시에 마리오네트 극을 볼 수 있나요?	**Um wie viel Uhr kann man das Glockenspiel sehen?** 움 비 삘 우어 칸 만 다스 글로켄슈필 제엔? What time can I see the marionette clock?
여기에서 지역 음식을 먹을 수 있는 식당이 있나요?	**Gibt es hier ein Restaurant, wo man lokale Küche essen kann?** 깁트 에스 히어 아인 레스토랑 보 만 로칼레 퀴헤 에쎈 칸? Is there a restaurant where I can have some local food?

로텐부르크의 '플뢴라인!'
라틴어로 '작은 곳'이라고 합니다. 2층으로 나뉘어진 경사로 사이에 목조 구조의 집이 서 있습니다. 귀여운 풍경으로 인해 동네에서 제일 인기 있는 스팟입니다.

5 밤베르크
Bamberg

제2차 세계대전의 피해를 면한 얼마 안 되는 곳으로, 세계 문화유산에도 등재된 오래된 길거리가 인기 있습니다. 명물인 라우흐비어는 독특한 풍미를 즐길 수 있어 일품입니다.

4 뉘른베르크
Nürnberg

신성 로마제국의 거점으로서 번성한 요새 도시입니다. 중세로 시간 여행을 한 것 같은 풍경을 즐길 수 있습니다. 명물인 구운 소시지도 꼭 맛보세요.

6 뤼데스하임
Rüdesheim

11세기의 문헌에도 등장하는 긴 역사를 가진 라인강 연안의 도시입니다. 와인 주조가 번성해 마을 중심부의 '철새 골목'에는 와인과 요리를 즐길 수 있는 가게가 줄지어 있습니다.

어디서 브라트부르스트(=구 이용 소시지)를 살 수 있나요?

Wo kann man eine Bratwurst kaufen?
보 칸 만 아이네 브라트부어스트 카우뻰?
Where can I buy a bratwurst?

어떤 종류의 기념품을 추천하시나요?

Was für ein Souvenir empfehlen Sie mir?
바스 뛰어 아인 수베니어 엠뻴렌 지 미어?
What do you recommend for a gift?

여기 포도밭이 어디에 있나요?

Wo gibt es hier einen Weingarten?
보 깁트 에스 히어 아이넨 바인가르텐?
Where is a vineyard?

개성 있는 미술관, 박물관을 보러 가 봅시다.

독일의 도시에는 수준 높은 기획 전시를 진행하는 미술관이나 박물관이 많습니다.
작은 마을마다 있는 개성 넘치는 뮤지엄에도 꼭 들러 보세요.

빨리 안으로 들어가 봅시다

매표 창구가 어디에 있나요?	**Wo ist der Ticketschalter?** 보 이스트 데어 티켓샬터? Where is the ticket counter?
저는 베를린 뮤지엄패스를 가지고 있습니다.	**Ich habe den Museumspass Berlin.** 이히 하베 덴 무제움파스 베를린 I have a Museumspass Berlin.
층별 안내 책자를 가지고 있나요?	**Haben Sie einen Etagenplan?** 하벤 지 아이넨 에타겐플란? Do you have a floor map?
몇시에 여나요 [닫나요]?	**Wann ist es geöffnet[geschlossen]?** 반 이스트 에스 게외프네트[게슐로센]? What time does it open [close]?
기념품 매장이 어디에 있나요?	**Gibt es ein Museumshop?** 깁트 에스 아인 무제움샵? Is there a museum shop?
사물함이 어디에 있나요?	**Gibt es hier Schließfächer?** 깁트 에스 히어 슐리스뻬혀? Is there a locker?

> 베를린 뮤지엄패스는 베를린의 주요 미술관, 박물관에서 사용할 수 있는 관람권입니다.

도움이 되는 단어장 WORD		알브레히트 뒤러	**Albrecht Dürer** 알브레히트 뒤러
		페테르 파울 루벤스	**Peter Paul Rubens** 페테르 파울 루벤스
회화	**Gemälde** 게맬데	요하네스 베르메어	**Johannes Vermeer** 요하네스 베흐메흐
조각	**Skulptur/Bildhauerei** 스쿨쳐 / 빌트하우어라이	빈센트 반 고흐	**Vincent van Gogh** 빈센트 반 고흐
드로잉	**Zeichnung** 짜이히눙	프란츠 폰 슈투크	**Franz von Stuck** 프란츠 폰 슈투크
상설 전시회	**Dauerausstellung** 다우어아우스슈텔룽	파블로 피카소	**Pablo Picasso** 파블로 피카소
특별 전시회	**Sonderausstellung** 존더아우스슈텔룽	앤디 워홀	**Andy Warhol** 앤디 워홀

층수 표시에 주의합시다.

한국에서 말하는 '1층'은 독일에서는 Erdgeschoss(에어트게쇼스), '2층'은 1. Stock(에어스텐 슈톡), '3층'은 2. Stock(쯔바이텐 슈톡)으로 표시되어 있습니다. 틀리기 쉬우니 주의하세요.

느긋하게 둘러보고 싶어요

지금 하는 특별 전시회가 있나요?	**Gibt es zur Zeit eine Sonderausstellung?** 깁트 에스 쭈어 짜이트 아이네 존더아우스슈텔룽? Do you have any special exhibitions now?
뒤러의 자화상이 어디 있나요?	**Wo finde ich das Selbstbildnis von Dürer?** 보 삔데 이히 다스 젤브스트빌트니스 뽄 뒤러? Where is Dürer's Self-Portrait?
오디오 가이드를 부탁해요.	**Eine Audioführung, bitte.** 아이네 오디오뿨어룽 비테 An audio guide, please.
이 길이 맞나요?	**Ist der Weg hier richtig?** 이스트 데어 벡 히어 리히티히? Is this the correct way?
여기서 사진을 찍어도 되나요?	**Darf ich hier fotografieren?** 다프 이히 히어 뽀토그라삐어렌? May I take a photo?
여기 화장실이 어디에 있나요?	**Wo finde ich hier eine Toilette?** 보 삔데 이히 히어 아이네 토일레테? Where is the restroom?

도움이 되는 단어장 WORD

		출처	**Quelle** 크뻴레
전시품	**Ausstellungsstücke** 아우스슈텔룽스슈튀케	학문	**Wissenschaft** 비쎈샤프트
모델(견본, 초안)	**Modell** 모델	기술	**Technik** 테크닉
원본	**Original** 오리기날	문화	**Kultur** 쿨투어
표본	**Präparat** 프레파라트	역사	**Geschichte** 게슈히히테
축소 모형	**Miniatur** 미니어투어	민속학	**Volkskunde** 뽈크스쿤데

31

현지에서 신청하는 투어로 소확행을!

어디부터 보러 가야 하나 망설여진다면 투어를 신청해 보는 것을 추천합니다.
코스, 일정, 조건 등을 확인하면서 흥미 있는 것부터 찾아가 봅시다.

투어 내용을 확인해 봅시다

노이슈반슈타인성으로 가는 버스가 있나요?	**Gibt es einen Bus zum Schloss Neuschwanstein?** 깁트 에스 아이넨 부스 쭘 슐로스 노이슈반슈타인? Is there a bus that goes to Neuschwanstein Castle? 참고 P.151
하루 투어[반나절 투어]가 있나요?	**Gibt es eine Tagestour[Halbtagstour]?** 깁트 에스 아이네 타게스투어[할프타게스투어]? Is there an one-day [a half-day] course?
여기에 몇 시까지 와야 하나요?	**Um wie viel Uhr müssen wir hier sein?** 움 비 삘 우어 뮤센 비어 히어 자인? What time do we have to be there?
우리 어디서 출발하나요?	**Von wo fahren wir ab?** 뽄 보 빠렌 비어 압? Where will we leave from?
픽업 서비스가 있나요?	**Wird man abgeholt?** 비어트 만 압게홀트? Does it include a pickup service?
식사가 가격에 포함되어 있나요?	**Ist das Essen im Preis enthalten?** 이스트 다스 에쎈 임 프라이스 엔트할텐? Does it include the meal?

도움이 되는 단어장 WORD					
		당일치기 여행	**Tagesausflug** 타게스아우스플룩	음식	**Essen** 에쎈
		요금	**Gebühr** 게뷔어	버스	**Bus** 부스
예약	**Reservierung** 레저비어룽	입장	**Eintritt** 아인트리트	야경	**Nachtansicht** 나흐트안지히트
안내 책자 (소책자)	**Broschüre** 브로쉬어	지불	**Bezahlung** 베짤룽	어른	**Erwachsene** 에어박세네
오전	**Vormittag** 뽀어미탁	추천	**Empfehlung** 엠펠룽	아이	**Kinder** 킨더
오후	**Nachmittag** 나흐미탁	취소 위약금	**Annulierungsgebühr** 아눌리어룽스게뷔어		

투어 중에 어느 장소를 방문하나요?	**Welche Orte werden auf der Tour besichtigt?** 벨셰 오어테 베어덴 아우프 데어 투어 베지히틱트? Where does the tour visit?
저 그거 신청하고 싶어요.	**Ich möchte mich dafür anmelden.** 이히 묘히테 미히 다뷔어 안멜덴 I want to take it.
플라츨 호텔에서 승차해도 될까요?	**Kann man am Platzl Hotel einsteigen?** 칸 만 암 플랏츨 호텔 아인슈타이겐? Can we join from the Platzl Hotel?
플라츨 호텔에서 내려 주실 수 있나요?	**Kann man am Platzl Hotel aussteigen?** 칸 만 암 플랏츨 호텔 아우스슈타이겐? Can you drop us at the Platzl Hotel?
한국인 가이드가 있나요?	**Gibt es einen koreanischen Reiseleiter?** 깁트 에스 아이넨 코레아니셴 라이제라이터? Does it have a Korean guide?
화장실이 어디에 있나요?	**Wo ist die Toilette?** 보 이스트 디 토일레테? Where is the restroom?
몇 시에 출발하나요?	**Wann ist die Abfahrt?** 반 이스트 디 압빠르트? What time does it leave?
몇 시에 여기로 다시 오면 되나요?	**Wann soll ich wieder hier sein?** 반 졸 이히 비더 히어 자인? What time should I be back here?
가는 데 얼마나 더 걸리나요?	**Wie lange dauert es noch?** 비 랑에 다우어트 에스 노흐? How long does it take to get there?
유감스럽게도 투어 버스를 놓쳤어요.	**Ich habe leider den Tourbus verpasst.** 이히 하베 라이더 덴 투어부스 뻬어파스트 I'm late for the tour.
투어를 취소하고 싶습니다.	**Ich möchte die Tour stornieren.** 이히 묘히테 디 투어 슈토어니어렌 I'd like to cancel the tour.
정말 재밌었어요. 감사합니다!	**Ich hatte viel Spaß. Vielen Dank!** 이히 하테 빌 슈파스 빌렌 당크 I had a wonderful time, thank you.

옛 향수가 나는 중세 시대 고성을 소개합니다.

독일에는 6000채 이상의 고성이 남겨져 있다고 합니다.
어렸을 적에 그림에서 본 것처럼 어딘가에서 스쳐봤던 성을 보러 가 봅시다.

① 노이슈반슈타인 성
Schloss Neuschwanstein

옛날 옛적 이야기에서 나올 것 같은 아름다운 흰색 성은, 19세기 후반 '메르헨 왕'이라고 불리는 루트비히 2세가 축성했습니다. 호화로운 내부도 꼭 봐야 합니다.

② 호엔슈반가우 성
Schloss Hohenschwangau

루트비히 2세가 어린 시절을 보낸 성입니다. 성 내부에는 중세의 기사도 이야기를 그린 벽화 등이 장식되어 있습니다.

③ 님펜부르크 성
Schloss Nymphenburg

'요정의 성'이라는 뜻으로, 바로크 양식의 성입니다. 천장에 석회 반죽을 말려 그린 프레스코화와 미인화 갤러리 등, 볼거리가 한가득입니다.

> 느긋하게 둘러보고 싶네요

노이슈반슈타인 성 매표 창구가 어디 있나요?	**Wo ist der Ticketschalter vom Schloss Neuschwanstein?** 보 이스트 데어 티켓샬터 뽐 슐로스 노이슈반슈타인? Where is the ticket office of Neuschwanstein Castle?
마차로 가면 성까지 얼마나 걸리나요?	**Wie lange dauert es mit der Kutsche zum Schloss?** 비 랑에 다우어트 에스 밑 데어 쿳체 쭘 슐로스? How long does it take to the castle by a coach?
여기서 카메라 플래시를 터트려도 되나요?	**Darf ich hier ein Blitzlicht benutzen?** 다프 이히 히어 아인 블릿츠리히트 베눗쩬? Can I use the flash here?

> **'성'을 의미하는 Burg와 Schloss**
> 일반적으로 [burg]는 외부의 적으로부터
> 지키는 목적으로 이용되는 요새입니다. 한
> 편 [schloss]는 군주가 거주하는 통치 거점
> 입니다.

⑤ 츠빙겐베르크 성
Schloss Zwingenberg

전란에 의해 파괴된
곳 없이 중세의 모습
을 거의 그대로 가지
고 있습니다. 고성이
많이 남겨진 네카강
유역에서 아주 아름
다운 성으로 꼽히고
있습니다.

④ 하이델베르크 성
Heidelberger Schloss

14세기 이래 파괴와 재건을 반복하여
반 정도는 폐허 같은 모습으로 현존하
고 있지만, 낭만파 문학에 가끔 등장
하는 등 한국에서도 나름 유명한 성입
니다.

⑦ 팔츠그라펜슈타인 성
Burg Pfaltzgrafenstein

라인강의 중부에 세워진 아
름다운 성입니다. 14세기 경
에 통행세를 징수할 목적으
로 지어졌습니다. 현재는 자
료관으로 사용하고 있습니다.

⑥ 호른베르크 성
Burg Hornberg

네카 계곡에서 가장 오래된 성으로 알
려져 있으며, 16세기에 '무쇠 팔 괴츠'
로 불렸던 기사 괴츠 폰 베를리힝겐
남작이 살았던 성입니다. 현재는 호텔
로 운영되고 있습니다.

여기 화랑이 어디에 있나요?	**Wo ist hier die Gemäldesammlung?** 보 이스트 히어 디 게멜데잠룽? Where is the art collection room?
어떤 길이 맞나요?	**Welcher Weg ist richtig?** 벨셔 벡 이스트 리히티히? Which is the right way?
이 성은 몇 세기에 지어졌나요?	**Im welchem Jahrhundert wurde das Schloss gebaut?** 임 벨쳄 야훈더트 부어데 다스 슐로스 게바우트? In what century was this castle built?

LOOK

┌─────────────────────────────┐
│ ▢에 가고 싶어요. │
│ **Ich würde gern zu** ▢ **gehen.** │
│ 이히 뷔에터 게언 쭈 ▢ 게엔 │
│ I'd like to go to ▢ . │
└─────────────────────────────┘

┌─────────────┐
│ 뮌헨 │
│ **München** │
│ 뮌헨 │
└─────────────┘

Marienplatz
마리엔플랏츠

● 【마리엔 광장】

Residenz
레지덴츠

● 【레지덴츠】

neues Rathaus
노이에스 라트하우스

● 【신 시청】

Glockenspiel
글로켄슈필

● 【글로켄슈필】

St. Peterskirche
세인트 페터스 킬헤

● 【성 페터 성당】

Frauenkirche
쁘라우엔킬헤

● 【프라우엔 교회】

St. Michaelskirche
세인트 미하엘스 킬헤

● 【성 미하엘 교회】

Theatinerkirche
테아티너 킬헤

● 【테아티너 교회】

Karlstor
칼스토어

● 【카를 문】

Neuhauser Straße
노이하우저 슈트라쎄

● 【노이하우저 거리】

Oberpollinger
오버폴링어

● 【오버폴링거(백화점)】

Galeria Kaufhof
갤러리아 카우프호프

● 【갤러리아카우프호프(백화점)】

Englischer Garten
엥글리셔 가르텐

● 【영국 정원】

Olympiapark
올림피아파크

● 【올림픽 공원】

Alte Pinakothek
알테 피나코텍

● 【알테 피나코테크(미술관)】

Neue Pinakothek
노이에 피나코텍

● 【노이어 피나코테크(미술관)】

Pinakothek der Moderne
피나코텍 데어 모데어네

● 【피나코테크 데어 오데르네(현대 미술관)】

┌─────────────┐
│ 로맨틱 가도 │
│ **Romantische** │
│ **Straße** │
│ 로만티셰 슈트라쎄 │
└─────────────┘

Residenz
레지덴츠

● 【레지덴츠 궁전】

Festung Marienberg
페스퉁 마리엔베에크

● 【마리엔베르크 요새】

Burgmauer
부어그마우어

● 【성벽】

Plönlein
플뢴라인

● 【플뢴라인】

Deutsches Haus
도이체스
하우스

● 【도이치 하우스】

Rathaus
라트하우스

● 【시청】

Hohes Schloss
호헤스 슐로스

● 【호에스 성】

Schloss Neuschwanstein
슐로스
노이슈반
슈타인

● 【노이슈반슈타인 성】

Schloss Hohenschwangau
슐로스 호엔슈반가우

● 【호엔슈반가우 성】

고성 가도
Burgenstraße
부어겐슈트라쎄

Heidelberger Schloss
하이델베르거 슐로스

● 【하이델베르크 성】

Karl-Theodor-Brücke
칼 테오도어 브뤼케

● 【카를 테오도어 다리】

Das Gebäude der Alten Universität Heidelberg
다스 게보이데 데어 알텐 우니페시테트 하이델베어크

● 【구 하이델베르크 대학 건물】

Kaiserburg
카이저부어크

● 【카이저 성】

Festspielhaus
페스트슈필하우스

● 【페스티벌 하우스(공연 시설)】

프랑크푸르트
Frankfurt
프랑크푸르트

Römerberg
뢰머베어크

● 【뢰머 광장】

Römer
뢰머

● 【뢰머】

Dom
돔

● 【대성당】

Museum für Moderne Kunst
무제움 퓌어 모데어네 쿤스트

● 【현대 미술관】

Goethehaus
괴테하우스

● 【괴테의 집】

Main Tower
마인 타워

● 【마인 타워】

Katharinenkirche
카타리넨 킬혜

● 【성 카타리나 교회】

퀼른
Köln
쾰른

Kölner Dom
쾰너 돔

● 【쾰른 대성당】

Museum Ludwig
무제움 루드비히

● 【루드비히 미술관】

Kolumba
코룸바

● 【콜룸바(박물관)】

LOOK

|을/를 찾고 있습니다.

Ich suche ____.

이히 주혜 ____

I'm looking for ____.

베를린
Berlin
베를린

Brandenburger Tor
브란덴부어거 토어

● 【브란덴부르크 문】

Reichstagsgebäude
라이히스탁스게보이데

● 【국회 의사당】

Holocaust-Mahnmal
홀로코스트-만말

● 【유대인 학살 추모 공원】

Potsdamer Platz
포츠다머 플랏츠

● 【포츠담 광장】

Berliner Mauer
베를리너 마우어

● 【베를린 장벽】

Checkpoint Charlie
체크포인트 찰리

● 【체크포인트 찰리】

Berliner Dom
베를리너 돔

● 【베를린 대성당】

Pergamonmuseum
페르가몬 무제움

● 【페르가몬 박물관】

Neues Museum
노이에스 무제움

● 【신 박물관】

St. Marienkirche
세인트 마리엔킬혜

● 【성 마리엔 교회】

Fernsehturm
뻬언제에 투엄

● 【TV 타워】

East-Side-Gallery
이스트 사이드 갤러리

● 【이스트 사이드 갤러리】

Bernauer Straße
베르나우어 슈트라쎄

● 【베르나우어 거리】

Museum Haus am Checkpoint Charlie
무제움 하우스 암 체크포인트 찰리

● 【찰리 검문소 박물관】

Topographie des Terrors
토포그라피 데스 테러스

● 【테러의 토포그래피 박물관】

Reiterstandbild Friedrichs des Großen
라이터슈탄트빌트 프리드리히스 데스 그로쎈

● 【프리드리히 대왕 기마상】

Kaiser-Wilhelm-Gedächtniskirche
카이저-빌헬름-게데흐트니스킬혜

● 【빌헬름 황제 기념 교회】

Tiergarten
티어가르텐

● 【티어가르텐(공원)】

Siegessäule
지게스조 일레

● 【전승 기념탑】

함부르크
Hamburg
함부르크

Rathaus
라트 하우스

● 【시청】

Hamburger Kunsthalle 함부어거 쿤스트할레 ● 【함부르크 미술관】	**St. Nikolaikirche** 세인트 니콜라이킬혜 ● 【성 니콜라이 교회】	**Museum für Gegenwartskunst** 무제움 뾔어 게겐바르츠쿤스트 ● 【현대 미술관】	**St. Michaeliskirche** 세인트 미하엘스 킬혜 ● 【성 미하엘 교회】
Miniatur Wunderland 미니어처 분더란트 ● 【미니어처 원더랜드】	**Fischmarkt** 삐쉬마크트 ● 【수산시장】	시내 산책 **Stadtbummel** 슈타트부멜	**Hotel** 호텔 ● 【호텔】
Bahnhof 반호프 ● 【기차역】	**Geldautomat** 겔트오토마트 ● 【ATM 기】	**Schein** 샤인 ● 【화폐】	**Münze** 뮌쩨 ● 【동전】
Bank 방크 ● 【은행】 **Wechselstube** 벡셀슈투베 ● 【환전소】	**Telefonzelle** 텔레뽄 쩰레 ● 【공중전화 박스】	**Supermarkt** 주퍼마크트 ● 【슈퍼마켓】	**Einkaufszentrum** 아인카우프스쩬트룸 ● 【쇼핑센터】
Restaurant 레스토랑 ● 【식당】	**Café** 카페 ● 【카페】	**Bierhaus** 비어하우스 ● 【맥줏집, 비어홀】	**Gemischtwarenladen** 게미슈츠바렌라덴 ● 【잡화점】
Antiquitätenhandlung 안티크뷔테텐한들룽 ● 【골동품 가게】	**Buchhandlung** 부흐한들룽 ● 【서점】	**Getränkemarkt** 게트렝케마크트 ● 【음료 전문 시장】 **Kino** 키노 ● 【영화관】	**Apotheke** 아포테케 ● 【약국】 **Toilette** 토일레테 ● 【화장실】

독일의 매력적인 세계 문화유산을 찾아서

독일에는 죽기 전에 한 번 꼭 보고 싶은 아름다운 건축물과 경관이 많습니다. 그중 몇몇은 세계 문화유산에 등재되어 있습니다. 역사적인 건축물과 대자연을 접하며 감동을 느껴 봅시다.

※오스트리아 소재 유산도 일부 소개

A 베를린 박물관 섬
Museumsinsel Berlin

시가지를 흐르는 슈프레강 중부에 페르가몬 박물관을 시작으로 5개의 박물관이 있습니다. 귀중한 유물과 예술품을 볼 수 있습니다.

D 비스 순례 성당
Wallfahrtskirche "Die Wies"

'채찍을 맞는 예수상'으로 유명한 교회입니다. 외관은 심플하지만 내부는 금세공을 많이 사용해 호화롭습니다. 독일 로코코 양식의 최고 걸작으로 꼽히고 있습니다.

B 포츠담과 베를린의 궁전과 공원
Schlösser und Parks von Potsdam und Berlin

18세기에 꽃피운 화려한 궁정 문화의 발자취를 느낄 수 있습니다. '포츠담 회담'의 무대였던 체칠리엔호프 궁전도 관광 가능합니다.

C 레겐스부르크 구 시가지와 슈타트암호프
Altstadt von Regensburg mit Stadtamhof

중세에 교역 도시로서 번성한 마을로, 역사적 건축물이 있습니다. 고딕 양식의 대성당은 꼭 봐야 합니다.

E 슈파이어 대성당
Speyerer Dom

독일에서도 대표적인 로마네스크 양식의 교회 건축으로 11세기에 완성되었습니다. 지하 예배당은 미술사상 가장 아름답다고 알려져 있습니다.

독일

오스트리아

볼거리가 한가득입니다.

재미있는 세계 문화유산 관광

독일은 세계 문화유산의 보고로, 30개 이상이 등재되어 있습니다. 게다가 각지에 흩어져 있기 때문에 여행 계획을 짜기 쉽습니다.

F 라인 계곡 중류 상부의 문화 경관
Kulturlandschaft Oberes Mittelrheintal

독일에서 '아버지의 강'으로 친숙한 라인강. 연안에는 고성과 포도밭 등 아름다운 경관이 이어져 있습니다.

I 바덴해
Wattenmeer

2009년에 등재된, 네덜란드까지 걸쳐진 바덴해 (간석의 바다). 자연이 만들어 낸 아름다운 해안 지대에 매료됩니다.

G 아헨 대성당
Aachener Dom

8세기에 지어진 독일 최고의 로마네스크풍 성당입니다. 몇 세기에 걸쳐서 증개축이 이어져 여러 가지 건축 양식이 혼재되어 있습니다.

J 쇤브룬 궁전과 정원   오스트리아
Schloss und Park von Schönbrunn

합스부르크가 영화의 상징으로, 빈 관광을 할 때 꼭 가 봐야 하는 볼거리로 꼽히는 곳입니다. 아름다운 정원은 시민 쉼터로 사용되고 있습니다.

H 브레멘 시청과 롤란트 상
Rathaus und Roland in Bremen

15세기에 지어진 고딕 양식의 시청사와 영웅 롤란트 상은 도시의 상징입니다. 세계 문화유산이 늘어선 아름다운 광장은 꼭 봐야 합니다.

K 잘츠부르크 구시가지   오스트리아
Altstadt von Salzburg

시가지의 중심을 흐르는 잘자흐강의 남쪽은 중세의 정취가 남겨진 구시가지입니다. 역대 대주교가 남긴 호화로운 건축물 등 볼거리가 한가득입니다.

독일의 맛있는 밥을 먹어 봅시다.

독일의 대표적인 고기 요리를 시작으로 각 지역의 명물 요리가 준비되어 있습니다.
모처럼 여행을 왔으니 여러 요리를 맛봅시다!

예약을 할 때의 표현은
p.98을 참고해 주세요.

먼저 예약해 봅시다

저는 오늘 저녁 식사를 위해 예약을 하고 싶습니다.

Ich möchte für heute Abend einen Tisch reservieren.
이히 묘히테 퓌어 호이테 아벤트 아이넨 티쉬 레저비어렌
I'd like to make a reservation for tonight.

유감이지만 오늘 그 시간에는 자리가 다 찼습니다.

Um diese Zeit haben wir leider keinen Tisch mehr frei.
움 디제 짜이트 하벤 비어 라이더 카이넨 티쉬 메어 쁘라이
We have no table available at that time.

테이블을 준비해 놓겠습니다.

Wir halten einen Tisch für Sie frei.
비어 할텐 아이넨 티쉬 퓌어 지 쁘라이
We'll have the table ready for you.

7시에 테이블 하나 2명으로 예약하고 싶습니다.

Ich möchte für 7 Uhr einen Tisch für zwei Personen reservieren.
이히 묘히테 퓌어 지벤 우어 아이넨 티쉬 퓌어 쯔바이 페어조넨 레저비어렌
I'd like to reserve a table for two at seven o'clock. 참고 P.150 참고 P.152

금연구역입니다.

Nichtraucher, bitte.
니히트라우허 비테
Non-smoking section, please.

원포인트 메뉴를 읽는 방법

요리를 주문할 때, 모르는 것이 있으면 주저하지 말고 웨이터에게 물어봅시다.

● 메뉴판
Speisekarte
슈파이제카르테

● 전채 요리
Vorspeise
뽀어슈파이제

● 수프
Suppe
주페

● 고기 요리
Fleischgericht
플라이쉬게리히트

● 생선 요리
Fischgericht
삐쉬게리히트

Speisekarte

Vorspeisen

Salate

Suppen

Beilagen

Fleischgerichte

Fischgerichte

Tagesspezialität

Desserts

Alkoholische Getränke

Alkoholfreie Getränke

● 점심 메뉴
Tagesmenü
타게스메뉴

● 샐러드
Salat
잘라트

● 반찬
Beilage
바이라게

● 후식
Nachtisch
나흐티쉬

● 주류
Alkohol
알코홀

● 소프트드링크 **Alkoholfreies Getränk**
알코홀쁘라이에스 게트랭크

몇 시에 예약할 수 있을까요?	**Für wie viel Uhr kann ich den Tisch reservieren?** 뛰어 비 빌 우어 칸 이히 덴 티쉬 레저베이렌? For what time can we reserve a table?
드레스코드가 있나요?	**Haben Sie eine Kleiderordnung?** 하벤 지 아에니 클라이더오드눙? Do you have a dress code?

레스토랑에서 해야 할 행동들

Scene 1
입구에서 이름을 말하고 안내에 따라 자리로 갑니다.

좋은 저녁입니다. 김영희라는 이름으로 예약을 했습니다.
Guten Abend. Ich habe unter dem Namen Kim Young Hee einen Tisch reserviert.
구텐 아벤트. 이히 하베 운터 뎀 나멘 김영희 아이넨 티쉬 레저비어트

Scene 2
주문은 자신의 테이블 담당자에게

실례합니다. 주문 부탁드립니다.
Entschuldigung, ich möchte bestellen.
엔슐디궁 이히 묘히테 베슈텔렌

Scene 3
식사 중에는 소리를 내지 않도록 주의

실례합니다.
Entschuldigung.
엔슐디궁

Scene 4
떨어뜨린 물건은 본인이 직접 줍지 않습니다.

실례합니다만, 숟가락을 교체해 주실 수 나요?
Können Sie den Löffel austauschen?
쾬넨 지 덴 뢰뻴 아우스타우쉔?

Scene 5
식사 중에 자리를 뜰 경우

화장실이 어디인가요?
Wo ist die Toilette?
보 이스트 디 토일레테?

Scene 6
식사 중에 흡연은 가급적 삼가기

흡연 구역이 있나요?
Gibt es einen Platz, wo man rauchen kann?
깁트 에스 아이넨 플랏츠 보 만 라우헨 칸?

독일의 맛있는 밥을 먹어 봅시다.

식당에 들어설 때

환영합니다!
Herzlich
Willkommen!
헤어쯸리히 빌콤멘

자리가 더 있나요?

Haben Sie noch einen Platz frei?
하벤 지 노흐 아이넨 플랏츠 쁘라이?
Do you have a seat?

죄송합니다, 테이블이 다 찼습니다.

Tut mir leid, aber wir sind voll.
투트 미어 라이드 아버 비어 진트 뽈
I'm sorry. All the tables are occupied tonight.

얼마나 더 기다려야 하나요? / 30분이요.

Wie lange muss ich noch warten?/30 Minuten.
비 랑에 무스 이히 노흐 바르텐? / 드라이씨히 미누텐
How long do I have to wait?/Thirty minutes.   참고 P.150

기다릴게요. / 다음에 다시 올게요.

Ich warte./Ich komme ein anderes Mal wieder vorbei.
이히 바르테 / 이히 콤메 아인 안데레스 말 비더 뽀바이
I'll wait./I'll come back again.

메뉴판이랑 와인 리스트 좀 주시겠어요?

Können Sie mir bitte die Speisekarte und die Weinkarte bringen?
퀸넨 지 미어 비테 디 슈파이제카르테 운트 디 바인카르테 브링엔?
Can I see the menu and the wine list?

지금 주문해도 될까요?

Ich möchte gern bestellen.
이히 묘히테 게언 베슈텔렌
Can I order now?

무엇을 추천하시나요?

Was empfehlen Sie?
바스 엠뻴렌 지?
What do you recommend?

제안해 주실 만한 특별 요리(특산물)가 있나요?

Haben Sie eine lokale Spezialität im Angebot?
하벤 지 아이네 로칼레 슈페찌알리테트 임 안게보트?
Do you have any local food?

농어 구이 하나랑 샐러드 주세요.

Ein Barschfilet und ein Salat, bitte.
아인 발쉬삘렛 운트 아인 잘라트 비테
A sea bass fillet and a salad, please.   참고 P.48

저희는 음식을 나눠 먹을게요.

Wir teilen uns das Essen.
비어 타일렌 운스 다스 에쎈
We'll share this dish.

화이트 아스파라거스 있나요?

Haben Sie weißen Spargel?
하벤 지 바이센 슈파겔?
Do you have a white asparagus dish?

제 주문을 취소할 수 있을까요?

Kann ich meine Bestellung stornieren?
칸 이히 마이네 베슈텔룽 슈토니어렌?
Can I cancel my order?

죄송하지만, 제 주문을 바꾸고 싶습니다.

Entschuldigung, ich möchte meine Bestellung ändern.
엔슐디궁 이히 묘히테 마이네 베슈텔룽 앤던
Excuse me, I'd like to change my order.

식사 중에

맛있게 드세요!
Guten Appetit!
구텐 아페티트

이건 어떻게 먹으면 되나요?

Wie kann man das essen?
비 칸 만 다스 에쎈?
Could you tell me how to eat this?

죄송하지만, 나이프를 못 받았습니다.

Entschuldigung, ich habe kein Messer.
엔슐디궁 이히 하베 카인 메써
Excuse me, I didn't get a knife.

제 스푼을[포크를] 떨어트렸습니다.

Ich habe meinen Löffel[meine Gabel] fallen lassen.
이히 하베 마이넨 뢰펠[마이네 가벨] 빨렌 라쎈
I dropped my spoon[fork].

탄산 없는 미네랄워터 주세요.

Ein Mineralwasser ohne Kohlensäure, bitte.
아인 미네랄바써 오네 콜렌조이레 비테
Mineral water without gas, please.

이 고기는 제대로 구워지지 않은 것 같습니다.

Das Fleisch ist nicht richtig durchgebraten.
다스 쁠라이쉬 이스트 니히트 리히티히 두어히게브라텐
This meat is rather raw.

제 잔이 더러운 것 같습니다. 새 잔으로 가져다주실 수 있나요?

Mein Glas ist schmutzig. Können Sie mir ein neues Glas bringen?
마인 글라스 이스트 슈뭇찌히 쾬넨 지 미어 아인 노이에스 글라스 브링엔?
My glass is dirty. Can I have another one?

테이블 좀 치워 주시겠어요?

Können Sie den Tisch abräumen?
쾬넨 지 덴 티쉬 압로이멘?
Can you clear the table?

제 와인을 엎질렀습니다.

Ich habe meinen Wein verschüttet.
이히 하베 마이넨 바인 뻬어쉬테트
I spilled my wine.

여기 좀 닦아 주실 수 있나요?

Können Sie hier bitte wischen?
쾬넨 지 히어 비테 비셴?
Could you wipe here, please?

독일의 맛있는 밥을 먹어 봅시다.

디저트를 맛보고 싶다면

디저트 메뉴판 좀 볼 수 있을까요?
Ich möchte gern die Karte für die Nachspeisen sehen.
이히 묘히테 게언 디 카르테 퓌어 디 나흐슈파이젠 제엔
I'd like to see a dessert menu.

어떤 종류의 디저트를 추천하시나요?
Welche Nachspeise empfehlen Sie?
벨셰 나흐슈파이제 엠뻴렌 지?
Which dessert do you recommend?

치즈 케이크 1조각 부탁드려요.
Ein Stück Käsekuchen, bitte.
아인 슈뛱 케제쿠헨 비테
A slice of cheese cake, please.
참고 P.67

아직 다 안 먹었습니다.
Ich bin noch nicht fertig.
이히 빈 노흐 니히트 뻬어티히
I've not finished yet.

커피 한 잔 더 주세요.
Ich hätte gern noch eine Tasse Kaffee.
이히 헤테 게언 노흐 아이네 타세 카페
I'd like to have another cup of coffee, please.
참고 P.63

> 독일에서는 기본적으로 자리에서 계산합니다. 계산을 하고 싶을 때는 테이블을 담당하는 점원에게 말을 걸어 보세요.

계산할 때

계산할게요.
Ich möchte gern zahlen.
이히 묘히테 게언 짤렌
Check, please.

즐거운 시간 보냈습니다. 감사합니다!
Ich hatte eine sehr schöne Zeit. Vielen Dank!
이히 하테 아이네 제어 셰네 짜이트 삘렌 당크
I had a great time. Thank you.

다 해서 얼마인가요?
Was kostet das alles zusammen?
바스 코스테트 다스 알레스 쭈잠멘?
How much is the total?

제가 낼게요.
Ich bezahle.
이히 베짤레
I'll pay.

해산물 전문 패스트푸드
독일 맛집은 북부를 제외하면 고기 요리 위주입니다. 만약 고기가 물린다면 'Nordsee'에 가 보면 어떨까요? 가볍게 해산물을 먹을 수 있습니다.

제 생각엔 계산이 잘못된 것 같습니다.

Ich glaube, dass die Rechnung nicht ganz richtig ist.
이히 글라우베 다스 디 레히눙 니히트 간쯔 리히티히 이스트
I think the check is incorrect.

이 금액은 뭐에 해당하는 거죠?

Für was ist dieser Betrag?
뛰어 바스 이스트 디저 베트락?
What's this charge for?

저는 샐러드를 주문하지 않았습니다.

Ich habe den Salat nicht bestellt.
이히 하베 덴 잘라트 니히트 베슈텔트
I didn't order salad.

한 번 더 확인해 주실 수 있나요?

Können Sie das noch einmal nachrechnen?
쾬넨 지 다스 노흐 아인말 나흐레히넨?
Could you check it again?

제 방으로 달아 놔 주세요.

Bitte setzen Sie das auf meine Zimmerechnung.
비테 젯쪤 지 다스 아우프 마이네 찜머레히눙
Will you charge it to my room, please?

신용카드로 계산할 수 있을까요?

Kann ich mit Kreditkarte bezahlen?
칸 이히 밑 크레딧카르테 베짤렌?
Do you accept credit cards?

그것은 맛있었습니다.
Es hat gut geschmeckt.
에스 핫 굿 게슈멕트

한마디 문장 표현

그건 정말 맛있었어.
Das schmeckt aber gut.
다스 슈멕트 아버 굿

배부르고 매우 만족스러워요.
Ich bin voll und ganz zufrieden.
이히 빈 뽈 운트 간쯔 쭈프리덴

저는 배부릅니다.
Ich bin satt.
이히 빈 자트

남은 음식을 가져갈 수 있을까요?
Kann ich das restliche Essen mitnehmen?
칸 이히 다스 레스트리혜 에쎈 밑네멘?

그건 아주 맛있었습니다.
Das hat sehr gut geschmeckt.
다스 핫 제어 굿 게슈멕트

치워 주세요.
Räumen Sie das bitte ab.
로이멘 지 다스 비테 압

영수증 부탁드려요.
Die Quittung, bitte.
디 크빗퉁 비테

47

LOOK

| | 부탁합니다. |
| , bitte. |
| 비테 |
| , please. |

대표 음식
**typisches
Gericht**
튀피셰스 게리히트

Tafelspitz
타펠슈핏츠

푹 삶은
쇠고기 로스

● 【타펠스피츠】

Zwiebelrostbraten
쯔비벨로스트브라텐

● 【양파 로스트비프】

Gulasch
굴라쉬

사슴고기나
소고기로 만든
헝가리풍 스튜

● 【굴라쉬】

Eisbein
아이스바인

돼지고기를
소금에 절인 후
계절 채소를
넣어 찐 요리

● 【아이스바인】

Hendel
헨델

● 【통닭구이】

Sauerkraut
자우어크라우트

● 【사워크라우트】

Forellenfilet
쁘롤렌 삘렛

● 【송어 필렛】

Weißer Spargel
바이저 슈파겔

독일의 봄
내음이 물씬
나는 요리

● 【화이트 아스파라거스】

Krautwickel
크라우트비켈

● 【크라우트비켈】

Sauerbraten
자우어브라텐

● 【사워브라튼】

Wiener Schnitzel
비너 슈니첼

고기에 빵가루를
묻혀 튀긴 요리

● 【비너슈니첼】

Saumagen
자우마겐

돼지의 위에
달걀 등을
채워서
구운 요리

● 【자우마겐】

Matjesfilet
마체스삘렛

크림소스와
먹는 것이
일반적이다.

● 【청어 필렛】

Knödel
크뇌델

감자경단 또는
고기완자와 비슷

● 【크뇌델】

Kartoffelsuppe
카토뻴주페

● 【감자 수프】

eberknödelsuppe
레버크뇌델주페

● 【레버크뇌델 수프】

Linsensuppe
린젠주페

● 【렌즈콩 수프】

Soljanka
졸얀카

● 【솔랸카】

Brotzeitteller
브로트짜이트텔러

● 【브로트짜이트텔러】

Bratkartoffeln
브라트카토뻴

삶은 감자를
훈연하여
구운 것

● 【구운 감자】

모두 맛있어 보여.

지역 요리 lokale Küche 로칼레 퀴헤	Schweinshaxe 슈바인학센 ● 【슈바인학센】	Schweinebraten 슈바이네브라텐 슬라이스한 돼지고기를 구운 것 ● 【구운 돼지고기 요리】	Entenbraten 엔텐브라텐 ● 【오리 구이】
fannkuchensuppe 빤쿠헨주페 ● 【팬케이크 수프】	Fränkische Scheurebenrahmsuppe 프랑키셰쇼이레벤 람주페 ● 【프랑켄 지방식 크림 수프】	Maultaschen 마울타셴 파스타 안에 매콤한 저민 고기가 가득 ● 【마울타셴】	Käsespätzle 케제슈페츨레 파스타의 한 종류, 치즈, 튀긴 양파와 먹는다. ● 【케제슈페츨레】
Handkäse 한트케제 빵과 같이 먹는다. ● 【한트케제】	Himmel und Erde 힘멜 운트 에어데 사과와 감자, 소시지를 사용한 요리 ● 【힘멜 운트 에어데】	Labskaus 랍스카우스 콘 비프, 매쉬 포테이토에 달걀프라이를 얹은 것 ● 【랍스카우스】	Fischpfanne 삐쉬빤네 ● 【피시 빤네】
Fischbrötchen 삐쉬브뢰트헨 새우나 훈제 연어 등을 빵 사이에 끼워 먹는다. ● 【피시 브뢰헨】	gebratene Scholle 게브라테네 숄레 ● 【구운 가자미】	Wernigerode 베르니게로데 ● 【베르니게로데】	Hirschsteak 히르쉬스테이크 ● 【사슴 스테이크】
빵 Brot 브로트	Brezel 브레첼 브레첼 위에 뿌리는 돌소금이 짭짤하다. ● 【브레첼】	Vollkornbrot 뽈콘브로트 ● 【통밀빵】	Kaisersemmel 카이저제멜 ● 【카이저젬멜】
Kürbiskernbrötchen 퀴어비스케언브뢰트헨 ● 【호박씨 빵】	Roggenbrot 로겐브로트 씹으면 씹을수록 맛이 배가 된다. 약간 딱딱한 느낌의 빵 ● 【호밀빵】	Mohnsemmel 몬제멜 ● 【몬젬멜】	Bayerisches Croissant 바이리쉬 크로아상 바삭바삭한 식감과 버터 향이 가득한 크루아상 ● 【바이에른 크루아상】

_____ 부탁합니다.

_____ , bitte.

_____ 비테

_____ , please.

Weizenbrot
바이쩬브로트

● 【밀빵】

Römer
뢰머

겉은 딱딱하고
속은 부드럽다.

● 【뢰머】

Pinienkernweckerl
피니엔케언벡컬

● 【잣 벡컬】

Laugenzopf
라우겐쪼프

쫄깃한
식감이 좋다.

● 【라우겐쪼프】

Walnussweckerl
발누스벡컬

● 【호두 벡컬】

맛써어!

맥주
Bier
비어

Weizen/Weisse
바이쩬 / 바이세

맥아를
사용한 맥주

● 【밀 맥주】

Pils/Pilsner
필스/필스너

흡이 살아있는
체코산 맥주

● 【필스 / 필스너】

Helles
헬레스

가볍고
상쾌한 맛

● 【헬레스】

Dunkles
둥클레스

쌉쌀한 맛과
단맛이 섞인
농후한 맛

● 【흑맥주】

Schwarz
슈바르츠

향긋한 맥아 향
이 깊게 난다.

● 【슈바르츠】

Bock
복

묵직한 맥아
풍미가 나며
농후한 맛

● 【보크】

Altbier
알트비어

향긋한 풍미와
쌉쌀함 사이의
밸런스가 좋다.

● 【알트비어】

Rauchbier
라우흐비어

훈연한
맥아를 사용

● 【라우흐비어】

맥주
Bier
비어

**Hofbräu
Original**
호프브로이
오리기날

● 【호프브로이 오리지널】

**Spaten
Münchener
Hell**
슈파텐
뮌히너 헬

● 【슈파텐 뮌히너 헬】

**Franziskaner
Hefeweißbier**
프란치스카너
헤페바이스비어

● 【프란치스카너 헤페바이스비어】

**Paulaner
Helles**
파울라너
헬레스

● 【파울라너 헬레스】

Augustiner
아우구스티너

● 【아우구스티너】

**Schneider
Weisse**
슈나이더
바이세

● 【슈나이더 바이세】

Erdinger Weißbier
에딩거
바이스비어

● 【에딩거 바이스비어】

Hacker Pschorr
하커
프쇼르
● 【하커 프쇼르】

Weihenstephaner Hefeweißbier
바이헨슈테파너
헤페바이스비어

● 【바이헨슈테파너 헤페바이스비어】

Würzburger Hofbräu
뷔어츠부어거
호프브로이

● 【뷔르츠부르크식 호프브로이 맥주】

Arcobräu Urfass
아르코브로이
우어파스

● 【아르코브로이 우어파스】

Aecht Schlenkerla Rauchbier
에히트 슈렝케를라
라우흐비어

● 【에히트 슈렝케를라 라우흐비어】

Rittmayer Rauchbier
리트마이어
라우흐비어

● 【리트마이어 라우흐비어】

Rothaus Pils
로트하우스
필스

● 【로트하우스 필스】

Füssener Kellerbier
뷔세너
켈러비어

● 【뷔세너 켈러비어】

Flensburger Pilsner
플렌스부어거
필스너

● 【플렌스버거 필스너】

Jever Pilsner
예버 필스너

● 【예버 필스너】

Beck's
벡스
● 【벡스】

Berliner Pilsner
베를리너
필스너

● 【베를리너 필스너】

Berliner Kindl Weisse
베를리너
킨들
바이세

● 【베를리너 킨들 바이세】

Gaffel Kölsch
가펠 쾰쉬

● 【가펠 쾰쉬】

Dom Kölsch
돔 쾰쉬

● 【돔 쾰쉬】

Kirschweizen
키르시바이젠

● 【키르슈바이젠】

소시지
Wurst
부어스트

Nürnberger Bratwurst
뉘른베어거 브라트부어스트
허브가 들어간
다진 고기를
사용

● 【뉘른베르크 브라트부르스트】

Wollwurst
볼부어스트

● 【볼부르스트】

Weißwurst
바이스부어스트

● 【하얀 소시지】

Pfälzer
펠처
● 【펠처 소시지】

Debreziner
데브레치너
● 【데브레첸 소시지】

Leberkäse
레버케제
● 【레버케제】

51

부탁합니다.	
, bitte.	
비테	
,please.	

LOOK

Kalbsbratwurst
칼프브라트부어스트

● 【칼프브라트부르스트】

Currywurst
커리부어스트

카레 가루와
케밥이
한가득

● 【커리부르스트】

Frankfurter Würstchen
프랑크푸르터 뷔어스트헨

길이가 20cm나
된다.

● 【프랑크푸르트 소시지】

Schweinsbratwurst
슈바인스브라트부어스트

● 【슈바인스브라트부르스트】

Bierwurst
비어부어스트

머스타드 등이
들어간 부드러운
소시지

● 【비어부르스트】

Leberwurst
레버부어스트

돼지나 소의
간을 사용.
껍질을 벗겨
먹는다.

● 【레버부르스트】

Zungenwurst
충엔부어스트

● 【충엔부르스트】

Mettwurst
멧부어스트

● 【메트부르스트】

Wiener Würstchen
비너 뷔어스트헨

다진 돼지고
기를 양의 내
장에 넣은 것

● 【비너 소시지】

Riesen-Currywurst
리젠-커리부어스트

카레 향신료
를 넣은 것

● 【리젠 커리부르스트】

Grobe-Bratwurst
그로베-브라트부어스트

엄선한 돼지
고기를 사용
한 것이다.

● 【그로베 브라트부르스트】

단것
Süßigkeiten
쥐스씨히카이텐

Leipziger Lerche
라이프치거 레어헤

● 【라이프치거 레르흐】

Zwetschgenkuchen
츠벳슈겐쿠헨

● 【자두 케이크】

Teegebäck
테게벡

● 【차에 곁들여 먹는 비스킷】

Butterkuchen
부터쿠헨

● 【버터 케이크】

Apfeltorte
압펠토르테

● 【사과 타르트】

Johannesbeere-Baiser
요하네스비어레-바이저

● 【요하네스베리 슈크림】

Rote Grütze
로테 그뤼체

● 【로테 그뤼체】

재료
Zutaten
쭈타텐

Rindfleisch
린트플라이쉬
● 【쇠고기】

Hühnerfleisch
휘너플라이쉬
● 【닭고기】

Kalbfleisch
칼프플라이쉬
● 【송아지 고기】

Schweinefleisch
슈바이네플라이쉬
● 【돼지고기】

Hammelfleisch 하멜플라이쉬 ● 【양고기】	**Putenfleisch** 푸텐플라이쉬 ● 【칠면조 고기】	**Hackfleisch** 학플라이쉬 ● 【다진 고기】	**Ei** 아이 ● 【계란】
Lammfleisch 람플라이쉬 ● 【새끼 양고기】	**Keule** 코일레 ● 【뒷다리 고기】	**Speck** 스펙 ● 【비계, 베이컨】	**Lachs** 락스 ● 【연어】
Scholle 숄레 ● 【가자미】	**Garnele** 가니르 ● 【새우】	**Möhre** 뫼레 ● 【당근】	**Eisbergsalat** 아이스베르크잘라트 ● 【양상추】
Hering 헤링 ● 【청어】	**Kartoffel** 카토펠 ● 【감자】	**Tomate** 토마테 ● 【토마토】	**Sellerie** 젤러리 ● 【셀러리】
Spinat 슈피나트 ● 【시금치】	**Pilz** 필츠 ● 【버섯】	**Apfel** 압펠 ● 【사과】	**Butter** 부터 ● 【버터】
Kohl 코올 ● 【양배추】	**Traube** 트라우베 ● 【포도】	**Milch** 밀히 ● 【우유】	**frische Sahne** 쁘리셰 자네 ● 【신선한 생크림】
요리법 **Rezept** 레쩹트	**geröstet** 게뢰스테트 ● 【구운】	**gekocht** 게코흐트 ● 【삶은】	**geköchelt** 게쾨헬르트 ● 【약간 익힌】
	gebraten 게브라텐 ● 【구운】	**angebraten** 안게브라텐 ● 【살짝 구운】	**in Essig eingelegt** 인 에씨히 아인게렉트 ● 【식초에 절인】
frittiert 쁘리티어트 ● 【기름에 튀긴】	**zerquetscht** 쩨어크벳체트 ● 【으깬】	**roh** 로 ● 【날 것의】	**dünn geschnittene Scheibe** 뒨 게슈니테네 샤이베 ● 【얇게 조각 내다】
gehackt 게학트 ● 【다진】	**gewürzt** 게뷔어츠트 ● 【양념한(향신료를 뿌린)】	**frisch** 쁘리쉬 ● 【신선한】	**würzig** 뷔어찌히 ● 【양념이 든(향신료가 든)】
양념, 향신료 **Gewürze** 게뷔어쯔	**Öl** 욀 ● 【식용유】	**Senf** 젠프 ● 【겨자】	**Salz** 잘츠 ● 【소금】
	Essig 에씨히 ● 【식초】	**Pfeffer** 페퍼 ● 【후추】	**Zucker** 쭈커 ● 【설탕】

독일 와인을 주문해 봅시다.

독일 남북을 가로질러 흐르는 라인강 주변은 세계에서도 유명한 와인 명산지입니다.
다채로운 독일 와인 중에서 마음에 드는 맛을 골라 보세요.

와인 리스트는 여기를 참고하세요

글라스로 주
문할 경우
가격

병 가격

화이트와인

레드와인

Rotwein (로트바인)
Hauswein (하우스바인)

	Glas	Flasche
Spätburgunder / Baden	€00	€000
Blauer Portugieser / Ahr	€00	€000
Trollinger / Württemberg	€00	€000
Schwarzriesling / Franken	€00	€000
Dornfelder / Nahe	€00	€000
Lemberger / Württemberg	€00	€000

Weißwein (바이스바인)
Hauswein (하우스바인)

	Glas (글라스)	Flasche (플라셰)
Riesling / Rheingau	€00	€000
Silvaner / Franken	€00	€000
Müller-Thurgau / Rheinhessen	€00	€000
Kerner / Pfalz	€00	€000
Scheurebe / Nahe	€00	€000
Ruländer / Baden	€00	€000

Sekt (젝트)

Riesling / Rheingau	€00	€000
Riesling / Mittelrhein	€00	€000
Spätburgunder / Baden	€00	€000

Weißherbst / Rosewein (바이스헤업스트 / 로제바인)

Spätburgunder / Baden		
Spätburgunder / Nahe	€00	€000

포도의 종류
포도의 종류에 따라 와인의 맛이 크게 차이 난다. 마음에 드는 와인을 찾았다면 포도 종류를 외워 두는 것이 좋다.

로제 와인

하우스와인
그 가게에서 독자적으로 판단하여 취급하는 와인이다.

산지
'라인가우', '라인헤센', '프팔츠' 등 라인강 주변의 와인 명산지가 많다.

스파클링 와인

고르기 어렵다면
'추천'해 달라고 말해 보세요.

와인 라벨 읽는 법

독수리 마크
국영 주조소에서 만들었을 때 붙는 마크

포도가 수확된 연도(빈티지)

포도 품종

공인 검사 번호
국가가 공인한 상급 와인 측정 기준에 합격했음을 증명하는 번호

산지

생산자명(주조소명)

포도가 수확된 밭 이름

품질 등급
QmP가 최상급

(와인을 주문해 봅시다)

이 와인을 주시겠습니까?	**Könnte ich diesen Wein haben?**
	쾬테 이히 디젠 바인 하벤?
	Can I have this wine?

어떤 와인을 추천하시나요?	**Welchen Wein können Sie empfehlen?**
	벨셴 바인 쾬넨 지 엠펠렌?
	Could you recommend some wine?

어떤 와인이 단가요 [드라이한가요]?	**Welcher Wein ist süß[trocken]?**
	벨셔 바인 이스트 쥐스 [트로켄]?
	Which one is sweet [dry] ?

어떤 와인이 지역 특산 와인인가요?	**Welcher der Weine ist lokal?**
	벨셔 데어 바이네 이스트 로칼?
	Which one is the local wine?

도수가 낮은 와인 있나요?	**Haben Sie einen leichten Wein?**
	하벤 지 아이넨 라이히텐 바인?
	Do you have a light wine?

화이트와인[레드와인] 1잔 주세요.	**Ich hätte gern ein Glas Weißwein[Rotwein].**
	이히 헤테 게언 아인 글라스 바이스바인[로트바인]
	Could I have a glass of white [red] wine?

더 싼 거는 없나요?	**Haben Sie etwas günstigeres?**
	하벤 지 에트바스 귄스티거레스?
	Do you have a cheaper one?

라인가우로 주세요.	**Ich nehme einen Rheingau.**
	이히 네메 아이넨 라인가우
	I'll have a Rheingau.

도움이 되는 단어장 WORD	포도	**Traube** 트라우베	단	**süß** 쥐스
	평점	**Prädikat** 프레디카트	신맛	**Säure** 조이레
원산지 **Herkunftsland** 헤어쿤프트스란트	마시기 가장 좋은 때	**die beste Zeit zum Trinken** 디 베스테 짜이트 쭘 트링켄	향기	**Duft** 두프트
브랜드 **Marke** 마케	소믈리에	**Sommelier** 좀멜리어	과일 맛이 강하게 나는	**fruchtig** 쁘루흐티히
수확 연도 **Erntejahr** 에언테야	단맛이 없는 (드라이한)	**trocken** 트로켄	원기를 북돋우는	**erfrischend** 에어쁘리셴트

55

현지에서 맛보는 독일 맥주는 별미입니다.

독일이라고 하면 역시 맥주! 각 지역의 주조소에서 오리지널 맥주를 만들고 있습니다.
현지 사람들이 모이는 가게에서 준비한 한잔을 즐겨 봅시다♪

밀맥주
Weizen /
Weisse
바이젠 /
바이세

소맥 맥아를 사용한다. 백
맥주로도 불리고 있다. 부
드러운 맛과 상쾌한 향이
특징이다.

필스 / 필스너
Pils /
Pilsner
필스 / 필스너

홉이 잘 섞인 체코산 맥주
이다. 산뜻한 목넘김과 적
절한 쓴맛이 특징이다.

헬레스
Helles
헬레스

가볍고 산뜻한 맛이다. 알
코올 도수도 낮아 먹기 좋
은 맥주이다.

흑맥주
Dunkles
둥클레스

바이에른의 전통 맥주이다.
쓴맛이 있는 농후한 맛이
있고 알코올 도수도 높다.

주문해 봅시다

여기 앉아도 되나요?	**Darf ich hier sitzen?** 다프 이히 히어 짓쩰? May I sit here?
어떤 맥주가 여기서 제일 유명한가요?	**Welches Bier ist hier am beliebtesten?** 벨셰스 비어 이스트 히어 암 베립테스텐? What is the most famous beer here?
어떤 맥주를 추천하시나요?	**Welches Bier können Sie empfehlen?** 벨셰스 비어 쾬넨 지 엠펠렌? What beer do you recommend?

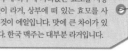

라거와 에일
발포 후에 하부에 가라앉은 효모를 사용한 것이 라거, 상부에 떠 있는 효모를 사용한 것이 에일입니다. 맛에 큰 차이가 있습니다. 한국 맥주는 대부분 라거입니다.

기본 회화

관광

맛집

쇼핑

뷰티

엔터테인먼트

호텔

교통수단

기본 정보

단어장

슈바르츠
Schwarz
슈바르츠

흑맥주이다. 향긋한 맥아 향과 깊은 맛이 있으면서도 무게감은 가볍다.

보크
Bock
복

맥아 풍미가 강하고 농후한 맛이다. 부드러운 맛이지만 알코올 도수는 높다.

알트비어
Altbier
알트비어

'오래된(알트) 맥주'라는 뜻으로, 옛날 제조법으로 만들어진 맥주이다. 향긋한 풍미와 쓴 맛의 밸런스가 좋다.

라우흐비어
Rauchbier
라우흐비어

훈연시킨 맥아를 사용한다. 독특한 풍미와 적당한 쓴맛을 즐길 수 있다.

건배!	**Prost! / Zum Wohl!**
	프로스트 / 쭘 볼
	Cheers!

이 식당의 스페셜 요리가 무엇인가요?	**Was ist die Spezialität dieses Restaurants?**
	바스 이스트 디 슈페찌알리테트 디제스 레스토랑?
	What is the special dish of this restaurant?

1인분 더 먹어도 될까요?	**Könnte ich noch eine Portion bekommen?**
	쾬테 이히 노흐 아이네 포찌온 베콤멘?
	Can I have another one?

소시지의 본고장에서 맛있게 먹어 봅시다.

독일에는 1500종 이상의 소시지(= 부르스트)가 있습니다.
여행지에서는 꼭 그 지역의 명물 소시지를 먹어 봅시다.

뉘른베어거 브라트부르스트
Nürnberger Bratwurst
뉘른베어거 브라트부어스트

허브가 들어간 다진 고기를 사용한다. 뉘른베르크의 명물이다.

볼부르스트
Wollwurst
볼부어스트

겉은 바삭하고 안은 부드러운 식감의 껍질 없는 소시지이다.

펠처 소시지
Pfälzer
펠처

팔츠 지방의 명물로 고수와 감자가 들어가 있다.

하얀 소시지
Weißwurst
바이스부어스트

뮌헨의 명물인 하얀 소시지. 허니 머스터드에 찍어 먹는다.

데브레첸 소시지
Debreziner
데브레치너

향신료를 넣고 굵게 다진 소시지이다.

레버케제
Leberkäse
레버케제

소고기와 돼지고기 페이스트를 구운 것이다.

주문해 봅시다

껍질을 어떻게 까나요?	**Wie kann man die Schale abmachen?** 비 칸 만 디 샬레 압마헨? How can I peel it?
모듬 소시지 하나 주세요.	**Eine Wurstplatte, bitte.** 아이네 부어스트플라테 비테 Assorted sausages, please.
겨자(머스터드) 주세요.	**Bringen Sie mir bitte Senf.** 브링엔 지 미어 비테 젬프 Bring me a mustard.

소시지를 먹는 법

삶거나 굽는 것이 일반적입니다. 레버부르스트처럼 속이 페이스트형으로 되어 있는 것은 빵에 발라 먹어도 맛있습니다.

칼프브라트부르스트
Kalbsbratwurst
칼프브라트부어스트

프랑크푸르트 소시지
Frankfurter Würstchen
프랑크푸르터 뷔어스트헨

슈바인스브라트부르스트
Schweinsbratwurst
슈바인스브라트부어스트

씹히는 맛이 좋은, 송아지와 돼지고기를 섞어 만든 소시지이다.

길이가 20cm나 되는 프랑크푸르트 명물 소시지이다.

임비스에서 자주 볼 수 있다. 평범한 소시지이다.

그로베 브라트부르스트
Grobe-Bratwurst
그로베-브라트부어스트

메프부르스트
Mettwurst
멧부어스트

리젠 커리부르스트
Riesen-Currywurst
리젠-커리부어스트

엄선한 돼지고기를 사용한 전통적인 소시지이다.

기름기가 적은 돼지고기 부위를 저민 것을 사용한다. 페이스트형 등 종류도 다양하다.

카레 계열 향신료를 넣어서 삶거나 구워도 향긋하고 맛있다.

무엇을 추천하시나요?	**Was empfehlen Sie?** 바스 엠뻴렌 지? What do you recommend?
매운 소시지 있나요?	**Haben Sie scharfe Würste?** 하벤 지 샬삐 뷔어스테? Do you have a spicy sausage?
이것을 빵에 바르나요?	**Schmiert man es auf das Brot?** 슈미어트 만 에스 아우프 다스 브로트? Do I smear this on a bread?

59

테이크아웃 메뉴로 독일 식문화를 느껴 보기

산책 도중에 가볍게 배를 채울 수 있는 테이크아웃 메뉴.
여행지에서만 느낄 수 있는 음식을 하나 골라, 하늘 아래에서 맛보는 것도 별미입니다.

독일판 포장마차 "Imbiss"(임비스)
길거리 여기저기에서 볼 수 있는 작은 포장마차를 'imbiss(임비스)'라고 합니다. 일반적으로 판매하는 음식은 소시지를 끼운 빵으로 가격은 2유로 정도로 저렴합니다. 관광이나 산책 도중에 한 번 맛보세요.

빵집도 빼놓을 수 없죠
독일 빵은 종류가 많은데 500 종류 이상이나 됩니다. 향긋한 식전빵은 물론, 디저트 같은 달달한 빵도 한가득입니다. 빵의 나라 독일에서 본고장의 맛과 식감을 맛보고 싶네요. 프레첼도 잊지 마세요!

그럼 주문해 봅시다

안녕하세요!(점심 인사)
Guten Tag!
구텐 탁

환영합니다!
Herzlich Willkommen!
헤어쯜리히 빌콤멘

구운 소시지와 겨자소스(머스터드) 주세요.
Eine Bratwurst mit Senf, bitte.
아이네 브라트부어스트 밑 젠프 비테

2유로입니다.
Das macht 2 Euro.
다스 마트 쯔바이 오이로

여기 있습니다! 감사합니다!
Bitte schön! Danke!
비테 셴 당케

LOOK

┌─────────────────┐
│ ▢ 부탁합니다. │
│ ▢ , bitte. │
│ ▢ 비테 │
│ ▢ , please. │
└─────────────────┘

┌─────────────────┐
│ 간이 음식점 │
│ **Imbiss** │
│ 임비스 │
└─────────────────┘

Fleischpflanzerl
플라이쉬플란쩌

● 【플라이쉬플란쩌】

Münchner Schnitzel
뮌히너 슈니첼

뮌헨의 명물인
커틀릿을 사용

● 【뮌헨 슈니첼】

Bratwurst
브라트부어스트

구운 소시지를
끼운 빵으로
일반적인 메뉴

● 【구운 소시지 빵】

Krustenbraten
크루스텐브라텐

● 【크루스텐브라텐】

Käsebeißer
케제바이써

● 【케제바이써】

Döner Kebab
되너 케밥

맛있게 구워진
고기와 작양배추
가 한가득

● 【되너 케밥】

Currywurst
커리부어스트

베를린의 명물로
카레 가루와
케첩이 한가득

● 【커리부르스트】

┌─────────────────┐
│ 빵 │
│ **Brot** │
│ 브로트 │
└─────────────────┘

Brezel
브레첼

돌소금이
짭짤하다.

● 【브레첼】

Vollkornbrot
뽈콘브로트

● 【통밀빵】

Kaisersemmel
카이저제멜

● 【카이저젬멜】

Kürbiskernbrötchen
퀴어비스케언브뢰첸

씹을수록
더 맛있는
조금 딱딱한 빵

● 【호박씨 빵】

Roggenbrot
로겐브로트

씹을수록
더 맛있는
조금 딱딱한 빵

● 【호밀빵】

Mohnsemmel
몬제멜

알알이
씹히는
식감이 특징

● 【몬젬멜】

Bayerisches Croissant
바이리쉬 크로아상

바삭바삭한
식감과 버터
향이 좋다.

● 【바이에른 크루아상】

Weizenbrot
바이쩬브로트

얇게 슬라이스한
치즈와 함께
먹는다.

● 【밀빵】

Römer
뢰머

겉은 딱딱하고
속은 부드럽다.

● 【뢰머】

Pinienkernweckerl
피니엔케언벡컬

● 【잣 벡컬】

Laugenzopf
라우겐쪼프

쫄깃한
식감이 좋다.

● 【라우겐쪼프】

Walnussweckerl
발누스벡컬

● 【호두 벡컬】

어느 것부터
먹어 볼까나…

61

길거리 카페에서 쉬기

너무 걸어서 피곤하다면 카페에서 조금 쉽시다.
편안한 분위기와 맛있는 음료로 기운을 차릴 수 있어요.

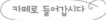 카페로 들어갑시다

안녕하세요!(점심 인사)
Guten Tag!
구텐 탁

안녕하세요! 몇 명이서 오셨어요?
Guten Tag! Wie viele Personen sind Sie?
구텐 탁 비 빌레 페어조넨 진트 지?

혼자 왔어요.
Ich bin alleine.
이히 빈 알라이네

실내에 앉으시겠어요, 실외에 앉으시겠어요?
Möchten Sie drinnen oder draußen sitzen?
묘히텐 지 드린넨 오더 드라우쎈 짓쩬?

실외에[바 라인에] 앉을게요.
Draußen[an der Theke] bitte.
드라우쎈[안 데어 테케] 비테

저를 따라오세요.
Folgen Sie mir bitte.
뽈겐 지 미어 비테

세트 메뉴가 있나요?	**Haben Sie ein Menü?** 하벤 지 아인 메뉴? Do you have a set meal?
이것은 무엇인가요?	**Was ist das?** 바스 이스트 다스? What is this?
무엇을 추천하시나요?	**Was empfehlen Sie?** 바스 엠뻴렌 지? Which do you recommend?
같은 걸로 주세요.	**Ich nehme das Gleiche.** 이히 네메 다스 글라이혜 Same for me.
오늘의 요리[디저트] 는 무엇인가요?	**Was für ein Tagesmemü[einen Nachtisch] gibt es?** 바스 뿨어 아인 타게스메뉴[아이넨 나흐티쉬] 깁트 에스? What is today's dish[dessert]?

LOOK

┌─────────────────────────┐
│ [   ] 부탁합니다.   │
│   │
│ [   ] , bitte.   │
│   비테   │
│ [   ] , please.   │
└─────────────────────────┘

┌─────────────────────┐
│   간식거리   │
│ Kleine Speisen   │
│ 클라이네 슈파이젠   │
└─────────────────────┘

Sandwich
잰드위치

● 【샌드위치】

기본회화

관광

맛집

쇼핑

뷰티

엔터테인먼트

호텔

교통수단

기본정보

단어장

Omelett
오믈렛

● 【오믈렛】

Salat
잘라트
● 【샐러드】

Quiche
키쉬

● 【키쉬】

Suppe
주페

● 【수프】

Eis
아이스

● 【아이스크림】

Muffin
머핀

● 【머핀】

Kaffee
카페

● 【커피】

Cappuccino
카푸치노

● 【카푸치노】

Heiße Schokolade
하이세 쇼콜라데

● 【핫초코】

Tee
테

● 【차】

Kräutertee
크로이터테

● 【약초차】

Glühwein
글뤼바인

향신료를
넣어 따뜻하게
끓인 와인

● 【글뤼바인】

음식을 나눠 먹어도 될까요?	**Wir möchte uns das Essen teilen.** 비어 묘히텐 운스 다스 에쎈 타일렌 Is it possible to share the dish?
커피 1잔 더 주세요.	**Ich hätte gern noch eine Tasse Kaffee.** 이히 헤테 게언 노흐 아이네 타세 카페 I'd like to have another cup of coffee, please. 참고 P.63
다 합쳐서 얼마인가요?	**Wie viel macht es zusammen?** 비 삘 막트 에스 쭈잠멘? How much is it altogether?

달달한 간식은 여행의 또 다른 재미죠.

맥주나 소시지만이 아니라 디저트의 종류도 풍부한 독일.
무엇부터 먹어 볼까 망설여집니다.

슈니발
Schneeball
슈니발

로텐부르크의 명물이며
'눈덩이'라고 불리는 튀긴
과자이다.

프랑스식 작은 빵
Franzbrötchen
프란츠브뢰트헨

시나몬 슈가를 넣은 페이
스트리. 함부르크의 명물
이다.

베를린 도넛
Berliner
Pfannkuchen
베를리너 빤쿠헨

섣달 그믐날이나 감사제
때 먹는다. 잼이 들어간 도
넛이다.

돼지 귀 빵
Schweineohr
슈바이네오어

'돼지 귀'라고 불리는 바삭
바삭한 파이이다.

사과 퀴흘레
Apfelküchle
압펠퀴흘레

사과에 반죽옷을 입혀 튀
긴 디저트이다.

프랑크푸르트어 크란츠
Frankfurter
Kranz
프랑크푸르터 크란츠

버터 크림과 비스킷 반죽
으로 만든 케이크이다.

주문해 봅시다

이 케이크 1조각 부탁해요.	**Ein Stück von diesem Kuchen, bitte.**
	아인 슈튁 폰 디젬 쿠헨 비테
	I'll have one of these cakes. 참고 P.150

무엇을 추천하시나요?	**Was empfehlen Sie?**
	바스 엠뻴렌 지
	What do you recommend?

렙쿠헨 10개 주세요.	**Ich nehme 10 Lebkuchen.**
	이히 네메 쩬 렙쿠헨
	I'll have 10 lebkuchens. 참고 P.150 참고 P.67

과일을 독일어로 알아 둡시다.

블루베리	Blaubeere 블라우비어레	사과	Apfel 압펠	자두	Pflaume 플라우메	살구	Aprikose 아프리코제
배	Birne 비어네	복숭아	Pfirsich 피어지히	딸기	Erdbeere 에어트비어레	레몬	Zitrone 찌트로네

애플파이
Apfelkuchen
압펠쿠헨

버터 반죽과 사과로 만든
전통적인 과자이다.

레브쿠헨
Lebkuchen
렙쿠헨

뉘른베르크의 명물인 크리
스마스 쿠키이다.

체리 소보로 빵
Kirschstreusel
키르시슈트로이젤

카스타드 크림과 사워체리
가 들어간 촉촉한 케이크
이다.

치즈 케이크
Käsekuchen
케제쿠헨

우리나라의 치즈 케이크와
비슷한 느낌이다.

바움쿠헨
Baumkuchen
바움쿠헨

단면이 나무 같다고 하여
('바움 = 나무') 이름이 붙
은 과자이다.

사과 슈트루델
Apfelstrudel
압펠 슈트루델

사과를 얇은 반죽에 말아
서 구운 것이다.

여기서 먹어도 되나요?	**Kann man hier essen?** 칸 만 히어 에쎈? Can I eat here?
이거 선물 포장 해 주실 수 있나요?	**Können Sie es als Geschenk einpacken?** 쾬넨 지 에스 알스 게셴크 아인파켄? Could you make it a gift?
이거 오래 보관할 수 있나요?	**Ist das lang haltbar?** 이스트 다스 랑 할트바? Does it have a long keeping?

자허토르테에 입맛을 다시다.

오스트리아의 대표적인 디저트, 자허토르테.
한국에서도 꽤 익숙하지만 본고장에서 맛봅시다.

오스트리아

자허토르테
Sachertorte
자허 토르테

생크림
Schlagsahne
슐락자네

초콜릿
Schokolade
쇼콜라데

살구잼
Aprikosenmarmelade
아프리코젠마말라데

자허토르테란?
오스트리아의 대표적인 초콜렛 케이크. 프란츠 자허가 고안한 토르테가 좋은 평을 얻어 '자허토르테'라는 이름이 붙여졌다. 달지 않은 크림을 넣는 것이 일반적이다.

자허토르테를 주문해 봅시다

자허토르테 1조각 생크림이랑 같이 주세요.	**Ein Stück Sachertorte mit Sahne, bitte.** 아인 슈튁 자허토르테 밑 자네 비테 A piece of Sachertorte with a whipped cream, please.
자허토르테 작은 것 2조각 가져갈게요.	**Ich hätte gern zwei kleine Stücke von der Sachertorte zum Mitnehmen.** 이히 헤테 게언 쯔바이 클라이네 슈튀케 폰 데어 자허토르테 쭘 밑네멘 Two small pieces of Sachertorte to go, please. 참고 P.150
얼마나 오래 보관할 수 있나요?	**Bis wann hält das?** 비스 반 헬트 다스? How long does it keep?

LOOK

| | 부탁합니다.
| | , bitte.
| | 비테
| | , please.

단것
Süßigkeiten
쥐스씨히카이텐

Mohntorte
몬토르테

● 【양귀비 케이크】

Apfelküchle
압뻴퀴흘레
사과에 반죽 옷을 입혀 튀긴 것

● 【사과 퀴흘레】

Schwarzwälder Kirschtorte
슈바르츠밸더 키르쉬토르테

● 【슈바르츠밸더 키르쉬토르테】

Baumkuchen
바움쿠헨
'바움 = 나무'라는 뜻으로, 독특한 이름을 가진 케이크

● 【바움쿠헨】

Käsekuchen
케제쿠헨
구운 빵 같은 치즈 케이크

● 【치즈 케이크】

wetschgenkuchen
츠벳슈겐쿠헨
서양 자두가 들어간 케이크

● 【자두 케이크】

Apfelstrudel
압뻴슈트루델
사과를 얇은 반죽에 말아 구운 것

● 【사과 슈트루델】

Trüffeltorte
트뤼펠토르테
풍미 있는 트러플 초콜릿 케이크

● 【트러플 케이크】

Schweineohr
슈바이네오어
'돼지 귀'라고 불리는 바삭바삭한 파이

● 【돼지 귀 빵】

Schneeball
슈니발
로텐부르크의 명물인 튀긴 과자

● 【슈니발】

Bienenstich
비넨슈티히
아몬드와 캬라멜을 얹은 케이크

● 【비넨슈티히】

Apfelstreusel
압뻴슈트로이젤
사과의 단맛을 유지한 채 소보루 느낌으로 구운 것
● 【사과 소보로빵】

Kranzstange
크란츠슈탕에
건포도를 사용한 파이 생지 케이크

● 【크란츠슈탕에】

Kirschstreusel
키르쉬슈트로이젤
카스타드와 사워 체리가 들어간 케이크

● 【체리 소보로빵】

Kaiserschmarrn
카이저슈마른

● 【카이저슈마렌】

Lebkuchen
렙쿠헨
뉘른베르크의 명물인 크리스마스 쿠키

● 【렙쿠헨】

Stollen
슈톨렌
말린 과일을 반죽에 넣은 크리스마스용 케이크

● 【슈톨렌】

Franzbrötchen
프란츠브뢰첸
시나몬 슈가를 넣은 패스트리

● 【프랑스식 작은 빵】

Frankfurter Kranz
프랑크푸르터 크란츠
버터 크림과 비스킷 생지로 만든 케이크

● 【프랑크푸르터 크란츠】

Apfelkuchen
압뻴쿠헨
버터 반죽과 사과로 만든 과자

● 【애플파이】

Berliner Pfannkuchen
베를리너 빤쿠헨

● 【베를린 도너츠】

67

매너를 지키며 똑똑하게 즐깁시다.

조금 사치를 부려 고급 레스토랑으로 가 볼까요? 그럴 때 신경 쓰이는 것이 지켜야 할 매너입니다. 하지만 그다지 딱딱하게 생각하지 않아도 됩니다. 중요한 것은 적당히 즐겁게 대화하면서 요리를 즐기는 것. 그것이야말로 매너의 기본이죠.

3성급 레스토랑에서는

3성급 레스토랑이나 인기 있는 곳을 이용할 때는 예약을 합시다. 이름, 인원 수, 날짜와 시간을 전합시다. 저녁식사에 아이를 데리고 가는 것은 하지 마세요. 예약을 호텔 프런트에 부탁할 때는 팁을 건넵시다.

드레스 코드는

고급 레스토랑이 아닌 이상 요란스럽게 입고 갈 필요는 없지만, 단정하고 깔끔하게 입고 간다면 레스토랑 측에서의 대우가 더 좋아집니다. 드레스 코드가 있다면 남자는 재킷에 넥타이, 여자는 원피스나 재킷 등을 입는 편이 좋습니다.

메인 요리는

1인 1그릇이 원칙입니다. 앞접시를 가지고 음식을 나눠 먹는 것은 안 됩니다. 그릇을 맞바꾸며 맛보는 것도 하지 마세요.

마음대로 좌석에 앉지 마세요. 점원이 안내를 해 주니 점원의 안내를 기다립니다.

또 주의해야 할 것은?

① 주문할 때는?

각 테이블을 담당하는 웨이터를 기다려서 주문하세요. 식전주를 마실 것인지 물어보는 경우도 있기 때문에 어떤 것을 부탁할 일이 없을 때는 "Nein"이라고 하세요. 또 메인 요리를 주문해야만 합니다.

② 수프를 먹을 때는?

소리를 내며 먹는 것은 매너가 아주 안 좋은 행동으로 인식될 수 있습니다. 천천히 조용히 맛을 음미하며 먹습니다. 컵수프로 나오는 경우에는 들고 먹는 것까지는 괜찮습니다.

원포인트 Tip
독일 사람들은 코를 훌쩍이는 것을 싫어
합니다. 코를 훌쩍일 정도라면 식사 중에
도 코를 푸는 것이 올바른 매너입니다.

나이프나 포크는

사용할 때는 음식의 바깥쪽에서부터 사용합니다. 떨어뜨렸을 경우에는 자신이 줍지 말고 웨이터에게 주워 달라고 요청하세요.

와인을 마실 때는

고급 레스토랑에서는 와인은 점원에게 따라 달라고 하는 것이 매너입니다. 와인을 따를 때는 잔을 잡고 있지 마세요. 와인 잔을 들고 소리를 내며 "건배!"라고 말하지도 않습니다.

팁은

계산은 웨이터에게 말해 테이블에서 계산합니다. 팁은 고급 레스토랑에서는 식대의 10%를 기준으로 합니다.

③ 잠시 쉴 때나 다 먹었을 때는?

음식을 먹다가 잠시 쉴 때는 나이프와 포크 끝을 맞춰 '여덟 팔(八) 모양으로(포크 아래쪽에 나이프가 오도록) 둡니다. 식사가 다 끝났을 때는 나이프와 포크를 모아 3시 방향이나 중앙을 바라보도록 놓습니다.

④ 담배를 피우고 싶을 때는?

공공장소에서는 금연입니다. 레스토랑 안에서는 피우지 말고, 식사 후 자리를 이동해 테라스가 있는 카페에서 흡연합니다. 담배를 피우고 싶을 때는 피울 수 있는 장소를 미리 알아 둡시다.

독일에서 즐겁게 쇼핑하기

여러 가지 가게들을 둘러보며 마음에 드는 아이템을 찾아봅시다.
가게로 들어가면, Guten Tag!이라고 웃는 얼굴로 점원에게 인사하기♪

먼저 가게들을 찾아봅시다

백화점이 어디에 있나요?	**Wo ist das Kaufhaus?** 보 이스트 다스 카우프하우스? Where is the department store?
그거 어디서 살 수 있나요?	**Wo kann man das kaufen?** 보 칸 만 다스 카우뺀? Where can I buy that?
Butterdorf라는 상점이 어디에 있나요?	**Wo ist das Geschäft "Butterdorf"?** 보 이스트 다스 게셰프트 부터도르프? Where is the shop called Butterdorf?

상점에 대한 정보를 물어봅시다

영업 시간이 언제인지 알려 주실 수 있나요?	**Können Sie mir bitte Ihre Öffnungszeiten sagen?** 쾬넨 지 미어 비테 이어레 외쁘눙스짜이텐 자겐? What are the business hours?
언제 영업을 안 하시나요?	**An welchen Tagen haben Sie geschlossen?** 안 벨셴 타겐 하벤 지 게슐로센? What day do you close?
층별 안내도가 있나요?	**Haben Sie einen Etagenplan?** 하벤 지 아이넨 에타겐플란? Do you have an information guide?
주방 기구들은 어디서 살 수 있나요?	**Wo kann man Küchengeräte kaufen?** 보 칸 만 퀴헨게레테 카우뺀? Where should I go to buy kitchenwares?
에스컬레이터[엘리베이터]가 어디에 있나요?	**Wo ist die Rolltreppe[der Aufzug] ?** 보 이스트 디 롤트레페[데어 아우프쭉]? Where is the escalator [elevator] ?
저는 문구 코너를 찾고 있습니다.	**Ich suche die Schreibwarenabteilung.** 이히 주헤 디 슈라입바렌압타일룽 I'm looking for stationaries section.

짐 보관소가 어디에 있나요?	**Wo kann man das Gepäck abgeben?** 보 칸 만 다스 게펙 압게벤? Where is the cloak room?
여기 한국어 할 줄 아시는 분 있나요?	**Gibt es hier jemanden, der Koreanisch spricht?** 깁트 에스 히어 예만덴 데어 코레아니쉬 슈프리히트? Is there someone who speaks Korean?
여기 상점에 ATM 기가 있나요?	**Gibt es hier im Geschäft einen Geldautomat?** 깁트 에스 히어 임 게셰프트 아이넨 겔트오토마트? Do you have an ATM in here?
고객 서비스 센터가 어디에 있나요?	**Wo ist der Kundendienstschalter?** 보 이스트 데어 쿤덴딘스트샬터? Where is the customer service?

LOOK

어디에 있나요?
Wo ist ☐ **?**
보 이스트 ☐ ?
Where is ☐ ?

	Kaufhaus 카우프하우스 ● 【백화점】	**Multi-Marken-Geschäft** 물티-마켄-게셰프트 ● 【편집숍】

Supermarkt 주퍼마트 ● 【슈퍼마켓】	**Einkaufszentrum** 아인카우프스쩬트룸 ● 【쇼핑센터】	**Bekleidungsgeschäft** 베클라이둥스게셰프트 ● 【옷 가게】	**Schuhgeschäft** 슈게셰프트 ● 【신발 가게】
	Taschengeschäft 타셴게셰프트 ● 【가방 가게】	**Duty-Free-Shop** 듀티-프리-숍 ● 【면세점】	
adidas 아디다스 ● 【아디다스】	**Birkenstock** 버켄스탁 ● 【버켄스탁】	**Steiff** 슈타이프 ● 【슈타이프】	**Faber Castell** 파버 카스텔 ● 【파버 카스텔】
puma 퓨마 ● 【퓨마】	**Nivea** 니베아 ● 【니베아】	**Mont Blanc** 몽블랑 ● 【몽블랑】	**Pelikan** 펠리칸 ● 【펠리칸】
Aigner 아이그너 ● 【아이그너】	**Meissen** 마이센 ● 【마이센】	**Rimowa** 리모와 ● 【리모와】	**Koziol** 코지올 ● 【코지올】
WMF 베엠파우 ● 【WMF】	**Leopold** 레오폴드 ● 【레오폴드】	**AdHoc** 애드호크 ● 【애드호크】	**Zwilling J.A. Henckels** 쯔빌링 요츠아. 헹켈스 ● 【헹켈 즈윌링】

독일에서 태어난 디자인 굿즈를 기념품으로

문구에서 잡화까지 인기 있는 독일 브랜드 제품들.
개성이 있는 다양한 물건을 만나러 가 봅시다.

이건 어떻게
사용하나요?
**Wie kann man
das benutzen?**
비 칸 만 다스 베눗쩬?

WMF
WMF
베엠파우
기능성과 디자인성이
뛰어난 제품이 매력적이다.

주방용품

레오폴드
Leopold
레오폴드
아름다운 형태의 제품이
호평을 받는다.

헹켈 즈윌링
Zwilling J.A. Henckels
쯔빌링 요츠.아. 헹켈스
18세기에 창업된
칼 브랜드이다.

에드호크
AdHoc
에드호크
세련된 디자인이 인기인
주방용품 브랜드이다.

몽블랑
Mont Blanc
몽블랑
20세기 초반, 세계 최초
로 만년필을 개발했다.

이거 다른 색깔
로도 있나요?
**Haben Sie das
auch in anderen
Farben?**
하벤 지 다스 아우흐 인
안더렌 빠르벤?

문구류

펠리칸
Pelikan
펠리칸
펠리칸 가족이 상표인
문구 브랜드이다.

'마이스터'란?
긴 수련 후에 국가 시험에 합격하면 처음으로 부여되는 장인의 최고 호칭입니다. 독일의 장인정신은 마이스터의 숙련된 기술에서 나오고 있습니다.

오스타이머
Ostheimer
오스트하이머
슈타이너 교육의 기반이 되는 상품을 제작했다.

똑같은 걸로 2개 주세요.
Ich nehme zweimal das Gleiche.
이히 네메 쯔바이말 다스 글라이헤

파버 카스텔
Faber Castell
파버 카스텔
18세기에 창업됐다. 연필 생산량 세계 1위를 자랑한다.

잡화

셀렉타
Selecta
셀렉타
디자인성과 안전성이 높은 것으로 정평이 나 있다.

얀 슈테파니
Jan Stephani
얀 슈테파니
장난감 마을로 유명한 자이펜 마을의 공방 중 하나이다.

망가지지 않게 포장해 주시겠어요?
Könnten Sie es bitte so einpacken, dass es nicht beschädigt wird?
쾬텐 지 에스 비테 조 아인파켄 다스 에스 니히트 베셰디크트 비어트?

73

레트로한 동부 독일의 굿즈 & 클래식 아이템

어딘가 향수 어린 동부 독일의 굿즈나 독일에서 만든 클래식한 아이템을 만나러 가 봅시다. 독일에서만 볼 수 있는 물건들을 사 봐요.

카라 커피잔
KAHLA
Kaffeetasse
카라 카페타셰

평범한 커피잔은 벼룩시장에서 자주 볼 수 있다.

우표, 성냥 라벨
Briefmarke,
Streichholzetikett
브리트마케,
슈트라이히홀쯔에티켓

동부 독일 특유의 소박하고 레트로한 디자인이다.

왕실 문장이 있는 물건들
Waren mit
königlichem Wappen
바렌 밑 쾨니그리헴 바펜

비텔스바흐 가의 문장이 들어갔다.

곰인형
Teddybär
테디베어

세계에서 가장 사랑받는 테디베어는 독일에서 만들어졌다.

마스코트
Maskottchen
마스코트헨

베를린의 상징인 곰. 기념품으로도 좋다.

마이센
Meissen
마이센

세계적으로도 뛰어난 고급 식기 브랜드이다.

이건 동독 물건인가요?	**Ist das in der DDR hergestellt?** 이스트 다스 인 데어 데데알 헤어게슈텔트? Is this the product of East Germany?
그 잔 좀 볼 수 있을까요?	**Könnte ich vielleicht den Becher sehen?** 퀸테 이히 빌라이히트 덴 베혀 제엔? May I see that cup?
이건 대략 몇 년 된 건가요?	**Wie alt ist das ungefähr?** 비 알트 이스트 다스 운게뻬어? How old is this?
올해의 크리스마스 접시를 보고 싶습니다.	**Ich würde mir gern den Weihnachtsteller des Jahres ansehen.** 이히 뷔르데 미어 게언 덴 바이나흐트슈텔러 데스 야레스 안제엔 I'd like to see the Christmas plate of this year.
저희 어머니를 위한 선물을 찾고 있습니다.	**Ich suche ein Geschenk für meine Mutter.** 이히 주혜 아엔 게솅크 뿌어 마이네 무터 I'm looking for a present for my mother.
새로운 물건이 있나요?	**Haben Sie neue Artikel?** 하벤 지 노이에 아티켈? Do you have any new items?
일종의 마스코트인 헝겊 동물 인형을 찾고 있습니다.	**Ich suche ein kleines Stofftier, so eine Art Maskottchen.** 이히 주혜 아인 클라이네스 슈토프티어 조 아이네 아트 마스코트혠 I'm looking for a small doll like a mascot.
손으로 집어도 될까요?	**Darf ich das in die Hand nehmen?** 다프 이히 다스 인 디 한트 네멘? Can I pick this up?
이건 어떻게 다루면 되나요?	**Wie kann man das pflegen?** 비 칸 만 다스 쁠레겐? How can I take care of this?
무엇을 살지 아직 결정하지 못했어요.	**Ich habe mich noch nicht entschieden, was ich kaufe.** 이히 하베 미히 노흐 니히트 엔트쉬덴 바스 이히 카우뻬 I haven't decided yet.

사고 싶다면
이 표현

이걸로 가져갈게요. / 이건 얼마인가요?

Das, bitte./Was kostet das?
다스 비테 / 바스 코스테트 다스?
I'll take this./How much is it?

75

시장(마르크트)에서 즐겁게 이야기하기

활기가 넘치는 마르크트에서 가게 사람들과 대화하며 쇼핑을 즐겨 봅시다.
신선한 야채와 꽃, 잼, 치즈 등 여러 가지 물건이 즐비합니다.

마르크트에서 말을 걸어 봅시다

살구 4개랑
복숭아 1개 주세요.

Vier Aprikosen und ein Pfirsich, bitte.
삐어 아프리코젠 운트 아인 삐어지히 비테
I'll have four apricots and a peach, please.

참고 P.150

체리 200그램
주세요.

200 Gramm Kirschen, bitte.
쯔바이훈더트 그람 키르셴 비테
200 grams of cherry, please.

참고 P.150

이 치즈 1조각
주세요.

Eine Scheibe von diesem Käse, bitte.
아이네 샤이베 폰 디젬 케제 비테
A slice of this cheese, please.

이만큼 주세요.

Ich hätte es gern so groß wie dieses Stück, bitte.
이히 헤테 에스 게언 조 그로쓰 비 디제스 슈튁 비테
Could I have a chunk of these?

어떤 채소가[과일이]
요즘 제철인가요?

Welches Gemüse[Obst] schmeckt zur Zeit am besten?
벨셰스 게뮤제[옵스트] 슈멕트 쭈어 짜이트 암 베스텐?
Which vegetable [fruit] is in season now?

살구잼 1통 주세요.
*Eine Dose
Aprikosenmarmelade, bitte.*
아이네 도제 아프리코제마말라데 비

이건 어디서
만들어졌나요?

Wo wird es hergestellt?
보 비어트 에스 헤어게슈텔트?
Where is this made?

따로따로 살 수
있을까요?

Kann ich die auch einzeln kaufen?
칸 이히 디 아우흐 아인쩰 카우뻰?
Can I buy just one of these?

이거 포장해 주실 수
있나요?

Könnten Sie das bitte einpacken?
쾬텐 지 다스 비테 아인파켄?
Could you wrap it?

다 해서 얼마인가요?

Was kostet das alles zusammen?
바스 코스테트 다스 알레스 쭈잠멘?
How much is it in total?

이거 한 번 맛봐도 될까요?
Könnte ich davon kosten?
쾬테 이히 다본 코스텐?

1kg당
얼마인가요?

Was kostet das pro Kilogramm?
바스 코스테트 다스 프로 킬로그람?
What is the price for one kilogram?

마르크트, 벼룩시장에서 회화를 할 때 핵심은?

활기가 넘치는 마르크트에서 대화의 물꼬를 트면 기분 좋은 서비스를 기대할 수 있을지도 몰라요! 벼룩시장에서는 용기 내서 가격 흥정에 도전해 봐요!

> 여러 가지 수량을 재는 단위는 여기에서

Drei Euro pro Kilogramm.	**1kg에 3유로**	**Ein Euro fünfzig pro Bund.**	**50묶음에 1유로**
드라이 오이로 프로 킬로그람		아인 오이로 퓐프찌히 프로 분트	

eine Flasche	1병	eine Schachtel	1상자	eine Packung	1갑
아이네 쁠라셰		아이네 샤흐텔		아이네 파쿵	
eine Packung	1봉지	ein Stück	1조각	ein Netz	1망
아이네 파쿵		아인 슈튁		아인 넷츠	
ein Korb	1바구니	ein Stumpf	1토막	ein Dutzend	1다스
아인 코브		아인 슈툼프		아인 둣쩬트	

> 벼룩시장에서 흥정하기 도전!

안녕하세요!(점심 인사)

Guten Tag!
구텐 탁

→

 어서오세요. 여기 좀 보세요!

Herzlich Willkommen. Schauen Sie bitte hier!
헤어쯜리히 빌콤멘　샤우엔 지 비테 히어

오래된 건가요?

Ist das alt?
이스트 다스 알트?

 이것은 60년 된 겁니다.

Das ist aus den sechziger Jahren.
다스 이스트 아우스 덴 제히찌거　야렌

얼마인가요?

Was kostet das?
바스 코스테트 다스?

 3조각 사시면, 7유로입니다.

Wenn Sie drei Stück kaufen,
macht es sieben Euro.
벤 지 드라이 슈튁 카우뻰 막트 에스 지벤 오이로

조금만 더 깎아 주실 수 있나요?

Können Sie mir bitte noch etwas mehr Rabatt geben?
쾬넨 지 미어 비테 노흐 에트바스 메어 라바트 게벤?

→

 음, 6유로면 괜찮겠네요.

Na ja, sechs Euro ist in Ordnung.
나 야　젝스　오이로 이스트 인 오드눙

77

슈퍼마켓에서 쇼핑하기

보기 어려운 식료품이나 귀여운 잡화를 찾으러 슈퍼마켓에 가 봅시다.
무수히 많이 있는 Bio(=오가닉) 제품도 독일 슈퍼마켓에서만 만나 볼 수 있는 묘미입니다.

커피 원두
Kaffeebohnen
카페보넨

아프리카나 남미에서 유기농으로 재배한 Bio 커피이다.

땅콩 초콜릿
Erdnussschokolade
에어트누스쇼콜라데

메시지가 적혀 있는 포장지가 귀엽다. 견과류가 들어간 초콜릿이다.

아스파라거스 크림 수프
Spargelcremesuppe
슈파겔크림주페

데우기만 해도 먹을 수 있는 수프 통조림이다. 여러 가지 종류가 있다.

유기농 박하
Biominze
비오민쩨

항상 가방에 넣어 두고 싶은 상쾌한 향의 민트이다.

무알코올 맥주
alkoholfreies
Bier
알코홀프라이에스 비어

Bio 제품 중 하나이다. 맥주의 풍미를 즐길 수 있다.

카밀레차
Kamillentee
카밀렌테

잠 못 드는 밤에 마시면 좋은 오가닉 티이다.

도움이 되는 단어장 WORD		향신료	Gewürze 게뷔어쩨	바질	Basilikum 바질리쿰
		후추	Pfeffer 페퍼	엉겅퀴	Artischocke 알티쇼케
와인	Wein 바인	소금	Salz 잘츠	아보카도	Avocado 아보카도
잼	Marmelade 마말라데	양파	Zwiebel 쯔비벨	달걀	Ei 아이
생강	Ingwer 잉베어	감자	Kartoffel 카토펠	버터	Butter 부터
차	Tee 테	토마토	Tomate 토마테	우유	Milch 밀히

Bio란 무엇일까?

건강과 환경을 고려하여 만들어진 제품으로 엄격한 기준을 통과한 제품에 Bio 마크가 붙는다. 독일에서는 Bio 제품 전문 슈퍼마켓도 있다.

비스킷
Keks
켁스

통곡물을 사용한 쿠키로 종류가 많지 않으므로 추천!

고추냉이
Meerrettich
미어레티히

고기 요리와 함께 먹으면 좋은 서양 와사비이다. 통도 귀엽다.

암염
Steinsalz
슈타인잘츠

독일 남부가 원산지인 바위 소금이다. 파프리카, 마늘이 들어간 것 등 다양하다.

바디로션
Körperlotion
쾨어퍼로션

생강 성분이 들어간 것 등이 있다. 여자 분들에게 기념품으로 딱이다.

색연필
Buntstift
분트슈티프트

슈퍼마켓에서는 색연필 등 문구류도 판다. 세련된 문구류를 기념품으로 사 보자.

에코백
Ökotasche
외코타셰

대용량의 슈퍼마켓 에코백이다.

> 즐겁게 쇼핑합시다

여기 맛있는 음식은 어디에 있나요?	**Wo gibt es hier Delikatessen?** 보 깁트 에스 히어 델리캇에쎈? Where is the deli section?
오리지널 제품을 가지고 있나요?	**Haben Sie auch originale Produkte?** 하벤 지 아우흐 오리기날레 프로둑테? Do you have any original products?
아침에 언제부터 문을 여나요?	**Ab wann haben Sie morgens geöffnet?** 압 반 하벤 지 모르겐스 게외프네트? What time do you open in the morning?

LOOK

| 을/를 찾고 있습니다. |
| Ich suche [ ]. |
| 이히 주헤 [ ] |
| I'm looking for [ ]. |

잡화, 생필품
Gemischtware/der
tägliche Bedarfsartikel
게미슈트바레/데어 테
글리혜 베달프스아티켈

Beutel
보이텔

● 【지갑】

Tragetasche
트라게타셰

● 【숄더백】

Ökotasche
외코타셰

● 【에코백】

Namensschild
나멘스쉴트

● 【명찰】

Reisepasssschutzumschlag
라이제파스슛쭘슐락

● 【여권 케이스】

Schlüsselhalter
슐뤼셀할터

● 【열쇠 고리】

Sonnenbrille
존넨브릴레

● 【선글라스】

Schal
샬

● 【스카프】

Haarbürste
하뷔어스테

● 【빗】

Heft
헤프트

● 【공책】

Füllfeder
퓔페더

● 【만년필】

Postkarte
포스트카르테

● 【우편엽서】

Buntstift
분트슈티프트

● 【크레파스】

Schere
셰어레

● 【가위】

Buntstift
분트슈티프트

● 【색연필】

Spardose
슈파도제

● 【저금통】

Spieldose
슈필도제

● 【오르골】

Stofftier
슈토프티어

● 【동물 헝겊 인형】

Becher
베허

● 【잔】

Teller
텔러

● 【접시】

Topf
톱쁘

● 【냄비】

Isolierkanne
이졸리어칸네

● 【보온 용기】

Schnellkochtopf
슈넬코흐트톱쁘

● 【압력솥】

Pfanne
빤네

● 【프라이팬】

Topflappen
톱쁘라펜

● 【냄비 잡는 헝겊】

Küchendecke
퀴헨데케

● 【주방용 덮개】

Schwamm
슈밤

● 【스펀지】

Messer
메써

● 【칼】

Waschmittel
바쉬미텔

● 【세제】

Kleiderbügel
클라이더뷔겔

● 【옷걸이】

식료품
Nahrungsmittel
나룽스미텔

Marmelade
마말라데

● 【잼】

Müsli
뮤즐리

● 【뮤즐리】

Chips
칩스

● 【칩】

Bier
비어

● 【액주】

Keks
켁스

● 【비스킷】

Schwarzbrot[Pumpernickel]
슈바르츠브로트[품퍼니켈]

● 【흑빵 [호밀흑빵] 】

Teigwaren
타이그바렌

● 【면류】

Käse
케제

● 【치즈】

Fruchtgummi
쁘루흐트구미

● 【과일 젤리】

Honig
호니히

● 【꿀】

Schokolade
쇼콜라데

● 【초콜릿】

Gewürz
게뷔어츠

● 【향신료】

Bonbon
봉봉

● 【사탕】

Kräutertee
크로이터테

● 【약초 차】

크리스마스 마켓도 놓치지 마세요.

독일 각지의 마을에서 개최되는 크리스마스 마켓은 1년에 딱 1번 있는 특별한 이벤트. 겨울에 독일을 여행한다면 꼭 들러 보세요.

크리스마스 마켓이란?

애드벤트(강림절)에 맞춰 크리스마스 4주 정도 전부터 독일 각 지역에서 개최되는 전통 시장입니다. 트리나 타워가 장식되어 있는 광장에는 포장마차가 줄지어 있고, 형형색색의 장식들과 크리스마스용 과자를 사러 오는 사람들로 북적입니다. 밤에는 일루미네이션이 점등되어 마치 옛날 이야기에 나오는 곳 같습니다. 크리스마스 마켓은 춥고 긴 독일의 겨울을 빛내는 특별한 이벤트입니다.

글루와인으로 따뜻하게 보냅시다.

글루와인은 레드와인에 향신료를 넣고 설탕이나 꿀로 맛을 낸 달달하고 따뜻한 음료입니다. 마켓에서 빼놓을 수 없는 음료입니다. 컵은 빌려 주는 것이 일반적이지만 요금을 더 내면 가지고 갈 수도 있습니다.

추천하는
크리스마스 마켓은?

애드벤트(강림절)란?

크리스마스부터 4번째 전 일요일부터 크리스마스 이브까지 4주 간을 말합니다. 크리스마스 준비 기간입니다.

세계에서 가장 유명한 마켓
뉘른베르크 크리스마스 마켓
Christkindlesmarkt
(크리스트킨들스마트)

현지의 여자아이들로부터 선택된 '크리스트킨들'이 상징이다. 크리스마스 쿠키인 '레이프쿠헨'은 이 도시의 명물이다.

세계 최대의 마켓
슈트트가르트 크리스마스 마켓
Stuttgarter Weihnachtsmarkt
(슈투트가르터 바이나흐츠마트)

200개 이상의 포장마차가 서 있고, 스케이트 링크나 미니 SL 등 볼거리가 많다. 게다가 화려한 포장마차 지붕 장식은 꼭 봐야 할 볼거리이다.

세계에서 가장 오래된 마켓
드레스덴 크리스마스 마켓
Dresdner Striezelmarkt
(드리스나 슈트리쩰마트)

15세기부터 이어진 역사 있는 마켓이다. 세계에서 가장 높은 크리스마스 피라미드가 인상적이다. 기념품으로는 명물의 슈톨렌이 좋다.

중세 분위기를 풍기는 로맨틱한 마켓
로텐부르크 크리스마스 마켓
Reiterlesmarkt
(라이터레스마트)

옛날 이야기에 나올 법한 아름다운 마을 안에서 로맨틱한 크리스마스를 느낄 수 있다. 명물인 슈니발렌도 꼭 먹어 보자.

독일에서는 성 니콜라스의 축일인 12월 6일에 선물을 보내는 풍습이 있습니다. 어린아이들도 설레는 마음으로 이 날을 기다리지만, 나쁜 아이들에게는 선물을 주지 않고 벌을 준다는 말이 있기 때문에 약간 두근거리기도 한답니다.

즐겁게 나만의 패션 스타일을 찾아봅시다.

독일의 패션 트렌드를 체크하면서 마음에 드는 아이템을 찾아봅시다.

(가게 안으로 들어가면)

뭔가 특별한 걸 찾으시나요?	**Suchen Sie etwas bestimmtes?** 주헨 지 에트바스 베슈팀테스? What are you looking for?
그냥 둘러보는 중이에요, 감사합니다.	**Ich sehe mich nur ein weing um, Danke.** 이히 제에 미히 누어 아인 베니히 움 당케 I'm just looking, thank you.
다음에 다시 올게요.	**Ich komme sicher noch mal wieder.** 이히 콤메 지허 노흐 말 비더 I'll come back later.

> 가게로 들어설 때는 반드시 Guten tag!이라고 힘차게 말해 봅시다. 아무것도 말하지 않고 가게에 들어가면 안 됩니다.

실례합니다, 저 좀 도와주실 수 있나요?	**Entschuldigung, können Sie mir bitte mal helfen?** 엔슐디궁 퀸넨 지 미어 비테 말 헬펜? Excuse me, can you help me?
이것 좀 보고 싶은데요.	**Ich möchte das gerne sehen.** 이히 묘히테 다스 게어네 제엔 I'd like to see this.
오른쪽에서 세 번째에 있는 것 좀 보여 주시겠어요?	**Können Sie mir bitte das Dritte von rechts zeigen?** 퀸넨 지 미어 비테 다스 드리테 폰 레히츠 짜이겐? Could you show me the third one from the right? 참고 P.150
이건 어떤 브랜드인가요?	**Was für eine Marke ist das?** 바스 퓌어 아이네 마케 이스트 다스? What brand is this?
이거 한번 집어 봐도 되나요?	**Darf ich das in die Hand nehmen?** 다프 이히 다스 인 디 한트 네멘? Can I pick this up?

점원에게 물어 봅시다.

거울이 어디에 있나요?

Wo ist der Spiegel?
보 이스트 데어 슈피겔?
Where is the mirror?

면세 수속에 대해 설명하겠습니다.

독일에서는 상품의 가격이 19% 또는 7%의 부가가치세(MwST.)가 포함되어 있지만 EU 이외의 외국 거주자가 1개의 상점에서 하루에 €25 이상의 쇼핑을 했을 경우 면세 수속이 가능합니다. 기준에 적합한 쇼핑을 했을 경우에는 상점에서 면세 서류를 작성하세요(여권 제시 필수). 다만 구입 금액에 따라서는 면세 수속을 하는 장점이 그다지 없는 경우도 있습니다.

한번 입어 봐도 되나요?	**Darf ich das anprobieren?** 다프 이히 다스 안프로비어렌? Can I try this on?
이건 좀 꽉 끼네요[널널하네요].	**Es ist ein bisschen eng[weit].** 에스 이스트 아인 비스헨 엥[바이트] This is a little bit tight[loose].
한 치수 큰[작은] 사이즈 있나요?	**Haben Sie es noch eine Nummer größer[kleiner]?** 하벤 지 에스 노흐 아이네 눔머 그뢰써[클라이너]? Do you have a bigger[smaller] size?
이 사이즈는 저한테 안 맞네요.	**Die Größe passt mir nicht.** 디 그뢰쎄 파스트 미어 니히트 It didn't fit me.
죄송합니다, 다음에 다시 올게요.	**Tut mir leid, aber ich komme bestimmt noch mal wieder.** 투트 미어 라이드 아버 이히 콤메 베슈팀트 노흐 말 비더 I'm sorry, I'll come back later.
이 신용카드 써도 될까요?	**Kann ich hier diese Kreditkarte benutzen?** 칸 이히 히어 디제 크레딧카르테 베눗쩬? Do you accept this credit card?
이거 면세로 살 수 있나요?	**Kann man das hier zollfrei kaufen?** 칸 만 다스 히어 쫄프라이 카우뻰? Can I buy it tax-free?
과세품 신고서 좀 주시겠어요?	**Können Sie mir bitte ein Zollerklärungsformular geben?** 쾬넨 시 미어 비테 아인 쫄에어클레어룽스뽀물라 게벤? Can I have a customs form?

도움이 되는 단어장 WORD

		작다	klein 클라인	꽉 끼다	eng 엥
		길다	lang 랑	이건 저한테 맞네요.	Das passt mir gut. 다스 파스트 미어 굿
사이즈	Größe 그뢰쎄	짧다	kurz 쿠어쯔	두껍다	dick 딕
크다	groß 그로쓰	널널하다	weit 바이트	얇다	dünn 뒨
소매가 긴	lange Ärmel 랑에 에어멜	소매가 짧은	kurze Ärmel 쿠어쩨 에어멜	소매가 없는	ohne Ärmel 오네 에어멜

85

LOOK

┌─────────────────────────┐
│ ☐☐☐☐☐ 부탁합니다. │
│ ☐☐☐☐☐ , bitte. │
│ ☐☐☐☐☐ 비테 │
│ ☐☐☐☐☐ ,please. │
└─────────────────────────┘

패션
Fashion
패션

T-Shirt
티셔츠

● 【티셔츠】

Jacke
야케

● 【재킷】

Bluse
블루제
● 【블라우스】

Pullover
풀오버
● 【스웨터】

Strickjacke
슈트릭야케
● 【니트 재킷】

Rock
록

● 【치마】

Jeans
진스
● 【청바지】

Mantel
만텔
● 【코트】

Hemd
햄트
● 【셔츠】

Camisole
캐미솔
● 【캐미솔】

Hose
호제
● 【바지】

Stola
슈톨라
● 【숄】

Haarschmuck
하 슈묵
● 【머리 장식】

Kleid
클라이드
● 【원피스】

Anhänger
안행어
● 【팬던트, 목걸이】

Schal
샬
● 【스카프】

Schal
샬
● 【목도리】

Krawatte
크라바테
● 【넥타이】

Brosche
브로셰
● 【브로치】

Hut
홋
● 【모자】

Slip
슬립
● 【슬립】

Geldbeutel
겔트보이텔
● 【지갑】

BH
베하
● 【브래지어】

Sonnenbrille
존넨브릴레
● 【선글라스】

Strumpfhose
슈트룸프호제
● 【팬티 스타킹】

Handschuhe
한트슈에
● 【장갑】

Socken
조켄
● 【양말】

▌사이즈 차이를 잘 알아 둡시다.

여성복

독일	34호	36호	38호	40호	42호	44호
한국	S	M	L	XL	XXL	SXL

여성화

독일	34/35	35	35/36	36	36/37	37	37/38
한국	220	225	230	235	240	245	250

LOOK

있나요?

Haben Sie [_____] **?**

하벤 지 [_____]?

Do you have [_____] ?

색
Farbe
파르베

schwarz
슈바르츠
● 【검은색】

weiß
바이스
● 【흰색】

rot
로트
● 【빨간색】

blau
블라우
● 【파란색】

gelb
겔프
● 【노란색】

grün
그륀
● 【초록색】

rosa
로자
● 【분홍색】

orange
오랑지
● 【주황색】

lila
릴라
● 【보라색】

elfenbeinfarben
엘뻰바인파르베
● 【아이보리색】

beige
베이지
● 【베이지색】

braun
브라운
● 【갈색】

gold
골트
● 【금색】

silber
질버
● 【은색】

무늬
Muster
무스터

gestreift
게슈트라이프트
● 【줄무늬】

kariert
카리어트
● 【체크무늬】

gepunktet
게풍크트
● 【물방울무늬】

geblümt
게블륌트
● 【꽃무늬】

ungemustert
운게무스터트
● 【민무늬】

in Mode
인 모데
● 【유행하는】

마음에 드는 구두나 가방을 사러 가고 싶어요.

여행지에서 만난 구두나 가방은 집에 돌아가서도 보물이 될 것 같아요.
점원과 대화하며 즐겁게 쇼핑해 볼까요?

구두 가게에서

36사이즈 있나요?	**Haben Sie das auch in Größe 36?** 하벤 지 다스 아우흐 인 그뢰쎄 젝스운트드라이씨히? Do you have this in 36?　　　　　참고 P.86
이건 좀 꽉 끼네요 [널널하네요].	**Es ist ein bisschen eng [weit].** 에스 이스트 아인 비스헨　엥[바이트] This is a little bit tight[loose].
발가락 끝이 아프네요.	**Meine Zehenspitze tut weh.** 마이네　쩨헨슈핏체　투트 베 My toes hurt.
이것보다 반 사이즈 큰 거 있나요?	**Haben Sie es noch eine halbe Nummer größer?** 하벤　지 에스 노흐 아이네 할베　눔머　그뢰써? Do you have a half-size bigger than this?
굽이 너무 높[낮]네요.	**Die Absätze sind zu hoch[niedrig].** 디　압젯쩨　진트　쭈 호흐[니드리히] I think the heels are too high[low].
저한테 잘 어울리네요!	**Sie passen mir sehr gut!** 지　파센　미어 제어 굿 This is perfect!
이건 제 마음에 드네요.	**Das gefällt mir.** 다스 게뺄트　미어 I like this one.

도움이 되는 단어장 WORD				
		판톨렛	**Pantoletten** 판톨레텐	다리가 긴 장화 **Langschaftsstiefel** 랑샤프트슈티뻴
		토슈즈	**Spitzenschuhe** 슈핏쩬 슈에	운동화 **Sportschuhe** 슈포트슈에
펌프스	**Pumps** 펌프스	장화	**Stiefel** 슈티뻴	소재 **Stoff** 슈토프
굽 있는 펌프스	**Pumps mit Absatz** 펌프스 밑 압잣츠	다리가 짧은 장화	**Kurzschaftstiefel** 쿠어즈샤프트슈티뻴	가죽 **Leder** 레더
샌들	**Sandalen** 잔달렌	중간 길이의 장화	**Halbschaftstiefel** 할프샤프트슈티뻴	달리기에 가벼운 **leicht zu laufen** 라이히트 쭈 라우뻰

가방 가게에서

일할 때 쓸 검은색 가방을 찾고 있어요.	**Ich suche eine schwarze Tasche für die Arbeit.** 이히 주혜 아이네 슈바르체 타셰 뷔어 디 알바이트 I'd like a black bag for work. 참고 P.87
단추가 있는[지퍼가 있는] 가방을 원합니다.	**Ich möchte eine Tasche mit Knopfverschluss[Reißverschluss] haben.** 이히 묘히테 아이네 타셰 밑 크놉프페어슐루스[라이스페어슐루스] 하벤 I want one with buttons[zippers].
더 큰[작은] 거 있나요?	**Haben Sie noch ein größeres[kleineres]?** 하벤 지 노흐 아인 그뢰쎄레스[클라이너레스]? Do you have a bigger[smaller] one?
다른 색깔도 있나요?	**Haben Sie es auch in anderen Farben?** 하벤 지 에스 아우흐 인 안더렌 빠르벤? Do you have a different color?
새 것 있나요?	**Haben Sie ein neues?** 하벤 지 아인 노이에스? Do you have a new one?
요즘 인기 있는 것이 무엇인가요?	**Was ist zur Zeit beliebt?** 바스 이스트 쭈어 짜이트 베립트? Which one is popular?
색깔이 다채로운 걸 원합니다.	**Ich möchte gern ein buntes.** 이히 묘히테 게언 아인 분테스 I'd like one in vivid color.
주머니나 공간이 있는 상품이 있나요?	**Haben Sie etwas mit Seitentaschen oder mehreren Fächern?** 하벤 지 에트바스 밑 자이텐타셴 오더 메레렌 빼현? Do you have one that has pockets or compartments?

도움이 되는 단어장 WORD

	여행용	**für die Reise** 뷔어 디 라이제	지퍼	**Reißverschluss** 라이스페어슐루스
	사무용	**für die Arbeit** 뷔어 디 알바이트	가죽의	**leder** 레더
핸드백	**Handtasche** 한트타셰	일상용	**für den Alltag** 뷔어 덴 알탁	~소재의	**stoff** 슈토프
숄더백	**Umhängetasche** 움행에타셰	어깨끈이 있는[없는]	**mit[ohne] Schultergurt** 밑[오네] 슐터거트	방수 처리 된	**wasserabweisend** 바써압바이젠트
트렁크, 여행가방	**Koffer** 코퍼	가방	**Tasche** 타셰	작은	**klein** 클라인

액세서리나 수공예품도 사러 가 봅시다.

반지나 리본 등 작고 귀여운 물건은 몇 개든 갖고 싶어지네요.
가족이나 친구들에게 선물로 주면 좋아할 것 같아요.

마음에 드는 액세서리를 찾아봅시다

이 반지 좀 볼 수 있을 까요?	**Könnte ich vielleicht diesen Ring sehen?** 쾬테 이히 빌라이히트 디젠 링 제엔? Coud I see this ring?
한번 해봐도 될까요?	**Kann ich das mal anprobieren?** 칸 이히 다스 말 안프로비어렌? May I try this on?
이건 어떤 종류의 보석인가요?	**Was ist das für ein Edelstein?** 바스 이스트 다스 퓌어 아인 에델슈타인? What is this stone?
이건 독일에서 만들어졌나요?	**Ist das in Deutschland hergestellt?** 이스트 다스 인 도이칠란트 헤어게슈텔트? Is this made in Germany?
이건 얼마나 오래됐나요?	**Wie lang ist das?** 비 랑 이스트 다스? How long is it?
그거 2미터 주세요.	**Davon möchte ich zwei Meter haben.** 다뽄 묘히테 이히 쯔바이 메터 하벤 I'll have two meters of it. 참고 P.150
선물 포장해 주세요.	**Packen Sie es bitte als Geschenk ein.** 파켄 지 에스 비테 알스 게솅크 아인 Please make it a gift.
다른 색깔[디자인] 으로도 있나요?	**Haben Sie das auch in anderen Farben[mit einem anderen Muster]?** 하벤 지 다스 아우흐 인 안더렌 빠르벤[밑 아이넴 안더렌 무스터]? Do you have another color[print]?
따로따로 포장해 주세요.	**Packen Sie es bitte getrennt ein.** 파켄 지 에스 비테 게트렌트 아인 Could you wrap these individually?
그 위에 리본(테이프) 좀 붙여 주세요.	**Machen Sie da bitte ein Band drum.** 마헨 지 다 비테 아인 반트 드럼 Could you put some ribbons?

깨지지 않게 포장해 주세요.	**Packen Sie es bitte so ein, dass es nicht zerbricht.** 파켄 지 에스 비테 조 아인 다스 에스 니히트 쩨어브리히트 Could you wrap it not to break?
몇 캐럿인가요?	**Wie viele Karat hat er?** 비 삘레 카라트 핫 에어? What carat is this?

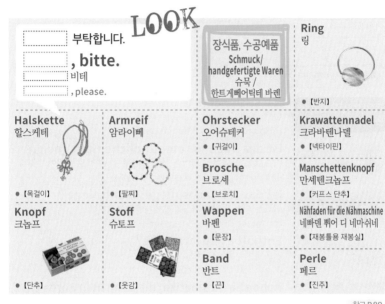

LOOK

☐☐☐ 부탁합니다.
☐☐☐ **, bitte.**
☐☐☐ 비테
☐☐☐ **, please.**

장식품, 수공예품
Schmuck/ handgefertigte Waren
슈묵 / 한트게뻬어틱테 바렌

Ring
링
● 【반지】

Halskette
할스케테
● 【목걸이】

Armreif
암라이뻬
● 【팔찌】

Ohrstecker
오어슈테커
● 【귀걸이】

Brosche
브로셰
● 【브로치】

Krawattennadel
크라바텐나델
● 【넥타이핀】

Manschettenknopf
만셰텐크놉프
● 【커프스 단추】

Knopf
크놉프
● 【단추】

Stoff
슈토프
● 【옷감】

Wappen
바펜
● 【문장】

Band
반트
● 【끈】

Nähfaden für die Nähmaschine
네빠덴 쀠어 디 네마쉬네
● 【재봉틀용 재봉실】

Perle
페르레
● 【진주】

참고 P.80

도움이 되는 단어장 WORD		스테인 리스	**rostfreier Stahl** 로스트쁘라이어 슈탈	뜨개질하다	**Stricken** 슈트리켄
		바늘	**Nadel** 나델	가는 실	**Stickfaden** 슈틱빠덴
금	**Gold** 골트	금은박	**Paillette** 팔리에트	면 실	**Baumwollfaden** 바움볼빠덴
은	**Silber** 질버	레이스	**Spitze** 슈핏쩨	전기 코일	**Spule** 슈풀레
백금	**Platin** 플라틴	식탁보	**Tischdecke** 티쉬데케	졸작	**Flickwerk** 쁠릭베어크
캐럿	**Karat** 카라트	부속품	**Zubehör** 쭈베회어	펠트	**Filz** 필츠

헤매지 않고 화장품을 사는 방법을 알아 둡시다.

독일에서는 천연 화장품에 대한 관심이 높고, 많은 브랜드가 있습니다.
점원에게 말을 걸어 보면서 자신에게 맞는 화장품을 찾아봅시다.

적당한 가격의 천연 화장품

천연 화장품 전문점에서는 잘 갖춰진 브랜드 중에서 좋은 제품
을 골라볼 수 있습니다. 한국에서 익숙한 브랜드도 현지에서 사
면 더 이득♪ 드러그스토어에는 적당한 가격의 천연 화장품이 준
비되어 있습니다. 꼭 들러 보세요.

화장품을 찾아봅시다.

파운데이션을 찾고 있어요.	**Ich suche eine Grundschminke.** 이히 주헤 아이네 그룬트슈밍케 I'm looking for a foundation cream. 참고 P.94
이거 민감성 피부에도 알맞나요?	**Ist das auch für empfindliche Haut geeignet?** 이스트 다스 아우흐 뛰어 엠삔틀리혜 하우트 게아이그네트? Can this be used on sensitive skin?
이건 낮에 사용하는 [밤에 사용하는] 건가요?	**Ist das für Tagespflege[Nachtpflege]?** 이스트 다스 뛰어 타게스쁠레게[나흐트쁠레게]? Is it for daytime-use [night time-use]?
첨가물이 들어 있나요?	**Enthält es Zusatzstoffe?** 엔트헬트 에스 쭈잣츠슈토뻬? Does it use any antiseptics?
한국에 없는 화장품 있나요?	**Haben Sie Kosmetika, die es nicht in Korea gibt?** 하벤 지 코스메티카 디 에스 니히트 인 코레아 깁트? Do you have any cosmetics that isn't available in Korea?
한번 발라 봐도 되나요?	**Könnte ich das auftragen?** 쾬테 이히 다스 아우프트라겐? Can I try this?
이거 자외선 차단이 되나요?	**Ist das mit UV-Strahlenschutz?** 이스트 다스 밑 우빠우-슈트랄렌슛츠? Does it block UV rays?
이 색깔과 비슷한 립스틱 있나요?	**Haben Sie einen Lippenstift, der mit dieser Farbe ähnlich ist?** 하벤 지 아이넨 리펜슈티프트 데어 밑 디저 빠르베 엔리히 이스트? Do you have lipstick close to this color?

허브티로 몸 건강도 챙기기

허브티는 독일에서도 인기 있습니다. 드러그스토어
에는 여러 가지 종류의 허브티를 팔고 있습니다. 최
근에는 향신료가 가득 들어간 차이 티가 호평을 받
고 있습니다.

다른 색깔도 있나요?	**Haben Sie noch andere Farben?** 하벤 지 노흐 안더렌 파르벤? Are there any other colors?
요즘 인기 있는 게 무엇인가요?	**Was ist zur Zeit beliebt?** 바스 이스트 쭈어 짜이트 베립트? Which one is popular?
이거 한번 보고 싶어요.	**Ich würde mir das gerne ansehen.** 이히 뷔어데 미어 다스 게어네 안제엔 I'd like to see this.
선물 포장 해 주실 수 있나요?	**Können Sie es als Geschenk einpacken?** 쾬넨 지 에스 알스 게솅크 아인파켄? Could you wrap this as a gift?
같은 것으로 5개 주세요.	**Ich nehme fünf mal das Gleiche.** 이히 네메 뛴프 말 다스 글라이혜 I want five of these. 참고 P.150

점원에게 물어 봅시다.

이거는 어떻게 쓰는 건가요?

Wofür ist das[Wie wird das benutzt]?
보뷔어 이스트 다스[비 비어트 다스 베눗쯔트]?
What is this for? [How can I use this?]

화장품 라벨에 표시된 단어장 WORD

	구멍	**Poren** 포렌	파라벤 성분이 없는	**ohne Paraben** 오네 파라벤
	식물성의	**pflanzlich** 플란쯜리히	친환경의	**Bio** 비오
안티에이징	**Anti-Aging** 안티-에이징	색소 첨가물이 없는	**ohne farbliche Zusatzstoffe** 오네 파브리혜 쭈잣츠슈토페
얼룩이 안 지는	**Gegen Flecken** 게겐 블레켄	방향제 첨가물이 없는	**ohne aromatische Zusatzstoffe** 오네 아로마티셰 쭈잣츠슈토페
주름지다	**Falten** 팔텐	보존제가 없는	**ohne Konservierungsstoffe** 오네 콘저비어룽스슈토페

93

Haben Sie ⬚ ?

⬚ 있습니까? **LOOK**

하벤 지 ⬚ ?
Do you have ⬚ ?

피부용 기초 화장품
Grundkosmetik
für Hautpflege
그룬트코스메틱 퓌어
하우트플레게

Schönheitsmittel
셴하이츠미텔
● 【화장품】

Schönheitsmaske
Gesichtspackung
셴하이트마스케
게지히츠파쿵
● 【미용팩】

Lippenpflegestift
립펜플레게슈티프트
● 【립밤】

Peeling
필링
● 【필링】

Emulsion
에멀전
● 【에멀전】

Gesichtscreme
게지히츠크림
● 【얼굴 크림】

Gesichtswasser
게지히츠바써
● 【스킨로션】

Tagescreme
타게스크림
● 【데이크림】

Gesichtsreiniger
게지히츠라이니거
● 【클렌저】

저 가게에도
가 봅시다.

Make-up-Entferner
메이크업-엔트뻬어너
● 【메이크업 클렌저】

Feuchthaltungscreme
뽀이히트할퉁스크림
● 【보습 크림】

Nachtcreme
나흐트크림
● 【나이트 크림】

헤어, 바디 케어
Haar/
Körperpflege
하 / 쾨어퍼플레게

Seife
자이페
● 【비누】

Pflegeöl
플레게욀
● 【영양 오일】

Pflegecreme
플레게크림
● 【영양 크림】

Parfüm
파퓸
● 【향수】

Feuchthaltungsgel
뽀이히트할퉁스겔
● 【보습젤】

Shampoo
샴푸
● 【샴푸】

Haarspülung
하슈퓔룽
● 【트리트먼트】

Hair Treatment
헤어 트리트먼트
● 【헤어 트리트먼트】

Duschgel
두쉬겔
● 【샤워젤】

새로 들어온 향수
있나요?

Haben Sie ein Parfüm, das gerade auf den Markt gekommen ist?
하벤 지 아인 파퓸 다스 게라데 아우프 덴 마트 게콤멘 이스트?
Do you have a new perfume?

이 화장품 샘플
있나요?

Haben Sie eine Probe von diesem Schönheitsmittel?
하벤 지 아이네 프로베 뽄 디젬 셴하이츠미텔?
Do you have a sample of serum?

LOOK

어떤 종류의 [   ] 을/를 추천하십니까?

Welches [   ]
empfehlen Sie mir?
벨셰스 [   ] 엠뻴렌 지 미어?
Which [   ] do you recommend?

Aromaöl 아로마욀 ● 【아로마 오일】	**Jojobaöl** 요요바욀 ● 【호호바 오일】	
Arganöl 아르간욀 ● 【아르간 오일】	**Weizenkeimöl** 바이쩬카임욀 ● 【일 배아 오일】	

Aromagel 아로마젤 ● 【아로마젤】

Sheabutter 셰아부터 ● 【시어버터】

화장품 **Kosmetik** 코스메틱

Lippenstift 립뻰슈티프트

ästhetisches Öl 에스테티셰스 욀 ● 【미용 오일】

Sheabuttercreme 셰아부터 크림 ● 【시어버터 크림】

● 【립스틱】

Mascara 마스카라

● 【마스카라】

Maniküre 마니퀴어레

● 【매니큐어】

Rouge 루즈 ● 【블러셔】

Kajal 카얄 ● 【카잘】

Lidschatten 리트샤텐 ● 【아이섀도】

Grundschminke 그룬트슈밍케 ● 【기초 화장】

Pulver 풀버 ● 【가루】

Augenbraue 아우겐브라우에 ● 【눈썹】

Lipgloss 립글로스 ● 【립글로스】

Make-up-Grund 메이크업그룬트 ● 【기초 화장】

Abdeckstift 압데크슈티프트 ● 【컨실러】

Lippenstift 립뻰슈티프트 ● 【립스틱】

Augenliquid 아우겐리크비드 ● 【아이리퀴드】

Kontrollfarbe 콘트롤파르베 ● 【컨트롤 컬러】

Chip 칩 ● 【칩】

Augencreme 아우겐크림 ● 【아이크림】

Watte 바테 ● 【솜】

wasserabweisend 바써압바이젠트 ● 【방수 처리가 된】

도움이 되는 단어장
WORD

여드름	**Pickel** 피켈	광이 없는	**glanzlos** 글란쯔로스	알레르기	**Allergie** 알레어기
구멍	**Poren** 포렌	생기를 잃은	**schlaff** 슐라프프	콜라겐	**Kollagen** 콜라겐
눈두덩	**Augenringe** 아우겐링에	피부 미백	**Hautaufhellung** 하우트아우프헬룽	비타민	**Vitamin** 비타민
건조한	**trocken** 트로켄	자외선 차단	**UV-Strahlen** 우빠우-슈트랄렌	필수 성분	**natürliche Zutat** 나튜어리혜 쭈타트
		보습	**Feuchthaltung** 뽀이히트할퉁	민감한 피부	**empfindliche Haut** 엠삔트리혜 하우트
		지성 피부	**fettige Haut** 뻬티게 하우트	건성 피부	**trockene Haut** 트로케네 하우트

천연 화장품을 골라잡아 막잡아♪

환경 선진국 독일에서는 다양한 천연 화장품을 만들고 있습니다.
게다가 의외로 저렴한 가격으로 구매할 수 있어 이것저것 사고 싶어집니다♪

벨레다
Weleda
벨레다

알베르데
Alverde
알베르데

프리마베라
PRIMAVERA
프리마베라

자작나무 샤워 필링
Birken-Dusch-Peeling
비어켄-두쉬-필링

천연 성분의 스크럽으로 부드
럽다. 각질 케어에 좋다.

광채 파우더
Schimmer Puder
심머 푸더

4색의 펄로 얼굴에 밝기
를 더해 준다.

혼합 아로마 오일
gemischtes Aromaöl
게미슈테스 아로마욀

오렌지와 바닐라 향이 있다.
기분전환을 하고 싶을 때
사용하면 좋다.

기념품으로도
좋네요.

벨레다
Weleda
벨레다

샤워크림
Cremedusche
크림두셰

아주 좋은 향이 난다.
몇 개 더 사고 싶어진다.

라베라
Lavera
라베라

알베르데
Alverde
알베르데

식물성 비누
Pflanzenseife
플란쩬자이페

레몬그라스 향이 산뜻
하다.

컨실러
Abdeckstift
압데크슈티프트

다크서클이나 뾰루지
등을 커버해 준다.

목욕 소금
Badesalz
바데잘츠

향기만으로도 힐링되는 느낌이다.
장미, 오렌지, 라임 등이 있다.

바트(온천)에서 힐링하는 시간을

독일은 사실 유럽에서 손꼽히는 온천 대국입니다.
한국과는 또 다른 매력의 온천 문화를 경험하면서 여행의 피로를 풀어 보세요.

독일에도 온천이?

의외일지도 모르지만, 독일에는 300개 이상의 온천
이 있습니다. 독일어로 온천을 바트(bad)라고 합니다.
바덴-바덴(baden-baden)이나 바트 메르겐하임(bad
mergentheim)과 같은 지명처럼 지명 이름에 bad가 들
어가 있으면 대부분 그곳은 온천 지역입니다.

독일에서 온천욕을 ♪

해외여행을 왔는데 온천…?이라고 생각하지 말고,
꼭 이용해 보세요. 한국의 온천과는 다른 즐거움이 있고
재충전도 가능해서 멋진 추억이 될 거예요.

어떤
온천일까?

로마시대부터 독일 사람들이 사랑했던 온천은
애초에 치료 목적으로 만들어졌습니다. 지금
도 기본적으로 요양 시설입니다. 스파나 레저
시설도 많아 관광객들도 사우나나 자쿠지를
즐기며 편안하게 쉴 수 있습니다.

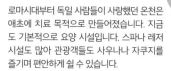

어떻게
이용말까?

독일의 온천은 남녀혼욕입니다. 다 벗고 입욕하
는 것이 일반적이지만 시설에 따라 수영복을 입
는 것이 의무로 지정되어 있는 경우도 있습니다.
이런 경우에도 사우나에서는 다 벗고 혼욕하는
것이 기본입니다.

바덴-바덴은 로마 황제도 목욕을
위해 방문했다고 하는, 역사가 긴
온천 지역입니다.

에스테틱에서 쓰는 기본 표현을 알아 둡시다.

에스테틱이나 스파에 방문하는 것도 해외여행의 즐거움 중 하나입니다.
충분한 케어를 받고, 몸과 마음도 재충전해 보세요.

먼저 예약을 해 봅시다

안녕하세요, 거기 달팽인가요?	**Hallo. Bin ich hier mit Darphin verbunden?**
	할로 빈 이히 히어 밑 다르펭 뻬어분덴?
	Hello. Is this Darphin?

예약을 잡고 싶은데요.	**Ich möchte einen Termin machen.**
	이히 묘히테 아이넨 테어민 마헨
	I'd like to make a reservation.

내일 4시에 2명으로 부탁드려요.	**Morgen um 4 Uhr für zwei Personen, bitte.** 참고 P.152
	모르겐 움 삐어 우어 뛰어 쯔바이 페어조넨 비테 참고 P.150
	For two persons, tomorrow at four o'clock, please.

60분짜리 전신 마사지로 부탁드려요.	**Eine 60-minütige Ganzkörpermassage, bitte.**
	아이네 제히찌히 미뉘티게 간쯔쾨어퍼마사지 비테
	I'd like to have a full-body massage for sixty minutes. 참고 P.152

거기에 추가로 손톱 관리를 받고 싶은데요.	**Dazu möchte ich noch eine Nagelpflege machen lassen.**
	다쭈 묘히테 이히 노흐 아이네 나겔쁠레게 마헨 라쎈
	I'd like to have an optional nail, please.

예약을 바꾸고 싶습니다.	**Ich möchte meinen Termin ändern.**
	이히 묘히테 마이넨 테어민 앤던
	I'd like to change the reservation.

예약을 취소하고 싶습니다.	**Ich möchte meinen Termin stornieren.**
	이히 묘히테 마이넨 테어민 슈토니어렌
	I'd like to cancel the appointment.

접수~시술

김철수라는 이름으로 예약했습니다.	**Ich habe unter dem Namen Kim Cheol Soo einen Termin gemacht.**
	이히 하베 운터 템 나멘 김철수 아이넨 테어민 게막트
	I have an appointment under the name Kim Cheol Soo.

예약을 잡지는 않았는데 혹시 마사지를 받을 수 있을까요?	**Ich habe zwar keinen Termin gemacht, aber wäre es vielleicht möglich (eine Massage) zu bekommen?**
	이히 하베 쯔바 카이넨 테어민 게막트, 아버 베어레 에스 삘라이히트 뫼글리히 (아이네 마사지) 쭈 베콤멘?
	I didn't make a reservation but can I have a massage?

을/를 하고 싶습니다.	마사지	Ganzkörpermassage 간쯔쾨어퍼마사지
Ich möchte ☐ . 이히 묘히테 ☐ I'd like to have ☐ .	**Massage** 마사지	● 【전신 마사지】

Gesichtsmassage 게지히츠마사지	Fußmassage 뿌스마사지	Warme Steinmassage 바르메 슈타인마사지	Kopfhautmassage 콥쁘하우트마사지
● 【얼굴 마사지】	● 【발 마사지】	● 【온돌 마사지】	● 【두피 마사지】
Handmassage 한트마사지	**Lymphmassage** 림프마사지	**Phytotherapie** 피토테라피	**Reflexologie** 레플렉솔로기
● 【손 마사지】	● 【림프 마사지】	● 【식물 요법】	● 【반사학】

아파요. / 그건 너무 세요.	**Das tut mir weh. / Das ist zu stark.** 다스 투트 미어 베 / 다스 이스트 쭈 슈타크 It hurts./It's too strong.
살짝 더 약하게 [세게] 해주세요.	**Ein bisschen schwächer[stärker], bitte.** 아인 비스헨 슈베혀[슈테어커] 비테 Could you make it weaker [stronger] ?
완벽해요, 딱 알맞아요.	**Das ist so genau richtig.** 다스 이스트 조 게나우 리히티히 It's perfect.
뭔가 불편해요.	**Das fühlt mich etwas unangenehm.** 다스 쀨트 미히 에트바스 운안게넴 I feel a little sick.

만족했다면

매우 좋았어요.

Es war sehr gut.
에스 바 제어 굿
It was very nice.

공연이나 엔터테인먼트를 감상하고 싶어요.

독일 각 지역에는 여러 가지 극장이 있어서, 다채로운 무대와 연주회를 개최하고 있습니다. 독일에서만 볼 수 있는 다양한 무대를 감상해 봅시다.

예약 ~ 공연장에서

어떤 프로그램이 여기서 공연되고 있나요?	**Was für ein Programm wird hier aufgeführt?** 바스 뛰어 아인 프로그람 비어트 히어 아우프게뛰어트? What program is on?
콘서트홀이 어디에 있나요?	**Wo ist das Konzerthaus?** 보 이스트 다스 콘쩨어트하우스? Where is the Konzerthaus?
요즘 뭐가 인기 있나요?	**Was ist zur Zeit beliebt?** 바스 이스트 쭈어 짜이트 베립트? Which one is popular?
성인 티켓 2장이요.	**Zwei Karten für Erwachsene, bitte.** 쯔바이 카르텐 뛰어 에어박세네 비테 Two tickets for adult, please. 참고 P.150
이 자리로 티켓 1장 더 있나요?	**Haben Sie noch eine Karte für diesen Platz?** 하벤 지 노흐 아이네 카르테 뛰어 디젠 플랏츠? Is the ticket for this seat available?
당일 티켓 있나요?	**Haben Sie noch Karten für heute?** 하벤 지 노흐 카르텐 뛰어 호이테? Do you have a walk-up ticket?
언제 시작하나요?	**Wann fängt es an?** 반 뺑트 에스 안? What time does it start?
가장 싼[가장 비싼] 자리가 어디인가요?	**Was ist der billigste[teuerste] Platz ?** 바스 이스트 데어 빌리히스테[토이어스테] 플랏츠? Which seat is the cheapest [most expensive] ?
저희 따로 앉아도 괜찮습니다.	**Wir können auch getrennt sitzen.** 비어 쾬넨 아우흐 게트렌트 짓쩬 We can sit separately.
공연이 언제 끝나나요?	**Wann ist die Aufführung zu Ende?** 반 이스트 디 아우프뛰어룽 쭈 엔데? What time does it end?

환상적인 시간을 보내 보세요.

상연 시간에 늦으면 막간까지는 들어갈 수 없으므로 지각하지 않도록 주의합니다. 상연은 길면 4시간도 더 걸리므로 식사를 사전에 하는 것이 좋습니다. 중간 휴식 시간에 장내에 마련된 바에서 가벼운 음식을 먹을 수 있습니다.

극장의 구조

4층 측면 관람석
Seitenloge im 4. Rang
자이텐로게 임 삐어텐 랑

입석
Stehplatz
슈테에플랏츠

발코니 자리
Balkonplatz
팔콘플랏츠

4층 관람석
Tribühne im 4. Rang
트리뷔네 임 삐어텐 랑

VIP 좌석
VIP-Platz
비아피 플랏츠

3층 중앙 관람석
Mittelloge im 3. Rang
미텔로게 임 드리텐 랑

3층 측면 관람석
Seitenloge im 3. Rang
자이텐로게 임 드리텐 랑

2층 중앙 관람석
Mittelloge im 2. Rang
미텔로게 임 쯔바이텐 랑

2층 측면 관람석
Seitenloge im 2. Rang
자이텐로게 임 쯔바이텐 랑

1층 중앙 관람석
Mittelloge im 1. Rang
미텔로게 임 에어스텐 랑

1층 측면 관람석
Seitenloge im 1. Rang
자이텐로게 임 에어스텐 랑

1층 앞쪽 관람석
Parkett
파켓

오케스트라석
Orchestergraben
올케스터그라벤

도움이 되는 단어장 WORD		댄스 공연	Tanzaufführung 탄쯔아우프뛰어룽	좌석 배치도	Sitzplan 짓츠플란
		뮤지컬	Musical 무지컬	프로그램	Programm 프로그람
오페라	Oper 오퍼	예매 티켓	Vorverkaufskarte 뿨어빼어가우프스카르테	안내 책자	Broschüre 브로쉬어
연극 작품	Theaterstück 테아터슈튁	당일 티켓	Karten für heute 카르텐 뛰어 호이테	입구	Eingang 아인강
발레	Ballett 발렛	좌석	Sitzplatz 짓츠플랏츠	출구	Ausgang 아우스강

공연이나 엔터테인먼트를 감상하고 싶어요.

여기서 티켓을 예약할 수 있나요?

Kann man hier Karten reservieren?
칸 만 히어 카르텐 레저비어렌?
Can I make a ticket reservation here?

오페라[발레] 공연을 보고 싶습니다.

Ich möchte mir eine Oper[ein Ballet] ansehen.
이히 묘히테 미어 아이네 오퍼[아인 발렛] 안 제엔
I'd like to see an opera [a ballet] .

티켓이 아직 남아 있나요?

Gibt es noch Karten?
깁트 에스 노흐 카르텐?
Can I still get a ticket?

좌석 배치도를 보여 주실 수 있나요?

Können Sie mir bitte den Sitzplan zeigen?
쾬넨 지 미어 비테 덴 짓츠플란 짜이겐?
Can I see the seating plan?

제 자리로 안내해 주실 수 있나요?

Können Sie mich zum Sitplatz führen?
쾬넨 지 미히 쭘 짓츠플랏츠 뛰어렌?
Could you take me to my seat?

택시를 불러 주세요.

Rufen Sie mir bitte ein Taxi.
루뻰 지 미어 비테 아인 탁시
Please call me a taxi.

> 술집에서

예약하지 않았습니다.

Ich habe nicht reserviert.
이히 하베 니히트 레저비어트
I don't have a reservation.

2명 테이블 있나요?

Haben Sie einen Tisch für zwei?
하벤 지 아이넨 티쉬 뛰어 쯔바이?
Can we get a table for two?

참고 P.150

공연이 언제 시작하나요?

Wann beginnt die Aufführung?
반 베긴트 디 아우프뛰어룽?
When does the show start?

여기 근처에 나이트클럽이 있나요?

Gibt es hier in der Nähe einen Nachtklub?
깁트 에스 히어 인 데어 네 아이넨 나흐트클룹?
Is there a night club nearby?

어떤 바를 추천하시나요?
Welche Bar können Sie mir empfehlen?
벨셰 바 쾬넨 지 미어 엠펠렌?

역시 라이브 연주는 특별합니다.
술이나 식사를 즐기면서 라이브 연주를 즐길 수 있는 재즈 바. 주말은 특히 혼잡하므로 예약을 미리 해 두고 천천히 즐겨 보세요.

메뉴판 좀 가져다주시겠어요?

Können Sie mir bitte die Speisekarte bringen?
쾬넨 지 미어 비테 디 슈파이제카르테 브링엔?
Can I have a menu, please?

하나 더 먹어도 될까요?

Könnte ich noch eine Portion bekommen?
쾬테 이히 노흐 아이네 포찌온 베콤멘?
Can I have another one, please?

새 재떨이 좀 가져다 주시겠어요?

Könnten Sie mir bitte einen neuen Aschenbecher bringen?
쾬텐 지 미어 비테 아이넨 노이엔 아셴베허 브링엔?
Could you change the ashtray?

입장료가 얼마인가요?

Was kostet der Eintritt?
바스 코스테트 데어 아인트리트?
How much is the admission?

예약이 필요한가요?

Ist eine Reservierung erforderlich?
이스트 아이네 레저비어룽 에어뽈더리히?
Do I need a reservation?

여기서 라이브 공연이 열리나요?

Finden hier Liveauftritte statt?
핀덴 히어 라이브아우프트리테 슈타트?
Do you have live performance?

오늘 자리가 다 찼나요?

Ist es heute voll?
이스트 에스 호이테 뽈?
Is it crowded today?

도움이 되는 단어장 WORD

한국어	독일어	한국어	독일어	한국어	독일어
		콘서트홀	**Konzerthalle** 콘체르트할레	스카치 위스키	**schottischer Whisky** 스코티셔 위스키
		카바레	**Kabarett** 카바레	버번	**Bourbon** 버번
나이트클럽	**Nachtklub** 나흐트클룹	입장	**Eintritt** 아인트리트	칵테일	**Cocktail** 콕테일
디스코텍	**Diskothek** 디스코텍	좌석 요금	**Sitzplatzgebühr** 짓츠플랏츠개뷔어	맥주	**Bier** 비어
재즈 클럽	**Jazzklub** 재즈클룹	위스키	**Whisky** 위스키	콜라	**Cola** 콜라

일류 오케스트라의 연주에 심취해 봅시다.

독일은 대 작곡가와 우수한 오케스트라를 배출해 온 음악의 본고장입니다.
극장에 발을 들여 놓으면 음악 그 자체의 힘을 느낄 수 있습니다.

오케스트라 & 오페라의 매력

수많은 오케스트라와 극단이 있는 독일. 꼭 이번 기회에 수십 명의 반주자가 만들어 내는 하모니를 느껴 보세요. 오페라도 의상이나 무대미술 등 눈으로도 즐길거리가 한 가득입니다.

추천하는 극장은 ?

세계 최고 오케스트라의 본거지
베를린 필하모니 오케스트라
Berliner Philharmonie
(베를린)

베를린 필하모니 관현악단의 본거지이다. 객석이 무대를 감싸는 구조가 특징이다.

유로피안 스타일의 홀
콘제르트 하우스
Konzerthaus
(베를린)

전통적인 스타일로 지어진 아름다운 홀이다. 바그너가 '방랑하는 네덜란드인'을 지휘한 곳으로 유명하다.

티켓을 사려면?

1. 사전에 구입
공식 사이트에서 연간 공연 스케줄을 체크하고 인터넷으로 티켓을 구입한다. 티켓은 공연 전에 극장에서 받을지 배송받을지 선택이 가능하다.

2. 컨시어지(관리인)에게 의뢰
중고급 이상의 호텔에 묵는 경우, 호텔의 컨시어지에게 티켓을 부탁하는 것이 가능하다. 다만 수수료가 필요한 경우가 있으므로 주의한다. 또 팁도 잊지 않는다.

3. 현지 티켓 에이전시에서 구입
수수료가 들지만 티켓이 모두 팔린 공연이어도 네트워크를 통해 공연 직전에 구입할 수 있는 경우도 있다.

4. 극장 매표소에서 구입
전날까지 극장에 발길을 옮겨 직접 구입하는 방법이다. 많은 극장에서는 몇 주 간의 공연 티켓까지 팔고 있다.

오페라 좌의 역사를 살펴보세요.

빈에 있는 오페라 좌 박물관에는 역대 지휘자, 반주자의 자료를 비롯해 무대에서 사용되는 의상 등도 전시되어 있습니다.

세계에서 가장 화려한 극장
젬퍼오퍼
Semperoper
(드레스덴)

1878년에 지어진 작센 주립 오페라 극장이다. 공연이 열리는 날은 아름다운 라이트업을 볼 수 있다. 극장 견학 가이드 투어도 가능하다.

세계 3대 오페라 좌 중 하나
빈 국립 오페라 극장
Wiener Staatsoper

`오스트리아`

(빈)

음악의 도시인 빈의 상징이다. 유럽의 3대 오페라 극장으로 불린다.

경제와 문화의 도시에서 최고의 무대를
슈투트가르트 국립 극장
Staatstheater Stuttgart
(슈투트가르트)

발레의 명문인 슈투트가르트 발레단의 본거지이다. 과거에 몇 번 연간 최우수 극장으로 뽑히기도 했다.

음악의 전당
빈 음악 협회
Wiener Musikverein

`오스트리아`

(빈)

빈 필하모니 관현악단의 본거지이다. 빈 예술 주간 음악제 등도 열린다.

■ 관람 매너

♪ 너무 캐주얼한 복장은…특별한 콘서트가 아니라면 드레스를 착용할 필요는 없지만 원피스 정도로 단정한 복장이 좋다.

♪ 장내 음식 반입 금지, 휴대전화 전원은 끄기.

♪ 공연 도중 자리에서 일어서거나 박수를 치는 것은 금물.

♪ 공연에 늦지 않도록…늦으면 다음 막까지 들어가지 못한다.

> 매너를 지키며 즐겨 봅시다.

음악가의 활동지를 방문하면…

독일과 오스트리아는 클래식 분야에서의 대작곡가를 많이 배출했습니다.
그들이 애용한 악기와 자필 악보를 보러 가 봅시다.

오스트리아

♪ 바흐의 집 ❶ Bachhaus
아이제나흐

요한 세바스티안 바흐 가문이 살았던
집이다. 바흐가 실제 사용한 악기 모음
을 볼 수 있다.

♪ 모차르트 생가 ❷ Mozarts Geburtshaus
잘츠부르크

모차르트가 태어나 17
세까지 지낸 집이다.
악기와 악보, 초상화,
가계도 등이 전시되어
있다.

♪ 리하르트 바그너 박물관 ❹ Richard Wagner Museum
바이로이트

바그너와 그의 아내
코지마가 살았던 집
이다. 앞 뜰에는 두 사
람의 무덤이 있다. 안
에는 바그너가 애용
한 물건들이 전시되
어 있다.

♪ 베토벤 파스콸라티 하우스 ❸ Beethoven Pasqualatihaus
오스트리아
빈

이 집에서 베토벤이 '피델
리오'를 작곡했다. 그가
생활했던 방에서 피아노
와 악보, 초상화 등을 볼
수 있다.

♪ 요하네스 브람스 박물관 ❺ Johannes-Brahms-Museum
함부르크

브람스가 자필로 쓴
악보와 피아노 등을
전시했다. 성 미카엘
성당의 세례명표도
있다.

느긋하게 둘러보고 싶네요

이 악기는 무엇인가요?	**Was für ein Instrument ist das?** 바스 퓌어 아인 인스트루멘트 이스트 다스? What is this instrument called?
다음 콘서트는 언제 열리나요?	**Wann findet das nächste Konzert statt?** 반 핀데트 다스 네스테 콘체르트 슈타트? When is the next concert?
집 내부를 봐도 되나요?	**Kann man das Haus von innen besichtigen?** 칸 만 다스 하우스 폰 이넨 베지히티겐? Can I see the inside of the house?

축구는 독일의 국민 스포츠입니다.

독일은 유럽에서도 손꼽히는 축구 강국.
스타디움으로 발을 옮겨 현란한 독일 축구를 실제로 관전해 봅시다♪

티켓 사는 방법

분데스리가는 8월부터 그 다음 해 5월까지 진행됩니다. 먼저 리그 공식
사이트에서 대전 및 개시 시간 등을 확인합니다. 티켓은 각 팀의 공식 사
이트나 현지 창구, 팬숍에서 구입할 수 있습니다. 시합 당일에는 복잡하
므로 전날까지 티켓을 받아 둡시다.

박진감 넘치는
시합을 관람해
봅시다.

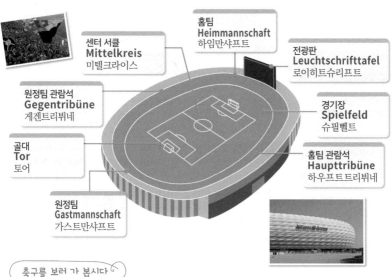

센터 서클
Mittelkreis
미텔크라이스

홈팀
Heimmannschaft
하임만샤프트

전광판
Leuchtschrifttafel
로이히트슈리프트

원정팀 관람석
Gegentribüne
게겐트리뷔네

경기장
Spielfeld
슈필펠트

골대
Tor
토어

홈팀 관람석
Haupttribüne
하우프트트리뷔네

원정팀
Gastmannschaft
가스트만샤프트

축구를 보러 가 봅시다

홈팀 관람석 좌석 하나 주세요.	**Ich hätte gern einen Sitzplatz auf der Haupttribüne.** 이히 헤테 게언 아이넨 짓츠플랏츠 아우프 데어 하우프트트리뷔네 I'd like a seat in the main stand.
바이에른 뮌헨 경기는 언제죠?	**Wann spielt Bayern München?** 반 슈필트 바이에른 뮌헨? When is the Bayern München game?
티셔츠를 어디서 살 수 있나요?	**Wo kann man hier T-Shirts kaufen?** 보 칸 만 히어 티셔츠 카우뻰? Where can I buy a T-shirt?

107

호텔에서 쾌적하게 지내고 싶어요.

여행을 더 충실하고 재미있게 보내기 위해 호텔에서의 시간도 소중하게!
호텔에 머물며 자주 사용하는 표현들을 모아 봤습니다.

호텔 도착이 늦어질 것 같을 때

조금 늦게 도착할 것 같은데, 제 예약 취소하지 말아 주세요.
Ich komme erst spät an. Halten Sie aber bitte meine Reservierung aufrecht.
이히 콤메 에어스트 슈펫 안 할텐 지 아버 비테 마이네 레저비어룽 아우프레히트
I'll be arriving late, but please hold the reservation.

체크인을 해 봅시다

체크인하려고 합니다.	**Ich möchte einchecken.** 이히 묘히테 아인체켄 I'd like to check in.
방 하나 예약했습니다.	**Ich habe ein Zimmer reserviert.** 이히 하베 아인 찜머 레저비어트 I have a reservation.
트윈룸 원하시는 거 맞으시죠?	**Sie möchten ein Doppelzimmer (mit zwei Betten) . Ist das richtig?** 지 묘히텐 아인 도펠찜머 (밑 쯔바이 베텐) 이스트 다스 리히티히? It's a twin room, isn't it?
전망이 좋은 방을 원합니다.	**Ich möchte ein Zimmer mit guter Aussicht.** 이히 묘히테 아인 찜머 밑 구터 아우스지히트 I want a room with a nice view.
여기 한국어 할 줄 아는 사람 있나요?	**Gibt es hier jemanden, der Koreanisch spricht?** 깁트 에스 히어 예만덴 데어 코레아니쉬 슈프리히트? Is there anyone who speaks Korean?
귀중품 좀 맡겨 주시겠어요?	**Könnten Sie bitte meine Wertgegenstände aufbewahren?** 퀸텐 지 비테 마이네 베어트게겐슈텐데 아우프베바렌? Could you store my valuables?
언제 체크아웃해야 하나요?	**Wann muss ich auschecken?** 반 무스 이히 아우스체켄? When is the check out time?
호텔에 어떤 부대시설이 있나요?	**Was für Einrichtungen haben Sie im Hotel?** 바스 뷔어 아인리히퉁엔 하벤 지 임 호텔? What kind of facilities do you have in this hotel?

음료수 자동 판매기가 어디에 있나요?

Wo steht der Getränkeautomat?
보 슈테헤트 데어 게트렝케아우토마트?
Where is the vending machine?

여기 근처에 좋은 레스토랑이 있나요?

Gibt es hier in der Nähe ein gutes Restaurant?
깁트 에스 히어 인 데어 네 아인 구테스 레스토랑?
Do you have any good restaurants near here?

기본회화

관광

맛집

쇼핑

뷰티

엔터테인먼트

호텔

교통수단

기본정보

단어장

호텔은 이렇게 되어 있습니다.

룸서비스
Zimmerservice
찜머서비스

객실에서 전화로 주문을 받아 음식이나 음료수를 제공하는 서비스이다.

로비
Rezeption
레쩹찌온

현관이나 프런트에서 가까운 곳에 있다. 일행을 기다리거나 간단한 휴식을 취할 수 있는 공간으로 투숙객들이 자유롭게 이용 가능하다.

관리인
Concierge
콘시어지

투숙객을 응대하고 관광 정보를 제공하거나 투어 신청, 고객들의 요구사항을 접수해 준다.

짐 운반인
Gepäckträger
게펙트레거

호텔에 도착한 차량에서 투숙객의 짐을 프런트로 운반해 준다.

안내원
Empfangspersonal
엠빵스페어조날

체크인 체크아웃 정산, 환전 등의 접수 업무를 담당하고 귀중품 보관 등의 업무도 한다.

호텔 보이
Page
파제

투숙객의 짐을 운반하거나 고객들을 방으로 안내하는 역할을 한다. 호텔에 따라 포터의 업무를 함께 하기도 한다.

옷 보관소
Garderobe
갈데로베

투숙객의 짐을 맡아 주는 역할을 한다. 체크인 전이나 체크아웃 후에 이용 가능하다.

방으로 안내해 드리겠습니다.
Ich begleite Sie zum Zimmer.
이히 베글라이테 지 쭘 찜머

방으로 짐을 갖다드리겠습니다.
Wir bringen Ihr Gepäck ins Zimmer.
비어 브링엔 이어 게펙 인스 찜머

엘리베이터는 여기 있습니다.
Hier ist der Aufzug.
히어 이스트 데어 아우프쭉

안녕하세요!
Guten Tag!
구텐 탁

호텔에서 쾌적하게 지내고 싶어요.

방 안에서

샤워기를 어떻게 사용하는지 보여 주시겠어요?	**Können Sie mir bitte zeigen, wie man die Dusche benutzt?** 쾬넨 지 미어 비테 짜이겐 비 만 디 두셰 베눗츠트? Could you show me how to use this shower?
여기로 들어오세요. / 잠시만요.	**Kommen Sie herein. / Einen Augenblick, bitte.** 콤멘 지 헤라인 / 아이넨 아우겐블리크 비테 Come in./Just a moment, please.
제 방은 415호입니다.	**Meine Zimmernummer ist 415.** 마이네 찜머눔머 이스트 삐어훈더트퓐프쩬 This is Room 415. 참고 P.150
내일 6시에 모닝콜을 해 주세요.	**Machen Sie bitte morgen um 6 Uhr einen Weckanruf.** 마헨 지 비테 모르겐 움 젝스 우어 아이넨 벡안루프 Please wake me up at six tomorrow morning. 참고 P.152
물론이죠.	**Jawohl, gerne.** 야볼 게어네 Sure.
새 타월 좀 주세요.	**Bringen Sie mir bitte ein neues Handtuch.** 브링엔 지 미어 비테 아인 노이에스 한트투흐 Please bring me a new bath towel.
가능한 한 빨리요.	**So bald wie möglich, bitte.** 조 발트 비 뫼글리히, 비테 As soon as possible, please.
룸서비스 부탁해요.	**Zimmerservice, bitte.** 찜머서비스 비테 Room service, please.
비너 슈니첼 하나랑 맥주 하나요.	**Ein Wiener Schnitzel und ein Bier, bitte.** 아인 비너 슈니첼 운트 아인 비어 비테 A Wienerschnitzel and a beer, please.
얼음이랑 물 좀 주세요.	**Bringen Sie mir bitte etwas Eis und etwas Wasser.** 브링엔 지 미어 비테 에트바스 아이스 운트 에트바스 바써 Please bring me some ice cubes and water.
콘센트를 못 찾겠습니다.	**Ich kann die Steckdose nicht finden.** 이히 칸 디 슈텍도제 니히트 퓐덴 Could you tell me where the outlet is?

호텔에서 지켜야 할 매너를 알아 둡시다.

1 체크인에서 체크아웃까지
도착이 늦어지거나 외출 후 늦게 돌아올 경우에는 반드시 사전에 연락하기.

2 복장
호텔은 공공장소이다. 슬리퍼나 샤워 가운을 입고 방 밖으로 돌아다니지 않도록 하자.

3 귀중품 관리는 자기 책임
귀중품은 가지고 다니거나 객실 내 금고나 프런트에 맡기는 것이 좋다.

4 팁에 대해
베드 메이킹이나 콘시어지를 이용했을 때는 1유로 정도의 팁을 준다.

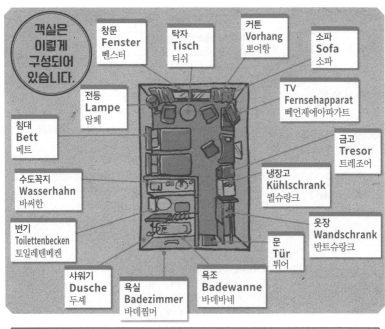

객실은 이렇게 구성되어 있습니다.

창문
Fenster
펜스터

탁자
Tisch
티쉬

커튼
Vorhang
뽀어항

소파
Sofa
소파

전등
Lampe
람페

TV
Fernsehapparat
뻬언제에아파가트

침대
Bett
베트

금고
Tresor
트레조어

수도꼭지
Wasserhahn
바써한

냉장고
Kühlschrank
퀼슈랑크

변기
Toilettenbecken
토일레텐베켄

옷장
Wandschrank
반트슈랑크

문
Tür
튀어

샤워기
Dusche
두셰

욕실
Badezimmer
바데찜머

욕조
Badewanne
바데바네

곤란한 일이 생겼을 때 바로 사용하는 표현

샤워기가 작동을 안 합니다.
Die Dusche funktioniert nicht.
디 두셰 뽕찌오니어트 니히트

변기물 내리는 장치가 작동을 안 합니다.
Die Toilettenspülung funktioniert nicht.
디 토일레텐슈퓔룽 뽕찌오니어트 니히트

다른 방으로 주시겠어요?
Können Sie mir ein anderes Zimmer geben?
쾬넨 지 미어 아인 안더레스 찜머 게벤

전등이 작동을 안 합니다.
Das Licht funktioniert nicht.
다스 리히트 뽕찌오니어트 니히트

수도꼭지에서 온수가 안 나옵니다.
Aus dem Wasserhahn kommt kein warmes Wasser.
아우스 뎀 바써한 콤트 카인 바메스 바써

문이 잠겼어요.
Ich bin ausgesperrt.
이히 빈 아우스게슈페어트

지금 바로 사람을 보내 주시겠어요?
Könnten Sie mir bitte sofort jemanden schicken?
쾬텐 지 미어 비테 조뽀어트 예만덴 쉬켄

111

호텔에서 쾌적하게 지내고 싶어요.

호텔 시설 및 서비스

환전을 하고 싶은데요.	**Ich möchte gern Geld wechseln.** 이히 묘히테 게언 겔트 벡셀 I'd like to exchange money.
식당이 어디에 있나요?	**Wo ist das Restaurant?** 보 이스트 다스 레스토랑? Where is the restaurant?
언제까지 여나요?	**Bis wann ist es geöffnet?** 비스 반 이스트 에스 게외프네트? What time does it close?
테이블 예약이 필요한가요?	**Ist eine Tischreservierung erforderlich?** 이스트 아이네 티쉬레저비어룽 에어뽈더리히? Do I need a reservation?
아침식사를 할 수 있는 카페가 있나요?	**Gibt es ein Café, wo man frühstücken kann?** 깁트 에스 아인 카페 보 만 쁘뤼슈튀켄 칸? Is there a café for breakfast?
짐을 잠시 동안만 맡아 주실 수 있나요?	**Könnten Sie das Gepäck eine Weile aufbewahren?** 쾬텐 지 다스 게펙 아이네 바일레 아우프베바렌? Could you store this baggage for a while?
이 편지 항공우편으로 보내 주세요.	**Schicken Sie mir bitte den Brief per Luftpost.** 쉬켄 지 미어 비테 덴 브리프 퍼 루프트포스트 Please send this letter by air mail.
팩스[이메일]를 한국으로 보내고 싶습니다.	**Ich möchte gern ein FAX[eine Email] nach Korea schicken.** 이히 묘히테 게언 아인 팩스[아이네 이메일] 나흐 코레아 쉬켄 I'd like to send a fax [an e-mail] to Korea.
인터넷을 사용할 수 있나요?	**Kann man Internet benutzen?** 칸 만 인터넷 베눗쩬? Can I access the Internet? 참고 P.138
얼마인가요?	**Was kostet das?** 바스 코스테트 다스? How much does it cost?
공항으로 가는 버스가 있나요?	**Gibt es einen Bus zum Flughafen?** 깁트 에스 아이넨 부스 쭘 블룩하펜? Is there a bus that goes to the airport?

금고를 어떻게 사용하는지 알려 주시겠어요?	**Wie wird der Tresor benutzt?** 비 비어트 데어 트레조어 베눗츠트? Could you tell me how to use the safety deposit box?
혹시 저한테 온 메시지가 있나요?	**Haben Sie vielleicht eine Nachricht für mich bekommen?** 하벤 지 빌라이히트 아이네 나흐리히트 뮈어 미히 베콤멘? Are there any messages for me?
택시 좀 불러 주세요.	**Rufen Sie mir bitte ein Taxi.** 루펜 지 미어 비테 아인 탁시 Please get me a taxi.
호텔 주소가 적힌 엽서 하나 주세요.	**Ich möchte eine Karte mit der Adresse dieses Hotels haben.** 이히 묘히테 아이네 카르테 밑 데어 아드레쎄 디제스 호텔스 하벤 Could I have a card with the hotel's address?

아파트 타입의 방을 빌릴 때는?

이 방은 부엌이 딸려 있나요?	**Ist das Zimmer mit Küche?** 이스트 다스 찜머 밑 퀴혜? Does it have a kitchen?
일주일 정도 빌리고 싶은데요.	**Ich möchte es eine Woche mieten.** 이히 묘히테 에스 아이네 보헤 미텐 I'd like to rent it for a week.
그 방은 가구가 비치되어 있나요?	**Ist das Zimmer möbliert?** 이스트 다스 찜머 뫼블리어트? Is the room furnished?
가스레인지를 어떻게 쓰는지 모릅니다.	**Ich weiss nicht, wie der Gasherd benuzt wird.** 이히 바이스 니히트 비 데어 가스헤어트 베눗츠트 비어트 I don't know how to use the gas.
여기 근처에 슈퍼가 있나요?	**Gibt es hier in der Nähe einen Supermarkt?** 깁트 에스 히어 인 데어 네 아이넨 주퍼막트? Is there any supermarkets near here?
화장실에 욕조가 있나요?	**Gibt es im Badezimmer eine Badewanne?** 깁트 에스 임 바데찜머 아이네 바데바네? Does it have a bathtub?
집세이외에추가로지 불해야할것이있나요?	**Wofür muss man außer der Miete noch zahlen?** 보퓌어 무스 만 아우써 데어 미테 노흐 짤렌? What else do we have to pay beside the rent?

호텔에서 쾌적하게 지내고 싶어요.

호텔에서 조식을 먹을 때

방에서 아침을 먹어도 되나요?

Kann ich auf dem Zimmer frühstücken?
칸 이히 아우프 뎀 찜머 쁘뤼슈튀켄?
Can I eat breakfast in the room?

내일 아침 일찍 8시에 식사를 가져다주세요.

Bringen Sie mir das Frühstück bitte morgen früh um 8 Uhr.
브링엔 지 미어 다스 쁘뤼슈튁 비테 모르겐 쁘뤼 움 아흐트 우어
Please bring it at eight in the morning.
참고 P.152

샌드위치 하나랑 오렌 지 주스 한 잔이요.

Ein Sandwitch und ein Glas Orangensaft, bitte.
아인 샌드위치 운트 아인 글라스 오랑젠자프트 비테
A sandwich and a glass of orange juice, please.

아침식사가 뷔페식인 가요?

Ist das Frühstück mit Büfett?
이스트 다스 쁘뤼슈튁 밑 뷔뻳?
Is breakfast a buffet style?

언제부터 아침식사가 가능한가요?

Ab wann kann man frühstücken?
압 반 칸 만 쁘뤼슈튀켄?
What time does breakfast start?

체크아웃

체크아웃하겠습니다.

Ich möchte gern auschecken.
이히 묘히테 게언 아우스체켄
I'd like to check out, please.

제 이름은 김철수이고요, 제 방은 415호입니다.

Mein Name ist Kim Cheol Soo, Meine Zimmernummer ist 415.
마인 나메 이스트 김철수 마이네 찜머눔머 이스트 삐어훈더트쀤쁘쩰
It's Kim Cheol Soo in Room 415.
참고 P.150

계산이 잘못 되었어요.

Die Rechnung stimmt nicht.
디 레히눙 슈팀트 니히트
I think there is a mistake in this bill.

저는 룸서비스를 시키 지 않았습니다.

Ich habe keinen Zimmerservice bestellt.
이히 하베 카이넨 찜머서비스 베슈텔트
I didn't order room service.

저는 국제 전화를 쓰 지 않았습니다.

Ich habe keine internationalen Telefonate gemacht.
이히 하베 카이네 인터나찌오날렌 텔레뽀나테 게막트
I didn't make any international phone calls.

감사합니다. 머무는 동안 즐거웠습니다.	**Danke! Ich habe meinen Aufenthalt sehr genossen.** 당케 이히 하베 마이넨 아우펜트할트 제어 게노쎈 Thank you. I really enjoyed my stay.	

저는 미니바에서 주스 1병을 마셨습니다.	**Ich habe eine Flasche Saft aus der Minibar getrunken.** 이히 하베 아이네 플라셰 자프트 아우스 데어 미니바 게트룽켄 I had a bottle of juice from the mini bar. 참고 P.150	

제 귀중품을 돌려받고 싶습니다.	**Ich möchte meine Wertgegenstände zurückhaben.** 이히 묘히테 마이네 베어트게겐슈텐데 쭈뤽하벤 I'd like my valuables back.	

방에다 뭔가를 두고 나왔어요.	**Ich habe etwas im Zimmer liegen lassen.** 이히 하베 에트바스 임 찜머 리겐 라쎈 I left something in my room.	

신용카드로 지불하고 싶습니다.	**Ich möchte mit Kreditkarte bezahlen.** 이히 묘히테 밑 크레딧카르테 베짤렌 I'd like to pay by credit card.	

이 신용카드로 계산해도 될까요?	**Kann ich mit dieser Kreditkarte bezahlen?** 칸 이히 밑 디저 크레딧카르테 베짤렌? Do you accept this credit card?	

현금으로 지불할게요.	**Ich bezahle mit Bargeld.** 이히 베짤레 밑 바겔트 I'd like to pay by cash.	

숙박을 1일 연장하고 싶습니다.	**Ich möchte eine Nacht verlängern.** 이히 묘히테 아이네 나흐트 뻬어렝언 I'd like to extend my stay. 참고 P.150	

도움이 되는 단어장 WORD

물	Wasser 바써	이불	Bettdecke 베트데케	화장지	Toilettenpapier 토일레테파피어
온수	warmes Wasser 바메스 바써	매트리스	Matratze 맛트랏쩨	옷걸이	Kleiderbügel 클라이더뷔겔
베개	Kopfkissen 콥프키쎈	에어컨	Klimaanlage 클리마안라게	슬리퍼	Pantoffeln 판토뻴른
침대 시트	Betttuch 베트투흐	샴푸	Shampoo 샴푸	유리컵	Glas 글라스
		비누	Seife 자이페	드라이기	Föhn 뾘
		수건	Badetuch 바데투흐	재떨이	Aschenbecher 아셴베허

호텔

115

입국심사에 필요한 표현은 이렇습니다.

현지 공항에 도착하면 먼저 입국심사를 하게 됩니다. 쓰는 표현이 대부분 정해져 있기 때문에 연습하여 자연스럽게 입국합시다. 여권 등 필요한 것을 준비하는 것도 잊지 마세요!

입국심사란?

카운터는 EU 회원국의 여권 소지자와 그 이외로 나뉘어 있습니다. 한국인은 'Non-EU Nations' 줄에 섭니다. 입국카드는 불필요하므로 여권만 제출합니다. 스탬프를 찍지 않는 경우도 종종 있습니다.

셍겐협정 가맹국을 경유한 경우라면, 처음 도착한 나라에서 입국심사를 받고 독일에서는 입국심사를 받지 않습니다.

여권을 좀 보여 주시겠습니까?

Darf ich Ihren Reisepass sehen?
다프 이히 이어렌 라이제파스 제엔?
May I see your passport, please?

여행 목적이 무엇입니까?

Was ist der Grund für Ihre Reise?
바스 이스트 데어 그룬트 뛰어 이어레 라이제?
What's the purpose of your visit?

관광입니다. / 출장입니다.

Besichtigung. / Geschäft.
베지히티궁 / 게셰프트
Sightseeing. / Business.

며칠 동안 머무르실 겁니까?

Wie lange bleiben Sie?
비 랑에 블라이벤 지?
How long are you going to stay?

10일 정도 입니다.

Ca. 10 Tage.
찌르카 쩬 타게
About ten days.

참고 P.150

어디에 머무십니까?

Wo übernachten Sie?
보 위버나흐텐 지?
Where are you staying?

호텔 컨티넨탈에서요. / (남자)친구[(여자)친구]네 집에서요.

Im Hotel Continental. / Bei einem Freund[einer Freundin].
임 호텔 콘티넨탈 / 바이 아이넴 쁘로인트[아이너 쁘로인딘]
Hotel Continental. / My friend's house.

입국 절차

1 도착
공항에 도착. 안내에 따라 입국심사대로 이동합니다.

2 입국심사
EU 회원국 국적 이외의 여행자는 카운터에 줄을 서서 입국심사를 받습니다.

3 짐 찾기
항공사, 편명을 확인하고 맡겼던 위탁수화물을 찾습니다.

4 세관
특별히 신고할 물건이 없으면 녹색 램프 출구로 갑니다. 신고할 물건이 있는 경우에는 빨간 램프 출구로 가서 수속을 진행합니다.

5 도착 로비
세관을 빠져나와 게이트를 나오면 도착 로비가 나옵니다.

위탁 수하물을 잃어버린 경우

위탁 수화물을 잃어버렸다면 먼저 분실물 상담소(Baggage Enquiry)를 찾습니다. 항공권과 수하물표를 직원에게 보여 주고 문제를 해결합니다. 바로 찾지 못할 것 같으면 짐을 숙박하는 호텔에 보내 달라고 합시다. 만일을 대비해 하루 분의 세면 도구, 속옷, 화장품 등을 미리 준비해 두는 것도 좋습니다.

세관에서 수화물에 대해 물어볼 수도 있어요.

탑승구가 어디인가요?

Wo ist die Abflughalle?
보 이스트 디 압쁠룩할레?
Where is the boarding gate?

제 여행 가방이 파손되었습니다.

Mein Koffer ist beschädigt.
마인 코퍼 이스트 베셰딕트
My suitcase is damaged.

제 캐리어가 아직 안 나왔어요.

Mein Koffer ist noch nicht herausgekommen.
마인 코퍼 이스트 노흐 니히트 헤라우스게콤멘
My suitcase hasn't arrived yet.

짐이 다시 나오면 바로 짐을 제 호텔로 보내 주세요.

Schicken Sie mir das Gepäck bitte zum Hotel, sobald es wieder aufgetaucht ist.
쉬켄 지 미어 다스 게펙 비테 쭘 호텔 조발트 에스 비더 아우프게타우흐트 이스트
Please deliver it to my hotel as soon as you've located it.

그건 제 여자친구를 위한 선물이에요.

Das ist ein Geschenk für eine Freundin.
다스 이스트 아인 게솅크 퓌어 아이네 프로인딘
A present for my friend.

도움이 되는 단어장 WORD

도착	Ankunft 안쿤프트	수하물 인도	Gepäckausgabe 게펙스아우스가베	수하물 표	Gepäckschein 게펙샤인
		관세	Zoll 쫄	격리 기간	Quarantäne 카란텐
		도착 대합실	Ankunftshalle 안쿤프츠할레	관세 면제 /과세	Zollbefreiung / Besteuerung 쫄베쁘라이웅 / 베스토이어룽
여권 검사	Passkontrolle 파스콘트롤레	솅겐 협정	Schengener Abkommen 솅게너 압콤멘	세관 신고서	Zollerklärungsformular 쫄에어클레어룽포물라

기내에서 보다 쾌적하게
보내기 위해

기내 im Flugzeug
임 쁠룩쪼이그

비행기에 탈 때부터 해외여행이 시작된 것입니다.

여행 가기 전에 표현들을 미리 익혀 비행기 안에서 외국인 승무원에게 말을 걸어 봐요.

기내에서

비행기에서 쾌적하게 있기 위해, 무슨 사항이 있다면 바로 승무원에게 알립시다.

기내에 들고 타면 편리한 물건

- 슬리퍼
- 마스크
- 겹칠 옷
- 귀마개
- 아이마스크
- 베개
- 상비약
- 콘택트렌즈 세정액 & 보존액
- 안약 & 인공눈물
- 목캔디
- 물티슈
- 미스트 또는 스킨
- 칫솔 & 치약
- 가이드북 & 회화책
- 부종 방지 양말

액체류는 종류에 따라 반입 제한이 있기 때문에 들고 탈 때는 미리 확인하세요.

실례지만, 거긴 제 자리인데요.

Entschuldigen Sie, aber das ist mein Sitzplatz.
엔슐디겐 지 아버 다스 이스트 마인 짓츠플랏츠
Excuse me, you are in my seat.

함부르크로 가는 다른 연결편을 타겠습니다.

Ich plane einen Flug mit Anschluss nach Hamburg.
이히 플라네 아이넨 쁠룩 밑 안슐루스 나흐 함부르크
I'll connect with another flight to Hamburg.

몸이 안 좋습니다.

Ich fühle mich nicht wohl.
이히 쀠레 미히 니히트 볼
I feel sick.

모니터가 작동하지 않습니다.

Der Monitor ist kaputt.
데어 모니터 이스트 카풋
The monitor is not working.

제 가방을 여기에 둬도 될까요?

Kann ich meine Tasche hier hinlegen?
칸 이히 마이네 타셰 히어 힌레겐?
Can I put my baggage here?

자리를 뒤로 젖혀도 될까요?

Kann ich meinen Sitz zurücklehnen?
칸 이히 마이넨 짓츠 쭈뤽레넨?
Can I recline my seat?

화장실이 어디에 있나요?

Wo ist die Toilette?
보 이스트 디 토일레테?
Where's the restroom?

기내 방송을 알아들을 수 있어요!

좌석 벨트를 메 주세요.
Schnallen Sie sich bitte an.
슈날렌 지 지히 비테 안
Please fasten your seat belts.

자리로 돌아가 주세요.
Gehen Sie bitte zu Ihrem Sitzplatz zurück.
게엔 지 비테 쭈 이어렘 짓츠플랏츠 쭈뤽
Please get back to your seat.

자리를 원래대로 해 놓아 주세요.
Bringen Sie Ihren Sitz bitte in die Ausgangsposition.
브링엔 지 이어렌 짓츠 비테 인 디 아우스강스포지찌온
Please put your seat back to its original position.

테이블을 원래 자리에 놓아 주세요.
Klappen Sie bitte Ihren Tisch ein.
클라펜 지 비테 이어렌 티쉬 아인
Please put your table back to its original position.

뭔가를 부탁하고 싶을 때는?

좌석마다 있는 '승무원 호출' 버튼을 누르면 주변 사람들에게 폐를 끼치지 않아도 승무원을 부를 수 있습니다.

기내에서 술을 마실 때는 지상에 있을 때보다 쉽게 취합니다. 너무 많이 마시지 않도록 주의합니다.

무사히
도착했습니다!

베개와 담요를 주시겠습니까?
Könnten Sie mir bitte ein Kopfkissen und eine Decke bringen?
쾨니텐 지 미어 비테 아인 콥프키센 운트 아이네 데케 브링엔?
Could I have a pillow and a blanket?

추워요[더워요].
Mir ist kalt[warm].
미어 이스트 칼트[밤]
I feel cold[hot].

오렌지 주스[맥주] 주세요.
Ein Orangensaft[Bier], bitte.
아인 오랑젠자프트[비어] 비테
Orange juice[beer], please.

식사할 때 깨우지 마세요.
Wecken Sie mich bitte nicht zum Essen auf.
베켄 지 미히 비테 니히트 쭘 에쎈 아우프
Don't wake me up for the meal service.

이것 좀 가져가 주시겠어요?
Könnten Sie das bitte mitnehmen?
쾬텐 지 다스 비테 밑네멘?
Could you take this away?

도움이 되는 단어장 WORD

사용 중	**besetzt** 베젯츠트	창가 좌석	**Fensterplatz** 펜스터플랏츠
자리가 빈	**frei** 쁘라이	통로 좌석	**Gangplatz** 강플랏츠
		좌석 번호	**Sitznummer** 짓츠눔머
		현지 시간	**Ortszeit** 오어츠짜이트

시차	**Zeitunterschied** 짜이트운터쉬드
구토증	**Brechreiz** 브레히라이츠
비상구	**Notausgang** 노트아우스강
의약품	**Medikamente** 메디카멘테

드디어 귀국 날입니다.

출발 약 2시간 전부터 체크인이 가능하므로 여유롭게 공항으로 갑시다.

현지인들과 대화를 나눌 수 있는 것도 이것이 마지막! 생각이 닿는 곳까지 이야기해 봅시다.

공항으로 향합시다.

독일 기차는 대부분 시간표대로 운행하지만 늦는 경우도 있습니다. 여유를 가지고 이동합시다. 공항에 적어도 2시간 전에 도착합니다. 출발편이 많이 겹치는 시간에는 공항 안이 혼잡합니다. 면세 수속이 필요한 경우에는 여유를 더 가지고 도착합시다.

체크인

이용하는 항공사의 체크인 카운터에서 체크인을 합시다. 항공권과 여권을 제시하고 기내에 들고 갈 수 없는 짐은 위탁 수하물로 맡기고, 수하물 표와 탑승권을 꼭 챙깁시다.

서둘러야 할 때는

루프트한자 창구가 어디에 있나요?

Wo ist der Schalter von Lufthansa?

보 이스트 데어 샬터   본   루프트한자?

Where is the Lufthansa Airlines counter?

체크인 해 주세요.

Einchecken, bitte.

아인체켄   비테

Check in, please.

제 항공편을 다시 확인하고 싶은데요.

Ich möchte gerne meinen Flug rückbestätigen.

이히 묘히테 게어네 마이넨   블룩 뤽베슈테티겐

I'd like to reconfirm my flight.

저는 김영희라고 합니다.

Ich heiße Kim Young Hee

이히 하이쎄 김영희

My name is Kim Young Hee.

제 비행기 번호는 LH710이고, 8월 15일 서울행 비행기입니다.

Meine Flugnummer ist LH710. Der Flug geht am 15. August nach Seoul.

마이네 블룩눔머 이스트 엘하 지벤훈더트첸 데어 블룩 게에트 암 퓐쁘첸텐 아우구스트 나흐 서울

My flight number is LH710 for Seoul on August 15th.　　참고 P.150　　참고 P.151

죄송하지만, 제 비행기가 곧 떠납니다.

Tut mir leid, aber mein Flug geht bald.

투트 미어 라이드 아버   마인 블룩 게에트 발트

I'm sorry. My flight is leaving shortly.

창가 좌석[통로 좌석]으로 부탁드려요.

Ein Fensterplatz[Ein Gangplatz], bitte.

아인 뻰스터플랏츠[아인 강플랏츠]   비테

A window[An aisle] seat, please.

출국 수속

1 체크인
항공사 카운터에서 체크인을 하고 짐을 맡깁니다.

→

2 세관
신고 물품이 있으면 수속을 합니다. 혼잡할 때는 시간이 꽤나 걸리므로 공항에는 여유롭게 도착합니다. 상품을 제시하도록 하는 경우도 있기 때문에 바로 꺼낼 수 있도록 준비합니다.

→

3 출국심사
여권과 탑승권을 제시하고 출국심사를 받습니다.

→

4 보안 검사
기내 수하물을 검색대에서 검사하고 소지품 검사를 진행합니다.

공항에서는 항상 시간을 신경써야 합니다. 모르는 것이 있으면 바로 공항 직원에게 물어봅시다.

항공편을 바꾸는 게 가능할까요?

Ist es möglich meinen Flug umzubuchen?
이스트 에스 뫼글리히 마이넨 블룩 움쭈부헨?
Can I change the flight?

10번 게이트가 어디에 있나요?

Wo ist das Abfluggate zehn?
보 이스트 다스 압블룩게이트 쩬?
Where is Gate 10? 참고 P.150

비행기가 계획대로 출발할까요?

Fliegt das Flugzeug planmäßig ab?
블라이트 다스 블룩쪼이그 플란메씨히 압?
Will this flight leave on schedule?

비행기가 얼마나 오랫동안 연착될까요?

Wie lange hat der Flug Verspätung?
비 랑에 핫 데어 블룩 뻬어슈페퉁?
How long will it be delayed?

위탁 수하물 맡기기

가위나 손톱깎이 등 칼 종류는 기내 반입이 금지되어 있으므로 위탁 수하물로 맡겨야 합니다. 액체류 반입에 제한 사항이 있기 때문에 화장품이나 의약품 또한 제한 대상입니다.

깨지기 쉬운 물건들이 안에 있습니다.

Da sind zerbrechliche Gegenstände drin.
다 진트 쩨어브레히리혜 게겐슈텐데 드린
I have a fragile item.

이건 기내용 가방입니다.

Das ist mein Handgepäck.
다스 이스트 마인 한트게펙
This is carry-on luggage.

위탁 수하물 안에 깨지기 쉬운 물건이 있는 경우에는 관계자에게 미리 말해주세요.

짐을 꺼내도 될까요?

Darf ich mein Gepäck herausnehmen?
다프 이히 마인 게펙 헤라우스네멘?
Can I take out the luggage?

공항에서 시내로 이동

| 기차 Zug 쭉 | 버스 Bus 부스 | 택시 Taxi 탁시 |

공항에서 시내로는 다양한 루트로 갈 수 있습니다. 예산과 스케줄을 잘 따져서 선택합니다. 이때부터 현지인과 만날 기회가 늘어나므로 적극적으로 말을 걸어 봅시다.

타는 곳을 찾아봅시다.

뮌헨(프란츠 요제프 슈트라우스 공항), 프랑크푸르트(프랑크푸르트 국제 공항)의 경우 두 공항 모두 시내로 이동할 수 있는 수단에는 S반(기차), 버스, 택시 3가지 수단이 있습니다.

S반은 중앙역까지 가는 독일 철도(DB)를 이용하여 적절히 환승하면 그대로 각 지역에 갈 수 있습니다. 버스도 약 20분 간격으로 운행하며, 행선지에 따라 유용합니다. 큰 짐을 들고 이동하는 경우에는 택시가 편리합니다. 예산과 상황, 시간대에 맞춰서 교통수단을 골라 보세요.

공항~호텔까지 셔틀버스를 운행하는 호텔도 있습니다. 예약 시 확인해 두세요.

카트를 찾고 있습니다.
Ich suche einen Kofferkuli.
이히 주헤   아이넨 코퍼쿨리
Where is the baggage carts?

여기 공항에 버스 정류장이 어디에 있나요?
Wo ist hier am Flughafen die Bushaltestelle?
보 이스트 히어 암 블룩하펜   디 부스할테슈텔레?
Where is the station of airport bus?

도심으로 가는 버스가 있나요?
Gibt es einen Bus in die Stadt?
깁트 에스 아이넨 부스 인 디 슈타트?
Is there an airport bus to the city?

컨티넨탈 호텔로 가는 버스는 어디서 출발하나요?
Wo fährt der Bus zum Hotel Continental ab?
보 뻬어트 데어 부스 쭘   호텔   콘티넨탈   압?
Where can I get the bus survice for the Hotel Continental?

버스가 얼마나 자주 운행하나요?
Wie oft fährt der Bus?
비 오프트 뻬어트 데어 부스?
How often does it run?

버스가 언제 출발하나요?
Wann fährt der Bus ab?
반   뻬어트 데어 부스 압?
What time does it leave?

차표 창구가 어디에 있나요?
Wo ist der Fahrkartenschalter?
보 이스트 데어 빠카르텐샬터?
Where is the ticket office?

길을 잃어버리면 대응을 바로 할 수 있도록 사전에 조사해 두고 호텔 근처의 지도나 주소, 호텔명을 써 놓은 메모를 가지고 있는 것이 편리합니다. 길을 잃었다면 빠르게 도움을 요청해요.

어른 1명이요.

Einmal Erwachsener, bitte.

아인말　에어박세너　　비테

One adult, please.

고속전철로 중앙역에 가려면 얼마나 걸리나요?

Wie lange dauert die Fahrt mit der S-Bahn zum Hauptbahnhof?

비　랑에 다우어트 디 빠아트 밑 데어 에스 반 쭘 하우프트반호프?

How long does it take to Central Station by S-Bahn?

티켓 자동 판매기를 어떻게 사용하는지 보여 주실 수 있나요?

Könnten Sie mir bitte zeigen, wie man Fahrkartenautomaten benutzt?

쾬텐 지 미어 비테 짜이겐 비 만 빠카르텐아우토마텐 베눗츠트?

Could you tell me how to use the ticket machine?

택시 이용 방법

짐이나 사람이 많은 경우에는 호텔까지 직접 갈 수 있기 때문에 편리합니다. 트렁크에 짐을 싣는 경우 1개당 0.5유로 정도가 추가됩니다. 심야에는 할증 요금이 붙습니다.

역무원을 찾고 있습니다.

Ich suche das Bahnpersonal.

이히 주헤　　다스 반페어조날

I'm looking for a station staff.

팁은 트렁크를 사용하는 경우는 짐 개당 1유로를 지불합니다. 그 외의 경우에는 일의 자리를 반올림하는 정도로도 괜찮습니다.

택시 정류장이 어디에 있나요?

Wo ist der Taxistand?

보 이스트 데어 탁시슈탄트?

Where is the taxi stand?

이 호텔로 택시를 타고 가면 요금이 얼마나 나오나요?

Was kostet die Taxifahrt zu diesem Hotel?

바스 코스테트 디 탁시빠아트 쭈 디젬　　호텔?

How much does it cost to this hotel by taxi?

저는 뢰머산에서 내리고 싶습니다.

Ich möchte am Römerberg aussteigen.

이히　묘히테　　암　뢰머베어크　　아우스슈타이겐

I'd like to get off at Römerberg.

참고 P.36

무사히 도착했습니다!

제 짐을 트렁크에서 내려 주세요.

Nehmen Sie bitte meinen Koffer heraus.

네멘　　지 비테 마이넨　　코퍼　　헤라우스

Could you unload my suitcase from the trunk?

대중교통을 타고 이동하기

지하철 U-Bahn 우반
고속 전철 S-Bahn 에스반

독일의 주요 도시를 달리는 U반(지하철), 도시와 교외를 잇는 S반(고속전철)은 둘 다 관광을 다닐 때 빼놓을 수 없는 교통수단입니다. 꼭 이용해 봅시다.

타는 곳을 찾아봅시다.

녹색 원에 흰색으로 'S'라고 쓰인 것이 S반, 파란색 사각형에 흰색으로 'U'라고 쓰인 것이 U반 마크(독일에 해당)입니다. 간판 아래에 역 이름이 표시되어 있는 경우가 있으니 확인하세요.

이정표는 이런 모양

탑승권(베를린)

U반, S반 모두 승차권을 공통으로 사용하므로 환승도 간단합니다.

유용한 데이터켓이나 회수권도 판매하고 있으므로 꼭 확인해 보세요.

타기 전에 확인해야 할 것

승차권은 처음 타기 전에 타각기에 날짜를 타각합니다. 각인이 되지 않으면 부정 승차로 간주되기 때문에 벌금을 물 수 있으므로 주의

차표 창구가 어디에 있나요?

Wo ist der Fahrkartenschalter?

보 이스트 데어 빠카르테샬터?

Where is the ticket office?

저는 다중 이용권을 사고 싶습니다.

Ich möchte eine Mehrfahrtenkarte kaufen.

이히 묘히테 아이네 메어파르텐카르테   카우쁜

I'd like to have a carnet?

운행 시간표를 보여 주시겠어요?

Können Sie mir bitte den Fahrplan zeigen?

쾬넨   지 미어 비테 덴 빠플란   짜이겐?

Can I see a schedule?

고속전철 지도 좀 주시겠어요?

Können Sie mir bitte einen Streckenplan von der S-Bahn geben?

쾬넨 지 미어 비테 아이넨 슈트레켄플란 본 데어 에스반 게벤?

Can I have a S-Bahn map?

가장 가까운 지하철역이 어디인가요?

Wo ist der nächste U-Bahnhof?

보 이스트 데어 네스테   우반호프?

Where is the nearest U-Bahn station?

알테 피나코테크에 가려면 어디서 내려야 하나요?

Wo muss man aussteigen, wenn man zur Alten Pinakothek gehen will?

보 무스 만 아우스슈타이겐 벤 만 쭈어 알텐 피나코텍 게엔 빌?

At which station do I have to get off to go to Alten Pinakothek?

얼마나 걸리나요?

Wie lange dauert es?

비   랑에 다우어트 에스?

How much time does it take?

U반 / S반 타는 방법

1 티켓을 산다
자동판매기에서 티켓을 구입합니다. 최근에는 신용카드 이용이 가능한 발매기도 있습니다.

2 홈을 찾는다
노선 번호나 종점의 역명 표시를 따라서 홈을 찾습니다.

3 타각기를 사용한다
역에는 개찰구가 없고 홈에 있는 타각기를 통해 반드시 타각합니다.

4 승차와 하차
열차 문은 반자동식이므로 잠금을 해제한 후에 스스로 열고 승차해야 합니다. 하차할 때는 개찰구가 없으므로 그대로 밖으로 나갑니다.

내릴 때는?

차내 방송은 듣기 어려울 수 있으므로 노선도로 현재 위치를 확인합니다.

갈아타야 하나요?

Muss ich irgendwo umsteigen?
무스 이히 이어젠트보 움슈타이겐?
Do I have to transfer?

괴테 하우스로 가려면 몇 호선을 타야 하나요?

Welche Linie fährt zum Goethe-Haus?
벨셰 리니에 페어트 쭘 괴테 하우스?
Which line do I have to take to go to Goethe-Haus?   참고 P.36

다음 기차역이 어디인가요?

Wo ist der nächste Bahnhof?
보 이스트 데어 네스테 반호프?
What is the next stop?

마지막 기차가 언제 출발하나요?

Wann fährt der letzte Zug ab?
반 페어트 데어 렛츠테 쭉 압?
What time does the last train leave?

지하철을 무사히 탔습니다!

도움이 되는 단어장 WORD

		거스름돈	Wechselgeld 벡셀겔트	기간	Dauer 다우어
		차표 검사	Fahrkartenkontrolle 빠카르텐콘트롤레	역무원	Bahnpersonal 반페어조날
차표	Fahrkarte 빠카르테	플랫폼	Bahnsteig 반슈타익	차장	Schaffner 샤프너
다인승 차표	Mehrfahrtenkarte 메어빠르텐카르테	표지판	Schild 쉴트	환승	Umsteigen 움슈타이겐
매표소	Fahrkartenschalter 빠카르텐샬터	노선도	Streckenplan 슈트레켄플란	입구	Eingang 아인강
차표 자동판매기	Fahrkartenautomat 빠카르텐아우토마트	운행 시간표	Fahrplan 빠플란	출구	Ausgang 아우스강

대중교통을 타고 이동하기

독일은 전 국토에 철도망이 깔려 있어 어딜가든 편리합니다.
목적지로 가는 티켓을 사서 기차에 몸을 싣고, 여행지의 풍경을 눈에 담아 봅시다.

독일 철도(DB)에 대해

독일 철도 노선은 독일 전 국토를 연결하고 있어 도시 간의 이동이 아주 편리합니다. 시간도 꽤 정확하고 승차감도 좋아 적극적으로 이용하기를 권하는 교통수단입니다. 열차에는 몇 가지 종류가 있는데 여행자가 자주 이용하는 독일판 고속 철도 'ICE(인터시티 익스프레스)'와 특급 열차 'IC(인터시티)'가 있습니다.

내일 10시쯤 함부르크로 가는 좌석 하나를 예약하고 싶습니다.

Ich möchte für morgen gegen 10 Uhr einen Sitzplatz im ICE nach Hamburg reservieren.

이히 묘히테 뷔어 모르겐 게겐 우어 아이넨 짓츠플랏츠 임 이체에 나흐 함부르크 레져비어렌

I'd like to reserve a seat of ICE for Hamburg which leaves around ten o'clock tomorrow.

뷔르츠부르크로 가는 다음 열차가 언제 출발하나요?

Wann fährt der nächste ICE nach Würzburg?

반 뻬어트 데어 네스테 이체에 나흐 뷔어츠부르크?

When does the next ICE for Würzburg leave?

독일 철도 패스를 1개 사고 싶습니다.

Ich möchte einen German Rail Pass kaufen.

이히 묘히테 아이넨 게르만 레일 파스 카우쁜

I want one German Rail Pass. 참고 P.150

어떤 차표 자동판매기가 현금을 받나요?

Welcher Fahrkartenautomat nimmt Bargeld an?

벨셔 빠카르텐아우토마트 님트 바겔트 안?

Which ticket machine accepts cash?

차표 자동판매기를 어떻게 사용하는지 모릅니다.

Ich weiss nicht, wie der Fahrkartenautomat benutzt wird.

이히 바이스 니히트 비 데어 빠카르텐아우토마트 베눗츠트 비어트

I don't know how to use the ticket machine.

타각을 잊지 말고 할 것!

역에는 개찰하는 곳이 없고 대신에 차내에서 검표를 합니다. 날짜 지정이 되어 있지 않은 티켓은 승차 전에 본인이 타각을 해야 합니다. 특수한 패스는 창구에서 날짜를 기입해야 합니다.

버튼을 잘못 눌렀습니다.

Ich habe falsch gedrückt.

이히 하베 빨쉬 게드뤽트

I pressed the wrong button.

자동 검표기가 어디에 있나요?

Wo steht der Entwerter?

보 슈테헤트 데어 엔트베어터?

Where is the stamp machine?

티켓 구입 방법과 좌석 예약

1 창구에서 구입

행선지와 출발 시간, 인원 수, 등급 등을 말합니다. 동시에 좌석 예약도 가능합니다. 주요 역의 창구는 혼잡한 경우가 많으므로 되도록 전날까지 구입합시다.

2 자동발매기에서 구입

화면 표시를 영어로 바꿀 수 있습니다. 출발역, 도착역, 인원 수 순서대로 모든 항목을 선택합니다. 신용카드도 사용이 가능합니다.

3 인터넷에서 구입

IC와 ICE는 인기가 많기 때문에 독일 철도 홈페이지에서 사전에 좌석 예약을 해두는 것이 좋습니다. 한국 여행사를 통해 '유럽 철도 티켓 예약센터' 등에서 하는 것도 추천합니다.

편리한 패스

철도로 독일을 여행한다면 '저먼레일패스'를 추천합니다. 티켓 사용 유효기간 1개월 안에서 원하는 날짜를 3~10일 정도 골라 사용합니다. 매번 티켓을 사지 않아도 돼서 편리합니다. 한국 여행사 등에서 구입하는 것도 가능합니다.

창밖 풍경을 즐겨 봅시다.

※ 철도는 제도나 시스템이 바뀌는 경우가 있습니다. 이용할 때는 사전에 꼭 확인하세요.

쾰른으로 가는 열차가 이 선로에서 출발하나요?

Fährt der Zug nach Köln von diesem Gleis ab?

베어트 데어 쭉 나흐 쾰른 뽄 디젬 글라이스 압?

Does the train for Köln leave from this platform?

저는 8호차의 105번 좌석을 찾고 있습니다.

Ich suche den Sitzplatz 105 im Wagen Nr. 8.

이히 주헤 덴 짓츠플랏츠 아인훈더트퓐쁘 임 바겐 눔머 아흐트

I'm looking for a seat 105 on the car No. 8.   참고 P.150

예약한 좌석을 바꾸고 싶습니다.

Ich möchte die Fahrkarte in eine Sitzplatzreservierung abändern.

이히 묘히테 디 빠카르테 인 아이네 짓츠플랏츠레저비어룽 압엔던

I'd like to change to a reserved seat.

다음 역이 하이델베르크인가요?

Ist der nächste Bahnhof Heidelberg?

이스트 데어 네스테 반호프 하이델베어크?

Is the next station Heidelberg?

도움이 되는 단어장 WORD

편도 차표	einfache Fahrkarte 아인빠헤 빠카르테	도착지	Zielort 찔오어트	플랫폼	Bahnsteig 반슈타익
왕복 차표	Rückfahrkarte 뤽빠카르테	기차역	Bahnhof 반호프	출발 날짜	Fahrdatum 빠다툼
출발지	Abfahrtort 압빠아트오어트	운행 시간표	Fahrplan 빠플란	선로	Gleis 글라이스
		운행 구간	Fahrstrecke 빠슈트레케	차표	Fahrkarte 빠카르테

대중교통을 타고 이동하기

짐이 많을 때나 심야 시간 등에 택시는 여행자에게 중요한
교통수단입니다. 이용 방법을 알아 두고 능숙하게 활용해 봐요.

택시를 찾아봅시다.

독일은 운행 중인 택시가 적
으므로 번화가의 주요 장소
나 역 등의 택시 승강장을 찾
거나, 레스토랑이나 가게 등
에서 불러 달라고 합니다.

뒷좌석부터 탑승합니다.

행선지를 말합니다.

언어에 자신이 없다면 독일
어로 행선지를 적은 메모를
보여 주거나 지도를 사용해
목적지를 전달합니다.

택시 좀 불러 주세요.

Rufen Sie mir bitte ein Taxi.
루뻰 지 미어 비테 아인 탁시
Please call me a taxi?

얼마나 나올까요?

Was wird das kosten?
바스 비어트 다스 코스텐?
How much will it be?

얼마나 걸리나요?

Wie lange dauert es?
비 랑에 다우어트 에스?
How long will it take?

이 주소로 가 주세요.

Fahren Sie bitte zu dieser Adresse.
빠렌 지 비테 쭈 디저 아드레쎄
I want to go to this address.

베를린 동물원으로 가 주세요.

Fahren Sie bitte zum Berliner Zoo.
빠렌 지 비테 쯤 베를리너 쪼
To Berlin Zoo, please.
참고 P.36

서둘러 주세요!

Beeilen Sie sich bitte!
베아일렌 지 지히 비테
Please hurry.

제 짐을 트렁크에 좀 실어 주세요.

Legen Sie bitte das Gepäck in den Kofferraum.
레겐 지 비테 다스 게펙 인 덴 코퍼라움
Please put my luggage in the trunk.

팁은 트렁크를 사용한 경우 짐 1개당 1유로를 지불합니다. 그 외의 경우에는 요금에서 1의 자리 숫자를 반올림하여 주는 정도면 됩니다.

독일 택시의 요금 시스템은?
한국과 비슷하게 미터기로 정산하며 '기본요금+1km당 가산액'으로 계산합니다. 심야에 이용할 때나 콜택시는 할증 요금이 붙습니다.

신호등에서 세워 주세요.

Halten Sie bitte nach der Ampel.
할텐   지 비테 나흐 데어 암펠
Please stop at that traffic light.

조금만 더 가 주세요.

Fahren Sie bitte noch ein Stück weiter.
빠렌   지 비테 노흐 아인 슈튁   바이터
Please go a little further.

하차합시다.

목적지에 도착했다면 요금을 냅니다. 할증 요금이나 짐 값은 미터기에 표시된 요금 외에 별도로 냅니다. 또 팁과 'Danke'라는 한마디를 잊지 맙시다. 본인이 직접 문을 열고 내려야 하며, 꼭 문을 닫아야 합니다.

여기서 세워 주세요.

Halten Sie hier bitte.
할텐   지 히어 비테
Stop here, please.

여기서 잠시만 기다려 주세요.

Warten Sie hier bitte einen Augenblick.
바르텐   지 히어 비테 아이넨 아우겐블리크
Please wait here for a minute.

얼마예요?

Was kostet das?
바스 코스테트 다스?
How much is it?

영수증 좀 주시겠어요?

Geben Sie mir bitte die Quittung.
게벤   지 미어 비테 디 크빗퉁
Could I have a receipt?

잃어버리는 물건이 없는지 주의!

미터기랑 요금이 다른데요.

Das Taxameter zeigt einen anderen Fahrpreis an.
다스 탁사메터   짜익트 아이넨 안더렌   빠프라이스 안
The fare is different from the meter.

대중교통을 타고 이동하기

| 버스 Bus 부스 **| 트램** Straßenbahn 슈트라쎈반

현지인들 생활의 발이 되는 버스와 트램을 타 봅시다.
이동 선택지가 넓어지고 익숙해지면 편리하게 탈 수 있어요.

버스와 트램에 대해

둘 다 노선이 많아 복잡하지만 U반/S반이 운행하지 않는 구간도 운행하므로 잘 이용하면 관광의 폭도 넓어집니다. 요금은 U반/S반과 같고, 환승도 가능합니다.

타는 곳 표지판

노란색 원 안에 녹색 글씨로 'H'라고 쓰여 있는 곳이 버스정류장이다. 표지판 하단에는 정류장의 이름과 노선 번호가 표시되어 있다.

티켓 구입

주요 정류장 근처에는 자동 발권기가 있으므로 티켓을 미리 구입해 둡시다. 발권기가 없다면 차내에서도 구입이 가능합니다.

TV 타워로 가는 버스가 어디서 출발하나요?

Von wo fährt der Bus zum Fernsehturm ab?
본 보 뻬어트 데어 부스 쫌 뻬언제에투엄 압?
Where does the bus for TV Tower leave? 참고 P.36

어디서 차표를 살 수 있나요?

Wo kann man die Fahrkarten kaufen?
보 칸 만 디 빠카르텐 카우뻰?
Where can I buy the ticket?

열차(버스)에 타서도 차표를 살 수 있나요?

Kann man auch im Zug die Fahrkarte kaufen?
칸 만 아우흐 임 쭉 디 빠카르테 카우뻰?
Can I buy the ticket in the bus?

다인승 차표 있나요?

Haben Sie Mehrfahrtenkarten?
하벤 지 메어빠르텐카르텐?
Do you have a carnet?

이 버스 브란덴부르크 문까지 가나요?

Fährt dieser Bus zum Brandenburger Tor?
뻬어트 디저 부스 쫌 브란덴부어거 토어?
Does this bus go to Brandenburg Gate? 참고 P.36

박물관 섬으로 가려면 어디서 갈아타야 하나요?

Wo muss ich aussteigen um zur Museumsinsel zu gelangen?
보 무스 이히 아우스슈타이겐 움 쭈어 무제움인젤 쭈 게랑엔?
Where should I get off to go to Museum Island? 참고 P.36

버스 노선 지도를 주실 수 있나요?

Können Sie mir bitte einen Bustreckenplan geben?
쾬넨 지 미어 비테 아이넨 부스슈트레켄플란 게벤?
Can I have a bus route map?

버스 / 트램에 탑니다.

앞 유리나 차체 측면에 표시 되어 있는 노선 번호, 행선지 를 확인합니다. 문은 버튼을 눌러 스스로 엽니다(운전기 사가 열어 주는 경우도 있습 니다). 승차하면 타각기에 티 켓을 타각하는 것을 잊지 마 세요.

차내에 있는 타각 기. 화살표 방향으 로 티켓을 넣는다.

창밖 풍경을 즐겨 보세요.

하차

내리는 역 전에서 하차 버튼 을 눌러 주세요.

거기로 가려면 몇 호선을 타야 하나요?

Welche Linie muss ich nehmen, um dorthin zu gelangen?

벨셰 리니에 무스 이히 네멘 움 도어트힌 쭈 게랑엔?

Which line do I have to take to go there?

갈아타야 하나요?

Muss ich umsteigen?

무스 이히 움슈타이겐?

Do I have to transfer?

어디서 갈아타야 하나요?

Wo muss ich umsteigen?

보 무스 이히 움슈타이겐?

Where should I transfer?

실례합니다. 티켓에 도장이 안 찍힌 것 같네요.

Entschuldigung, aber der Stempel ist etwas schwach.

엔슐디궁 아버 데어 슈템펠 이스트 에트바스 슈바흐

I'm afraid my ticket won't get stamped.

우리가 언제 포츠담 광장에 도착하는지 알려 주세요.

Sagen Sie mir bitte Bescheid, wenn wir am Potsdamer Platz ankommen.

자겐 지 미어 비테 베샤이드 벤 비어 암 포츠다머 플랏츠 안콤멘

Please tell me when we arrive at Potsdam Square.

여기서 내릴게요.

Ich steige hier aus.

이히 슈타이게 히어 아우스

I'll get off here.

다음 버스 정류장[전차 정류장] 이름이 뭔가요?

Wie heißt die nächste Bushaltestelle[Straßenbahnhaltestelle]?

비 하이스트 디 네스테 부스할테슈텔레[슈트라쎈반할테슈텔레]?

What is the next stop?

반대 방향으로 가는 정류장은 어디에 있나요?

Wo ist die Haltestelle für die Rückfahrt?

보 이스트 디 할테슈텔레 퓌어 디 뤽빠아트?

Where is the bus stop for going back?

환전은 이렇게 하세요.

화폐와 환전 Währung und Geldwechsel
베룽 운트 겔트벡셀

여행지에서 가장 중요한 것은 바로 돈입니다. 시장 등에서는 카드를 사용할 수 없는 곳이 많으므로 현금을 가지고 있어야 합니다. 입국하면 먼저 공항을 나와 호텔의 객실에서 숨을 돌릴 때까지 필요한 현금을 준비합시다.

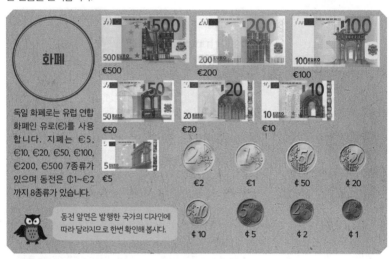

화폐

독일 화폐로는 유럽 연합 화폐인 유로(€)를 사용 합니다. 지폐는 €5, €10, €20, €50, €100, €200, €500 7종류가 있으며 동전은 ₵1~€2 까지 8종류가 있습니다.

동전 앞면은 발행한 국가의 디자인에 따라 달라지므로 한번 확인해 봅시다.

€500 €200 €100
€50 €20 €10
€5 €2 €1 ₵50 ₵20
₵10 ₵5 ₵2 ₵1

환전할 때는?

여권을 제시해야 합니다. 재환전을 할 때는 환전할 때 건네준 외화 교환 증명서가 필요한 경우도 있습니다. 환전은 공항, 호텔, 번화가에 있는 은행, 환전소 등에서 가능합니다.

환전소가 어디에 있나요?

Wo ist die Wechselstube?
보 이스트 디 벡셀슈투베?
Where is the money exchange?

원화를 500유로로 바꾸고 싶습니다.

Ich möchte koreanische Won in 500 Euro umtauschen.
이히 묘히테 코레아니셰 원 인 퓐프훈더트 오이로 움타우셴
I'd like to buy 500 euros with won. 참고 P.150

돈을 어떻게 받으시겠어요?

Wie möchten Sie das Geld haben?
비 묘히텐 지 다스 겔트 하벤?
How would you like it?

10유로 지폐 10개랑 50유로 지폐 6개로 주세요.

Ich hätte gerne zehn 10- Euroscheine und sechs 50- Euroscheine.
이히 헤테 게어네 쩬 쩬-오이로샤이네 운트 젝스 퓐프찌히-오이로샤이네
I'd like ten 10 euro bills and six 50 euro bills. 참고 P.150

원화를 유로로 교환할 수 있을까요?

Können Sie mir bitte Won in Euro umtauschen?
쾬넨　지 미어 비테　원 인 오이로　움타우셴?
Can you change won into euro?

호텔에서의 환율은 그다지 좋지 않지만 24시간 이용이 가능하기 때문에 편리합니다.

이 여행자 수표를 현금으로 교환하고 싶습니다.

Ich würde gern diesen Reisescheck in Bargeld einlösen.
이히 뷔어데 게언 디젠 라이제체크 인 바겔트 아인뢰젠
I'd like to cash this traveler's check.

이 지폐를 동전으로 바꿔 주세요.

Tauschen Sie bitte diesen Schein in Münzgeld um.
타우셴　지 비테 디젠　샤인 인 뮌쯔겔트 움
Please change this bill into coins.

잘못 계산하신 것 같은데요?

Kann es sein, dass Sie sich verrechnet haben?
칸　에스 자인 다스　지 지히 뻬어레히네트 하벤?
I think this is incorrect.

영수증 좀 주시겠어요?

Können Sie mir bitte die Rechnung geben?
쾬넨　지 미어 비테 디 레히눙　게벤?
Could I have the receipt?

환전을 무사히 끝냈습니다!

20유로짜리로 (10장) 주세요.

Geben Sie mir bitte das Geld(in zehn) 20-Euroscheine, bitte.
게벤 지 미어 비테 다스 겔트(인 쩬) 쯔반찌히 오이로샤이네 비테
[Ten] 20 euro, please.

참고 P.150

신용카드로 현금 서비스를?

국제 브랜드의 신용카드나 제휴 신용카드를 사용하면 길거리 여기저기에서 볼 수 있는 ATM 기에서 현금 서비스를 이용할 수 있습니다. 필요한 금액만 인출할 수 있기 때문에 여유분의 현금이 없어도 걱정이 없습니다.

24시간 이용 가능한 ATM 기가 있기 때문에 편리하지만 노상에 위치한 ATM 기를 이용하는 것이나 너무 늦은 시간에 이용하는 것은 피하는 것이 좋습니다.

---

1. 신용카드를 넣습니다

2. 비밀번호를 눌러 주세요
4개의 비밀번호
(PIN)를 입력

3. 인출 내용을 선택해 주세요
현금 서비스를 원하는 경우에는
'WITHDRAWAL'를 선택한다.

4. 금액을 입력해 주세요
숫자 버튼으로 금액을 입력하고 현금 서비스를 이용할 때는 'CREDIT'을 선택한다.

ENTER YOUR PIN NUMBER, THEN PRESS
VALIDATION→
CORRECTION→
ANNULATION→

CHOOSE TRANSACTION	
WITHDRAWAL	
BALANCE ACCOUNT→	잔고 조회
TRANSFER→	계좌이체
ANNULATION→	중지

ENTER AMOUNT	
20.00	
FROM CREDIT→	현금 서비스
FROMCHECKING→	당좌예금에서
CLEAR FROM SAVINGS→	예금에서

기본회화 / 관광 / 맛집 / 쇼핑 / 뷰티 / 엔터테인먼트 / 호텔 / 교통수단 / 기본 정보 / 단어장

133

편지나 소포를 보내 봅시다.

우편과 배송 Post und Versand
포스트 운트 뻬어잔트

해외에서 편지로 여행 기분을 전하세요.
사 두었던 기념품을 소포로 보내면 가벼운 몸으로 여행을 할 수 있겠죠.

편지 보내기

한국에 편지나 엽서를 보내는 것은 의외로 간단합니다. 앞면에 KOREA(받는 나라의 영문 표기), Luftpost(독일어로 '항공 우편')라고 잘 보이게 쓰면 받는 곳 주소와 받는 사람을 한국어로 써도 됩니다. 우표를 붙이고 번화가에 있는 우체통인 Außerhalb der Stadt(시외)라고 쓰인 곳에 넣습니다. 보통 1주일 정도 걸립니다.

독일의 우체통

짐 보내기

우체국에서 한국으로 짐을 보내는 경우, 모두 항공편으로 보냅니다. 보통 1주일 정도 걸립니다.

우표를 어디에서 살 수 있나요?
Wo kann man Briefmarken kaufen?
보 칸 만 브리프마켄 카우뻰?
Where can I buy some stamps?

우체국이 어디에 있나요?
Wo ist das Postamt?
보 이스트 다스 포스트암트?
Where is the post office?

이것을 한국으로 보내고 싶습니다.
Ich möchte das nach Korea schicken.
이히 묘히테 다스 나흐 코레아 쉬켄
I'd like to send this to Korea.

도착하는 데 얼마나 걸릴까요?
Wann kommt es an?
반 콤트 에스 안?
How long does it take to get there?

빠른 우편으로 보내 주세요.
Mit Eilpost, bitte.
밑 아일포스트 비테
Can you send it express?

한국으로 보내는 우편료가 얼마인가요?
Was kostet das Porto nach Korea?
바스 코스테트 다스 포르토 나흐 코레아?
How much is the postage to Korea?

37유로입니다.
Es kostet 37 Euro.
에스 코스테트 지벤운트드라이씨히 오이로
It's 37 euros.

참고 P.150

국제택배

우체국에 비해 비싸긴 하지만 집하를 해 주거나 포장 자재를 구입할 수 있기 때문에 사용하기 편합니다.

무사히 보냈습니다!

소포를 한국으로 보내고 싶습니다.

Ich möchte das Paket nach Korea schicken.
이히 묘히테 다스 파켓 나흐 코레아 쉬켄
I'd like to send a package to Korea.

박스랑 테이프 좀 주시겠어요?

Können Sie mir bitte einen Pappkarton und ein Klebeband geben?
쾬넨 지 미어 비테 아이넨 팝카르텐 운트 아인 클레베반트 게벤?
Could I have a box and a tape?

인도증 적는 것 좀 도와주시겠어요?

Können Sie mir bitte helfen, den Lieferschein auszufüllen?
쾬넨 지 미어 비테 헬펜 덴 리퍼샤인 아우스쭈뀔렌?
Could you tell me how to write an invoice?

소포에 깨지기 쉬운 물건이 들어 있어요.

Das Paket enthält zerbrechliche Gegenstände.
다스 파켓 엔트헬트 쩨어브레흐리혜 게겐슈텐데
I have a fragile item.

주소 쓰는 방법

● 엽서나 편지의 경우

보내는 사람은 한국어, 한국 주소로 써도 좋습니다.

POST CARD

Kim Young Hee
Hilton Frankfurt
GERMANY

우표
(우체국이나 호텔에서 구입)

서울시 ○○구 ○○동 1-1
김철수 님께

받는 사람은 한국어로 써도 됩니다.

대문자로 쓰기
(항공편이라는 의미)

Luftpost

KOREA

국가명은 대문자로 쓰기

도움이 되는 단어장 WORD

	우표	**Briefmarke** 브리프마케	깨지기 쉬워요! **fragil!** 프라길
	편지 봉투	**Umschlag** 움슐락	조심히 다루세요! **Vorsichtig behandeln!** 뽀어지히티히 베한델
우편엽서 **Postkarte** 포스트카르테	우편 인쇄물	**Drucksache** 드룩자혜	작은 소포 **Päckchen** 펙헨

135

전화를 걸어 봅시다.

가고 싶은 곳에 별탈 없이 가기 위해 레스토랑, 에스테틱 등의 예약은 사전에 해 두는 것이 좋습니다. 긴급한 순간에도 전화를 사용하면 편리하고 안심되므로 전화 거는 법을 마스터해 둡시다.

전화기를 찾아봅시다.

공중전화는 대부분 텔레폰 카드식입니다. 카드는 역에 있는 키오스크 등에서 구입할 수 있습니다. 대부분의 호텔 객실에서도 다이얼 직통 국제전화를 걸 수 있지만 수수료가 붙는 경우가 있습니다.

여기 공중전화 박스가 어디에 있나요?

Wo gibt es hier eine Telefonzelle?
보 깁트 에스 히어 아이네 텔레폰쩰레?
Where is the pay phone?

안녕하세요, 거기 쉐라톤 호텔인가요?

Hallo, bin ich mit dem Sheraton Hotel verbunden?
할로 빈 이히 밑 템 셰라톤 호텔 뻬어분덴?
Hello. Is this the Sheraton Hotel?

전화를 걸어 봅시다.

① 국제전화
A 다이얼 직통전화

가. 일반전화
예) 서울 02-1234-5678에 걸 때

호텔에서 걸 때,
호텔의 외선번호
　　　한국의 국가번호
●-00-82-2-1234-5678
국제전화　지역 번호에서 첫
식별 번호　0을 빼고 누른다

나. 휴대전화
예) 010-1234-5678로 걸 때

호텔에서 걸 때,
호텔의 외선번호
　　　한국의 국가번호
●-00-82-10-1234-5678
국제전화　010에서 첫 0을
식별 번호　빼고 누른다

1102호에 있는 김영희 씨랑 통화 연결 해 주시겠어요?

Könnten Sie mich bitte mit Frau Kim Young Hee in Zimmer 1102 verbinden?
쾬텐 지 미히 비테 밑 쁘라우 김영희 인 찜머 엘프훈더트쯔바이 뻬어빈덴?
May I speak to Ms. Kim Young Hee in room 1102?　　참고 P.150

잠시만요.

Einen Augenblick, bitte.
아이넨 아우겐블릭 비테
Just a moment, please.

메시지 좀 남겨 주시겠어요?

Könnten Sie für mich eine Nachricht hinterlassen?
쾬텐 지 뛰어 미히 아이네 나흐리히트 힌터라쎈?
Could I leave a message?

나중에 다시 전화할게요.

Ich rufe später noch einmal an.
이히 루페 슈페터 노흐 아인말 안
I'll call again later.

B 국제전화 회사의 서비스를 이용한다.
신용카드나 전용 카드를 사용해 한국에 있는 국제전화 서비스를 이용한다.

② 국내 전화
시내에 전화하는 경우, 시외번호를 누르지 않아도 됩니다. 시외에 거는 경우에는 시외국번부터 누릅니다.

김철수가 전화했다고 그에게 알려 주세요.

Können Sie ihm bitte ausrichten, dass Kim Cheol Soo ihn angerufen hat.
쾬넨 지 임 비테 아우스리히텐 다스 김철수 인 안게루펜 핫
Please tell her that Kim Cheol Soo called.

한국에서 독일로 국제전화를 걸 때는?

001 + 49 + 상대방 번호

국제전화   독일
식별번호   국가 번호

휴대전화를 이용할 때

해외 로밍이 가능한 기종이라면 보통 사용하고 있는 휴대전화를 그대로 이용할 수 있습니다. 출발 공항에서 대여도 가능합니다. 사전 신청이 필수인 경우가 있기 때문에 미리 확인해 둡시다.

인터넷 전화에 대해

인터넷 회선을 사용해 통화가 가능한 인터넷 전화라면 전화 회선을 이용하는 것보다 저렴합니다(이용할 때는 신청이나 다운로드가 필요).

조금만 더 천천히 말씀해 주시겠어요?
Können Sie bitte noch langsamer sprechen?
쾬넨 지 비테 노흐 랑자머 슈프레헨?
Could you speak more slowly?

죄송합니다, 번호를 잘못 눌렀습니다.
Tut mir leid, ich habe mich verwählt.
투트 미어 라이드 이히 하베 미히 페어벨트
I'm sorry. I have the wrong number.

핸드폰을 좀 빌리고 싶은데요.
Ich möchte gern ein Handy ausleihen.
이히 묘히테 게언 아인 한디 아우스라이헨
I'd like to rent a cell phone.

전화 카드 주세요.
Ich hätte gerne eine Telefonkarte.
이히 헤테 게어네 아이네 텔레폰카르테
A phone card, please.

한국으로 콜렉트콜을 걸고 싶습니다.
Ich möchte gern per R-Gespräch nach Korea telefonieren.
이히 묘히테 게언 퍼 에르-게슈프레히 나흐 코레아 텔레뽀니어렌
I'd like to make a collect call to Korea.

이 전화로 한국으로 전화할 수 있을까요?
Kann man mit diesem Telefon nach Korea telefonieren?
칸 만 밑 디젬 텔레폰 나흐 코레아 텔레뽀니어렌?
Can I make a call on this phone to Korea?

한국어 할 줄 아시는 분 있나요?
Gibt es hier jemanden, der Koreanisch spricht?
깁트 에스 히어 예만덴 데어 코레아니쉬 슈프리히트?
Is there anyone who speaks Korean?

전화를 무사히
끝났습니다!

137

인터넷을 사용해 봅시다.

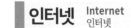

현지에서 정보를 얻을 때도 물론이고 통신 수단으로도
여행지에서 인터넷을 이용하는 것을 빠뜨릴 순 없죠!

인터넷을 이용하려면?

●호텔 시설을 이용
호텔에 따라 객실에서 LAN이나 WIFI 접속이 가능합니다. 투숙객이 이용 가능한 PC가 로비에 설치되어 있는 경우도 있습니다. 호텔 예약 시 확인해 보세요.

●인터넷 카페(PC방)
대도시뿐만 아니라 중소 도시에서도 PC방을 찾아볼 수 있습니다. 한국어 환경이 설치된 PC를 갖추고 있는 곳도 있으므로 이용 전에 확인해 보세요.

●프리 WIFI 스팟
독일의 호텔에는 대부분 무료로 사용 가능한 WIFI 스팟이 있습니다. 예약 시에 확인해 보세요.

스마트폰은 전원을 켜는 것만으로도 자동으로 데이터를 보내는 경우가 있어 모르는 사이에 고액의 요금이 책정되는 경우가 있습니다. 그러니 사전에 설정을 잘 해야합니다.

이 호텔에서 인터넷을 쓸 수 있나요?

Kann man in diesem Hotel Internet benutzen?
칸 만 인 디젬 호텔 인터넷 베눗쩬?
Can I use the Internet in this hotel?

근처에 PC방이 있나요?

Gibt es hier in der Nähe ein Internetcafé?
깁드 에스 히어 인 데어 네에 아인 인터넷카페?
Is there an Internet café around here?

여기서 제 컴퓨터를 써도 될까요?

Kann ich hier meinen PC anschließen?
칸 이히 히어 마이넨 페쩨 안슐리쎈?
Can I use my own PC?

1시간당 얼마인가요

Was kostet das pro Stunde?
바스 코스테트 다스 프로 슈툰데?
How much is it for an hour?

참고 P.152

이 컴퓨터는 한국어 문자를 표시할 수 있나요?

Kann dieser PC Koreanisch Schriftzeichen anzeigen?
칸 디저 페쩨 코레아니셰 슈리프트짜이헨 안짜이겐?
Can this PC display Korean characters?

여기 무료 와이파이 서비스가 있나요?

Gibt es hier einen kostenlosen WiFi-Anschluss?
깁트 에스 히어 아이넨 코스텐로센 와이파이-안슐루쓰?
Do you have a free WiFi service?

와이파이 공유기를 빌리고 싶습니다.

Ich möchte gern einen WiFi-Router ausleihen.
이히 묘히테 게언 아이넨 와이파이-루터 아우스라이헨
I'd like to rent a WiFi router.

PC방 이용법

1 입장
시트에 필요 항목을 기입합니다. 사용 예정 시간을 정해 선불로 지급하는 경우와 종료 후에 후불로 지급하는 경우가 있습니다.

2 이용
시간을 연장하는 경우에는 다시 예정 시간을 말하고 그 시간만큼 결제합니다.

3 종료
프로그램을 종료하고 시작하기 전 상태로 돌려놓습니다. 후불로 이용한 경우에는 돈을 지불하고 PC방을 나섭니다.

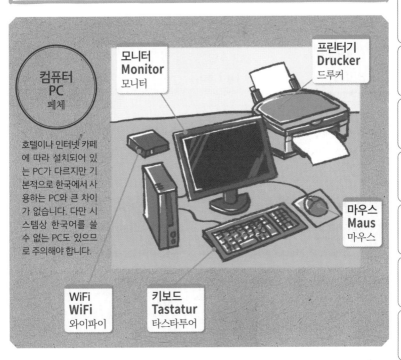

컴퓨터
PC
페체

모니터
Monitor
모니터

프린터기
Drucker
드루커

호텔이나 인터넷 카페에 따라 설치되어 있는 PC가 다르지만 기본적으로 한국에서 사용하는 PC와 큰 차이가 없습니다. 다만 시스템상 한국어를 쓸수 없는 PC도 있으므로 주의해야 합니다.

마우스
Maus
마우스

WiFi
WiFi
와이파이

키보드
Tastatur
타스타투어

문제 발생 시 바로 사용할 수 있는 표현

랜선[와이파이] 연결이 작동하지 않습니다.
좀 도와주시겠어요?

Die LAN[WiFi]-Verbindung funktioniert nicht. Können Sie mir bitte helfen?
디 랜[와이파이]-페어빈둥 뿡찌오니어트 니히트. 쾬넨 지 미어 비테 헬펜?

마우스가 작동하지 않습니다.
Die Maus funktioniert nicht.
디 마우스 뿡찌오니어트 니히트

컴퓨터가 작동하지 않습니다.
Der PC ist eingefroren.
데어 페체 이스트 아인게쁘로렌

139

긴급 상황·트러블에 대비하자.

만일의 경우 자신의 몸을 보호하기 위해 알아 두면 좋은 표현을 모았습니다.
위험한 사태를 피하기 위해서 꼭 알아 둡시다.

도움을 요청할 때

도와주세요!
Hilfe!
힐뻬
Help me!

멈춰요!
Hör auf!
회어 아우프
Stop it!

저랑 같이 가요!
Kommen Sie bitte mit!
콤멘 지 비테 밑
Come with me!

들어 보세요!
Hören Sie mal!
회어렌 지 말
Listen!

경찰에 전화 좀 해 주세요!
Rufen Sie bitte die Polizei!
루뻰 지 비테 디 폴리짜이
Call the police!

도둑이야!
Ein Dieb!
아인 딥
Theif!

저 남자[여자] 좀 잡아요!
Halten Sie ihn[sie]!
할텐 지 인[지]
Catch that man[woman]!

누구 없어요?
Irgendjemand!
이어겐트예만트
Somebody!

유감스럽게도 돈이 없어요.
Ich habe leider kein Geld dabei.
이히 하베 라이더 카인 겔트 다바이
I don't have any money.

그게 다예요.
Das ist alles.
다스 이스트 알레스
That's all.

절 죽이지 마세요!
Bitte bringen Sie mich nicht um!
비테 브링엔   지 미히 니히트 움
Don't kill me!

나가세요!
Raus hier!
라우스 히어
Get out!

의사를 불러 주세요!
Rufen Sie bitte einen Arzt!
루뻰   지 비테 아이넨 아츠트
Call a doctor!

경고할 때

움직이지 마!
Keine Bewegung!
카이네 베베궁
Don't move!

멈춰!
Halt!
할트
Stop!

돈 내놔!
Gib mir das Geld!
깁 미어 다스 겔트
Give me the money!

조용히 해!
Sei ruhig!
자이 루이히
Be quiet!

손 들어!
Hände hoch!
헨데 호흐
Hands up!

숨어!
Bleib versteckt!
블라입 뻬어슈텍트
Hide!

분실, 도난 시

저 여권을 잃어버렸어요.
Ich habe meinen Reisepass verloren.
이히 하베 마이넨 라이제파스 뻬어로렌
I lost my passport.

여기로 전화하세요.
Rufen Sie bitte hier an.
루뻰 지 비테 히어 안
Call here.

가방을 도둑맞았어요.
Man hat mir meine Tasche gestohlen.
만 핫 미어 마이네 타셰 게슈톨렌
I had my bag stolen.

여기 한국어 할 줄 아는 사람 있나요?
Gibt es hier jemanden, der Koreanisch spricht?
깁트 에스 히어 예만덴 데어 코레아니쉬 슈프리히트?
Is there anyone speaks Korean?

한국 대사관이 어디에 있나요?
Wo ist die Koreanische Botschaft?
보 이스트 디 코레아니셰 보트샤프트?
Where is the Korean Embassy?

긴급 상황·트러블에 대비하자.

분실·도난 시

경찰에 신고를 하고 싶어요.

Ich möchte mich an die Polizei wenden.

이히 묘히테 미히 안 디 폴리짜이 벤덴

I'd like to report it to the police.

도난 증명서를 만들어 주시겠어요?

Können Sie bitte eine Diebstahlmeldung aufnehmen?

쾬넨 지 비테 아이네 딥슈탈멜둥 아우프네멘?

Could you make out a report of the theft?

제 짐을 못찾겠어요.

Ich kann mein Gepäck nicht finden.

이히 칸 마인 게펙 니히트 핀덴

I can't find my baggage.

어디서 잃어버렸는지(어디다 놔두고 왔는지) 확실하지 않아요.

Ich bin mir nicht sicher, wo ich das liegen gelassen habe.

이히 빈 미어 니히트 지허 보 이히 다스 리겐 게라쎈 하베

I'm not sure where I lost it.

저기 있는 분실물 보관소에 말해 주세요.

Bitte melden Sie das dem Fundbüro da drüben.

비테 멜덴 지 다스 뎀 뿐트뷔로 다 드뤼벤

Please report to lost-and-found over there.

찾으시면 호텔로 바로 연락주세요.

Bitte rufen Sie das Hotel an, sobald Sie es wiedergefunden haben.

비테 루펜 지 다스 호텔 안 조발트 지 에스 비더게뿐덴 하벤

Please call my hotel as soon as you find it.

누구에게 말해야 하나요?

An wen kann ich mich wenden?
안 벤 칸 이히 미히 벤덴?
Where should I report to?

택시에 가방을 두고 왔어요.

Ich habe meine Tasche im Taxi liegen gelassen.
이히 하베 마이네 타셰 임 탁시 리겐 게라쎈
I left my bag in the taxi.

제 가방을 여기다 두고 왔는데 없어졌어요.

Ich habe meine Tasche hier liegen gelassen und jetzt kann ich sie nicht mehr finden.
이히 하베 마이네 타셰 히어 리겐 게라쎈 운트 예츠트 칸 이히 지 니히트 메어 빈덴
I left my bag here and now it's gone.

도움이 되는 단어장 WORD

		핸드폰	**Telefon** 텔레폰	한국 대사관	**Koreanische Botschaft** 코레아니셰 보트샤프트
		돈	**Geld** 겔트	여권	**Reisepass** 라이제파스
경찰서	**Polizei** 폴리짜이	주소	**Adresse** 아드레쎄	소매치기	**Taschendieb** 타셴딥
구급차	**Krankenwagen** 크랑켄바겐	여행자 수표	**Reisescheck** 라이제체크	안전 요원	**Sicherheitsbeauftragter** 지혀하이츠베아우프트락테
분실	**Verlust** 베어루스트	신용카드	**Kreditkarte** 크레딧카르테	보험 회사	**Versicherungsfirma** 베어지혀룽스빌마

memo
신용카드를 잃어버렸을 때 연락처

항공사

호텔

해외여행 보험

한국어가 가능한 의료 기관

memo

긴급 상황 · 트러블에 대비하자.

아픈 기운, 부상

몸이 안 좋아요.
Ich fühle mich nicht wohl.
이히 쀨레 미히 니히트 볼
I feel sick.

두통이 있어요.
Ich habe Kopfschmerzen.
이히 하베 콥쁘슈메어쩬
I have a headache.

어지러워요.
Mir ist schwindlig.
미어 이스트 슈빈드리히
I feel dizzy.

속이 안 좋아요.
Mir ist übel.
미어 이스트 위벨
I feel nauseous.

확실히 열이 있는 것 같아요.
Ich habe bestimmt Fieber.
이히 하베 베슈팀트 삐버
I think I have a fever.

복통이 있어요.
Ich habe Bauchschmerzen.
이히 하베 바우흐슈메어쩬
I have a stomachache.

칼에 손가락이 베였어요.
Ich habe meinen Finger mit dem Messer geschnitten.
이히 하베 마이넨 삥거 밑 뎀 메써 게슈니텐
I cut my finger with a knife.

의사 진단서 좀 받을 수 있을까요.
Ich hätte gern ein ärztliches Attest.
이히 헤테 게언 아인 에어쯔트리헤스 아테스트
Can I have a medical certificate?

치통이 있어요.
Ich habe Zahnschmerzen.
이히 하베 짠슈메어쩬
I have a toothache.

발목이 삐었어요.
Ich habe mir mein Fußgelenk verstaucht.
이히 하베 미어 마인 뿌스게렝크 뻬어슈타우흐트
I sprained my ankle.

제 생각엔, 팔이 부러진 것 같아요.
Ich denke, dass ich mir meinen Arm gebrochen habe.
이히 뎅케 다스 이히 미어 마이넨 암 게브로헨 하베
I think I broke my arm.

손에 화상을 입었어요.
Ich habe mir meine Hand verbrannt.
이히 하베 미어 마이네 한트 뻬어브란트
I burned my hand.

제 혈액형은 B형이에요.
Meine Blutgruppe ist B.
마이네 블루트그루뻬 이스트 베
My blood type is B.

머리	**Kopf** 콥쁘	이	**Zahn** 짠
관자놀이	**Schläfe** 슐레뻬	턱	**Kiefer** 키뻐
이마	**Stirn** 슈티언	목	**Hals** 할스
뺨, 볼	**Wange** 방에	목, 목구멍	**Kehle** 켈레
눈	**Auge** 아우게		
귀	**Ohr** 오어		
코	**Nase** 나제		

저는 ⬜ 가 아파요.
Ich habe ⬜ schmerzen.
이히 하베 ⬜ 슈메어쩬
⬜ hurts.

발	**Fuß** 뿌스
허벅지	**Oberschenkel** 오버셍켈
무릎	**Knie** 크니
종아리	**Unterschenkel** 운터셍켈
장딴지	**Wade** 바데
발목	**Fußgelenk** 뿌스게렝크
발끝	**Zehenspitze** 쩨엔슈핏쩨
발꿈치	**Ferse** 뻬어제

어깨	**Schulter** 슐터
가슴	**Brust** 브루스트
배	**Bauch** 바우흐
팔	**Arm** 암
팔꿈치	**Ellbogen** 엘보겐
손	**Hand** 한트
손목	**Handgelenk** 한트게렝크
손가락	**Finger** 삥거
손톱	**Nagel** 나겔
등	**Rücken** 뤼켄
겨드랑이	**Achselhöhle** 악셀횔레
피부	**Haut** 하우트
아랫배	**Unterbauch** 운터바우흐
명치	**Magengrube** 마겐그루베
배꼽	**Bauchnabel** 바우흐 나벨
허리	**Taille** 타일레
엉덩이	**Gesäß** 게제스
생식기	**Geschlechtsteile** 게슐레히츠타일레

도움이 되는 단어장 WORD

시차 장애	**Jetlag** 제트레크	설사	**Durchfall** 두어히빨	치통	**Zahnschmerzen** 짠슈메어쩬
수면 부족	**Schlafmangel** 슐라프망엘	감기	**Erkältung** 에어켈퉁	오한	**Schüttelfrost** 쉬텔브로스트
		골절	**Knochenbruch** 크노헨브루흐	베임	**Schnittverletzung** 슈니트뻬어렛쭝
		삠, 염좌	**Verstauchung** 뻬어슈타우훙	의약품	**Medikamente** 메디카멘테

145

한국을 소개해 봅시다.

여행지에서 친해진 외국 사람들에게 그 나라 말로 한국을 소개해 봅시다.

| 는 한국에서 매우 인기 있는 요리입니다.

ist in Korea ein sehr beliebtes Gericht.
이스트 인 코레아 아인 제어 베립테스 게리히트

독일에 가면, 혹시 한국에 대해서 물어볼지도 모릅니다. 그럴 때 조금이라도 소개할 수 있으면 기쁘겠지요? 일단은 음식을 먼저 소개해 볼까요?

김밥　Gimbap 김밥 | 김밥은 밥 안에 각종 재료를 넣어서 김으로 말아서 먹는 음식입니다.

Gimbap ist ein Gericht, bei dem man verschiedene Zutaten in den Reis
김밥　이스트 아인 게리히트 바이 뎀 만　뻬어쉬데넨　　쭈타텐　인 덴 라이스
gibt und ihn mit getrocknetem Seetang rollt.
깁트 운트 인 밑 게트로크네템　제탕　롤트

불고기　Bulgogi 불고기 | 소고기에 간장과 설탕으로 만든 소스를 붓고 각종 야채와 볶아서 만든 음식입니다.

Bulgogi ist ein Gericht, bei dem man Rindfleisch unter Rühren mit verschiedenen
불고기 이스트 아인 게리히트 바이 뎀 만　린트플라이쉬 운터 뤼어렌 밑 뻬어쉬데넨
Gemüsesorten in einer Sojasoße und Zucker brät.
게뮤제즈오어텐 인 아이너 조야조세 운트 쭈커 브레트

비빔밥　Bibimbap 비빔밥 | 밥 위에 다양한 재료를 올리고 고추장 소스와 함께 비벼서 먹는 색이 다채로운 음식입니다.

Es ist ein buntes Gericht, bei dem man verschiedene Zutaten auf den Reis legt
에스 이스트 아인 분테스 게리히트 바이 뎀 만　뻬어쉬데네　쭈타텐　아우프 덴 라이스 렉트
und ihn mit Paprikapaste vermischt.
운트 인 밑 파프리카파스테 뻬어미쉬트

김치　Kimchi 김치 | 채소를 소금에 절인 뒤 여러 가지 양념을 묻힌, 한국의 가장 대표적인 음식입니다.

Es ist das repräsentativste Lebensmittel Koreas, bei dem gesalzenes
에스 이스트 다스 레프레젠타티브스테 레벤스미텔 코레아스　바이 뎀　게잘쩨네스
Gemüse mit verschiedenen Gewürzen vermischt.
게뮤제 밑　뻬어쉬데넨　　게뷔어쩬 뻬어미쉬트

삼계탕　Samgyetang 삼계탕 | 닭과 인삼을 함께 오래 끓여서 먹는 한국 전통 음식입니다.

Es ist ein traditionelles koreanisches Gericht, bei dem Huhn und
에스 이스트 아인 트라디찌오넬레스 코레아니쎄스 게리히트, 바이 뎀 훈　　운트
Ginseng lange Zeit zusammen gekocht werden.
진생　랑에 짜이트 쭈잠멘　게코흐트 베어덴

**　는 한국에서 매우 인기 있는 관광지입니다.**

ist eine sehr beliebte Sehenswürdigkeit in Korea.

이스트 아이네 제어 베립테 제엔스뷔어디히카이트 인 코레아

> **Point** 한국의 지명이나 관광지는 대부분 한국어 발음 그대로 말하면 됩니다. 소개하고 싶은 한국의 명소들을 소개해 봅시다.

명동　Myeong-dong 명동 | 명동은 서울의 대표적인 쇼핑 거리로, 다양한 상점들이 있습니다.

Myeong-dong ist eine repräsentative Einkaufsstraße
명동　　　　이스트 아이네 레프레젠타티베 아인카우프스슈트라쎄
in Seoul und es gibt verschiedene Geschäfte.
인 서울 운트 에스 깁트 뻬어쉬데네　게셰프트

한강공원　Han River Park 한 리버 파크 | 한강은 서울에 있는 큰 강으로, 다양한 체험을 할 수 있습니다.

Han River ist ein großer Fluss in Seoul, an dem Sie
한　리버 이스트 아인 그로써 플루스 인 서울 안 뎀　지
verschiedene Dinge erleben können.
뻬어쉬데네　딩에　에어레벤 쾬넨

인사동　Insadong 인사동 | 인사동은 서울에서 가장 한국적인 모습을 가지고 있는 곳입니다.

Insadong ist der Ort mit dem koreanischsten Erscheinungsbild in Seoul.
인사동 이스트 데어 오어트 밀 뎀　코레아니쉬스텐　에어샤이눙스빌트　인 서울

제주도　Insel Jeju 인젤 제주 | 한국에서 가장 큰 섬으로, 다양한 문화 활동을 할 수 있습니다.

Die größte Insel in Korea, auf der Sie verschiedene
디 그뢰스테 인젤 인 코레아, 아우프 데어 지 뻬어쉬데네
kulturelle Aktivitäten machen können.
쿨투렐레　악티비테텐 마헨　쾬넨

부산　Busan 부산 | 한국에서 두 번째로 큰 도시로, 바다를 즐길 수 있습니다.

Die zweitgrößte Stadt in Korea, wo Sie das Meer genießen können.
디 쯔바이트그뢰스테 슈타트 인 코레아 보 지 다스 메어　게니쎈　쾬넨

기본 회화 / 관광 / 맛집 / 쇼핑 / 뷰티 / 엔터테인먼트 / 호텔 / 교통수단 / 기본정보 / 단어장

한국을 소개해 봅시다.

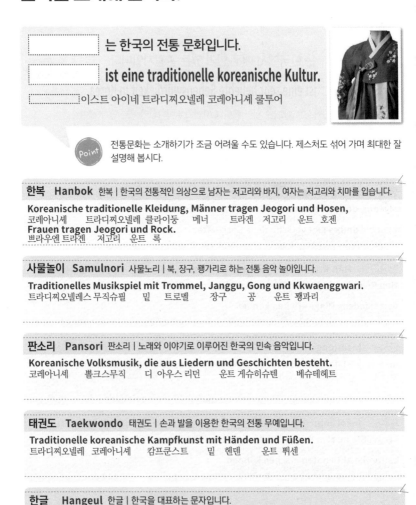

는 한국의 전통 문화입니다.

------

ist eine traditionelle koreanische Kultur.

이스트 아이네 트라디찌오넬레 코레아니셰 쿨투어

Point 전통문화는 소개하기가 조금 어려울 수도 있습니다. 제스처도 섞어 가며 최대한 잘 설명해 봅시다.

한복 Hanbok 한복 | 한국의 전통적인 의상으로 남자는 저고리와 바지, 여자는 저고리와 치마를 입습니다.

Koreanische traditionelle Kleidung, Männer tragen Jeogori und Hosen,
코레아니셰 트라디찌오넬레 클라이둥 메너 트라겐 저고리 운트 호젠
Frauen tragen Jeogori und Rock.
쁘라우엔 트라겐 저고리 운트 록

사물놀이 Samulnori 사물노리 | 북, 장구, 꽹가리로 하는 전통 음악 놀이입니다.

Traditionelles Musikspiel mit Trommel, Janggu, Gong und Kkwaenggwari.
트라디찌오넬레스 무직슈필 밑 트로멜 장구 공 운트 꽹과리

판소리 Pansori 판소리 | 노래와 이야기로 이루어진 한국의 민속 음악입니다.

Koreanische Volksmusik, die aus Liedern und Geschichten besteht.
코레아니셰 뽈크스무직 디 아우스 리던 운트 게슈히슈텐 베슈테헤트

태권도 Taekwondo 태권도 | 손과 발을 이용한 한국의 전통 무예입니다.

Traditionelle koreanische Kampfkunst mit Händen und Füßen.
트라디찌오넬레 코레아니셰 캄프쿤스트 밑 헨덴 운트 뛰센

한글 Hangeul 한글 | 한국을 대표하는 문자입니다.

Das Alphabet, der Korea repräsentiert.
다스 알파벳 데어 코레아 레프레젠티어트

한국의 인구는 5200만 정도 입니다(2020년 기준).

Die Bevölkerung Koreas beträgt etwa 52 Millionen(Stand 2020).
디 베뵐커룽 코레아스 베트렉트 에트바 쯔바이운트퓐쯔히 밀리오넨(슈탄트 쯔바이타우즌트쯔반찌히)
The population of Korea is about 52 million.

한국의 수도는 서울입 니다.

Die Hauptstadt von Korea ist Seoul.
디 하우프트슈타트 뵌 코레아 이스트 서울
The capital of Korea is Seoul.

여름이 되면, 한국에는 비가 많이 내립니다.

Im Sommer regnet es in Korea viel.
임 좀머 레그네트 에스 인 코레아 빌
During the summer time, it rains a lot in Korea.

남산 서울타워는 한국 의 관광 명소입니다.

Der Namsan Seoul Tower ist eine Touristenattraktion in Korea.
데어 남산 서울 타워 이스트 아이네 투어리스텐아트락찌온 인 코레아
Namsan Seoul Tower is a tourist attraction in Korea.

BTS는 한국의 유명 한 아이돌 그룹입니다.

BTS ist eine berühmte koreanische Idol-Gruppe.
비티에스 이스트 아이네 베륌테 코레아니셰 아이돌 그루페
BTS is a famous Korean idol group.

한글은 세종대왕이 만든 한국 고유의 글자입니다.

Hangeul ist ein einzigartiges koreanisches Alphabet, das von König Sejong geschaffen wurde.
한글 이스트 아인 아인찌가티게스 코레아니셰스 알파벳 다스 뵌 쾨니히 세종 게샤펜 부어데
Hangul is an intrinsik Korean writing system created by king Sejong.

서울은 산이 많아서 등 산을 즐길 수 있습니다.

Man kann gerne wandern, denn es gibt viele Berge in Seoul.
만 칸 게어네 반던 덴 에스 깁트 빌레 베어게 인 서울
Seoul is surrounded by a mountainous landscape that allows hiking experience.

한국은 전 세계에서 유 일한 분단 국가입니다.

Korea ist das einzige geteilte Land in der ganzen Welt.
코레아 이스트 다스 아인찌게 게타일테 란트 인 데어 간쩬 벨트
Korea is the only divided country in the world.

김치는 발효 식품으로, 다 양한 종류가 있습니다.

Kimchi ist ein fermentiertes Nahrungsmittel und es gibt verschiedene Arten.
킴치 이스트 아인 뻘멘티어테스 나룽스미텔 운트 에스 깁트 뻬어쉬데네 아르텐
Kimchi is a fermented food, and there are numerous kinds.

대중교통 환승을 무료 로 이용할 수 있습니다.

Der Transit mit öffentlichen Verkehrsmitteln ist kostenlos.
데어 트렌짓 밑 외펜트리헨 뻬어케어스미텔 이스트 코스텐로스
Transfering public transportation is free.

한국은 어디에서나 인터 넷을 이용할 수 있습니다.

Internetzugang ist überall in Korea verfügbar.
인터넷쭈강 이스트 위버알 인 코레아 뻬어퓌그바
Internet access in possible anywhere in Korea.

한국에서는 늦은 시간까지 음식점이 열려 있습니다.

Restaurants sind in Korea bis in die späten Nacht geöffnet.
레스토랑스 진트 인 코레아 비스 인 디 슈페텐 나흐트 게외프네트
In Korea, the restaurants are open late at night.

149

기본 단어를 자유자재로 써 봅시다.

숫자, 월, 요일이나 시간 등 어떤 상황에서도 필요한 기본적인 단어는
미리 알아 둔다면 여행지에서 아주 편리합니다.

숫자

0	1	2	3	4
null	**eins**	**zwei**	**drei**	**vier**
눌	아인스	쯔바이	드라이	삐어
5	6	7	8	9
fünf	**sechs**	**sieben**	**acht**	**neun**
쀤브	젝스	지벤	아흐트	노인
10	11	12	13	14
zehn	**elf**	**zwölf**	**dreizehn**	**vierzehn**
쩬	엘프	쯔뵐프	드라이쩬	삐어쩬
15	16	17	18	19
fünfzehn	**sechzehn**	**siebzehn**	**achtzehn**	**neunzehn**
쀤브쩬	제히쩬	집쩬	아흐쩬	노인쩬
20	21	22	30	40
zwanzig	**einundzwanzig**	**zweiundzwanzig**	**dreißig**	**vierzig**
쯔반찌히	아인운트쯔반찌히	쯔바이운트쯔반찌히	드라이씨히	삐어찌히
50	60	70	77	80
fünfzig	**sechzig**	**siebzig**	**siebenundsiebzig**	**achtzig**
쀤브찌히	제히찌히	집찌히	지벤운트집찌히	악트찌히
88	90	100	1000	10000
achtundachtzig	**neunzig**	**hundert**	**tausend**	**zehntausend**
악트운트악트찌히	노인찌히	훈더트	타우즌트	쩬타우즌트
10만	100만	2배	3배	
hunderttausend	**eine Million**	**zweimal**	**dreimal**	
훈더트타우즌트	아이네 밀리온	쯔바이말	드라이말	

여러 번
사용해서
외워 둡시다!

첫 번째	두 번째		세 번째	
erst	**zweit**		**dritt**	
에어스트	쯔바이트		드리트	

- 0~12까지는 고유 명사이다. 13~19는 일의 자리 뒤에 -zehn(10)을 붙인다(단 16, 17은 각각 어미에서 s, en을 뗀다).
- 20, 30…은 1의 자리 뒤에 -zig(30에만 -ßig)를 붙인다. 단 20은 zwei → zwan으로 쓰고, 60, 70은 각각 어미의 s, en을 뗀다.
- 십의 자리 숫자에서 끝자리가 1~9인 십의 자릿수는 일의 자리의 숫자를 먼저 말하고 뒤에 <und + 십의 자리>를 말한다. 예) 21 = 1 + und + 20 = einsundzwanzig

월, 계절

1월	2월	3월	4월
Januar	Februar	März	April
야누어	뻬브루아	메어쯔	아프릴
5월	6월	7월	8월
Mai	Juni	Juli	August
마이	유니	율리	아우구스트
9월	10월	11월	12월
September	Oktober	November	Dezember
젭템버	옥토버	노벰버	데쩸버
봄	여름	가을	겨울
Frühling	Sommer	Herbst	Winter
쁘륄링	좀머	헤업스트	빈터

2월 9일에 한국으로 다시 돌아갑니다.
Ich fliege am 9. Februar nach Korea zurück.
이히 쁠리게 암 노인텐 뻬브루아 나흐 코레아 쭈뤽
I'm going back to Korea on February 9 th.

요일

※북부, 중부 독일에서는 토요일은 Sonnabent라고 말합니다.

일요일	월요일	화요일	수요일	목요일	금요일	토요일
Sonntag	Montag	Dienstag	Mittwoch	Donnerstag	Freitag	Samstag
존탁	몬탁	딘스탁	미트보흐	도너스탁	쁘라이탁	잠스탁

평일		휴일		공휴일	
Arbeitstag		Ruhetag		Feiertag	
알바이츠탁		루에탁		빠이어탁	

오늘[내일/어제]은 무슨 요일인가요?
Welcher Tag ist heute[ist morgen / war gestern] ?
벨셔 탁 이스트 호이테[이스트 모르겐 / 바 게스턴]?
What day is today[is tomorrow/was yesterday] ?

오늘[내일/어제]은 월요일이에요.
Heute ist[Morgen ist / Gestern war] Montag.
호이테 이스트[모르겐 이스트 / 게스턴 바] 몬탁
Today is[Tomorrow is/Yesterday was] Monday.

151

기본 단어를 자유자재로 써 봅시다.

때

아침	점심	저녁	밤	오전
Morgen	Mittag	Abend	Nacht	Vormittag
모르겐	미탁	아벤트	나흐트	뽀어미탁
오후	어제	오늘	내일	모레
Nachmittag	gestern	heute	morgen	übermorgen
나흐미탁	게스턴	호이테	모르겐	위버모르겐
하루 전	이틀 뒤		세 번째	1시간
vor einem Tag	in zwei Tagen		dritt	eine Stunde
뽀어 아이넴 탁	인 쯔바이 타겐		드리트	아이네 슈툰데

시간

시간	분	반	전 / 후
Stunde	Minute	halb ~	vor / nach
슈툰데	미누테	할프	뽀어 / 나흐

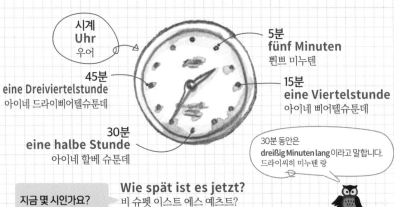

시계
Uhr
우어

5분
fünf Minuten
쀤쁘 미누텐

45분
eine Dreiviertelstunde
아이네 드라이쁴어텔슈툰데

15분
eine Viertelstunde
아이네 쁴어텔슈툰데

30분
eine halbe Stunde
아이네 할베 슈툰데

30분 동안은
dreißig Minuten lang 이라고 말합니다.
드라이씨히 미누텐 랑

지금 몇 시인가요?	**Wie spät ist es jetzt?** 비 슈펫 이스트 에스 예츠트? What time is it now?
몇 시에 시작하나요?	**Wann fängt es an?** 반 뺑트 에스 안? What time does it start?

8시 20분	**acht Uhr zwanzig** 아흐트 우어 쯔반찌히 eight twenty	어제 11시에	**gestern um elf** 게스턴 움 엘프 yesterday at eleven
9시 반	**halb neun** 할프 노인 nine thirty	9시 55분	**fünf vor zehn** 퓐프 뽀어 쩬 five to ten
오전 11시	**elf Uhr vormittags** 엘프 우어 뽀어미탁스 eleven a.m.	15분 뒤에	**in fünfzehn Minuten** 인 퓐쯔쩬 미누텐 fifteen minutes later

측량 단위의 차이

◦ 길이

미터	인치	피트	야드	마일
1	39.37	3.28	1.094	0.00062
0.025	1	0.083	0.028	0.0000158
0.305	12	1	0.333	0.000189
0.914	36	3	1	0.00057
1609.3	63360	5280	1760	1

◦ 무게

그램	킬로그램	온스	파운드
1	0.001	0.035	0.002
1000	1	35.274	2.205
28.3495	0.028	1	0.0625
453.59	0.453	16	1

◦ 부피

cc	리터	쿼터	갤런
1	0.001	0.0011	0.00026
1000	1	1.056	0.264
946.36	0.946	1	0.25
3785.4	3.785	4	1

◦ 속도(시속)

킬로미터	마일	노트	킬로미터	마일	노트
10	6.2	5.4	60	37.3	32.4
20	12.4	10.8	70	43.5	37.8
30	18.6	16.2	80	49.7	43.2
40	24.9	21.6	90	55.9	48.6
50	31.1	27.0	100	62.1	54.0

독일어 강좌

Lesson
문법

독일어는 원칙적으로 영어와 동일한 어순이며 알파벳을 그대로 발음하면 대체로 의미가 통합니다. 한편으로는 명사에 성에 따른 구분이 3종류가 있어 이에 붙이는 관사도 변화하는 등 복잡한 측면도 있습니다.

그러나 실제 관광 여행에서는 어려운 문법을 사용해 의사소통을 할 필요까지는 없습니다. 오히려 딱딱한 표현일지라도 상대방에게 자신의 의사를 전달하려고 하는 마음과 약간의 배짱이 필요할지도 몰라요.

1. 독일어의 알파벳

● 독일어에서 사용하는 알파벳은 26글자입니다. 각각의 알파벳에는 대문자와 소문자가 있습니다.

Aa [아] Bb [베] Cc [체] Dc [데] Ee [에] Ff [에프] Gg [게]

Hh [하] Ii [이] Jj [요트] Kk [카] Ll [엘] Mm [엠] Nn [엔]

Oo [오] Pp [페] Qq [쿠] Rr [에르] Ss [에스] Tt [테] Uu [우]

Vv [파우] Ww [베] Xx [익스] Yy [윕실론] Zz [체트]

※ 그 외에 A·O·U의 위에 ¨(움라우트)가 붙은 문자와 ß(에스체트)를 사용하고 있습니다.

Ää[애] Öö[외] Üü[위] ß[에스체트]

※ ß(에스체트)는 ss라고 표기해도 똑같은, s가 두 개 합쳐진 것입니다. 발음은 s보다도 강조해서 말합니다. 다만 에스체트는 단어의 어두에 오지 않습니다.

2. 회화 표현의 시작은 의문사부터

누군가에게 무언가를 부탁하고 싶을 때 편리하게 사용할 수 있는 의문사를 알아 둡시다.

무엇	**was** 바스	이렇게 사용합니다.		이것은 무엇인가요? **Was ist das?** 바스 이스트 다스?
누구	**Wer** 베어	이렇게 사용합니다.		이 사람은 누구인가요? **Wer ist das?** 베어 이스트 다스?
왜	**Warum** 바룸	이렇게 사용합니다.		이건 왜 이렇게 되나요? **Warum ist das so?** 바룸 이스트 다스 조?
어디에	**Wo** 보	이렇게 사용합니다.		화장실이 어디에 있나요? **Wo ist die Toilette?** 보 이스트 디 토일레테?
어떻게 / 얼마나	**Wie / Wie lange** 비 / 비 랑에	이렇게 사용합니다.		얼마인가요? **Wie viel kostet es?** 비 빌 코스테트 에스?
언제	**Wann** 반	이렇게 사용합니다.		출발이 언제인가요? **Wann ist die Abfahrt?** 반 이스트 디 압빠이트?

3. 세 가지 기본 문장을 외워 둡시다.

기본 문장인 긍정문, 의문문, 부정문을 마스터하면 기본적인 회화 표현을 할 수 있습니다.

1. **~입니다**

기본 어순은 영어와 같습니다.
주어(나는, 당신은 등) + 동사(~합니다) + 목적어 등(~을/를)의 어순이 기본입니다.

⑩ Ich heiße Kim Cheol Soo. (저는 김철수입니다)   Ich fahre nach Berlin. (저는 베를린으로 갑니다)
이히 하이쎄 김철수   이히 빠레 나흐 베를린

2. **~입니까?**

만드는 방법에는 2가지가 있습니다.
① 동사를 문장 앞에 둡니다(의문사가 없는 의문문)
② 의문사 + 동사 + 주어 ~?(의문사가 있는 의문문)

⑩ ① Lernen Sie Deutsch? (독일어를 배우시나요?)
레어넨 지 도이치?

② Was lernen Sie? (무엇을 배우시나요?)
바스 레어넨 지?

3. **~가 아닙니다**

① nicht를 사용하여 부정한다. ② 명사는 관사 대신에 kein을 사용한다.   ※ kein은 형태가 변화합니다.

⑩ ① Ich habe nicht Deutsch gelernt. (저는 독일어를 배우지 않았습니다)
이히 하베 니히트 도이치 게레언트

② Ich habe keine Zeit. (저는 시간이 없습니다)
이히 하베 카이네 짜이트

4. 문장 요소를 넣어 말해 봅시다.

전하고 싶은 내용의 뉘앙스를 표현하거나 의미를 추가하거나 회화 표현에 악센트를 넣어 봅시다.

Darf ich~?	
달프 이히	~해도 될까요?

⑩ Darf ich hier rauchen?
(여기서 흡연해도 될까요?)
달프 이히 히어 라우헨?

Könnten Sie?	
쾬텐 지	~ 해 주시겠어요?

⑩ Könnten Sie das noch einmal sagen?
(한번만 더 말씀해 주시겠어요?)
쾬텐 지 다스 노흐 아인말 자겐?

원포인트 주어와 동사의 관계를 시원하게 마스터!

그리 복잡하게 생각하지 말고 '주어가 바뀌면 동사도 바뀐다' 정도로 인식하면 됩니다.

● **인칭대명사**

인칭대명사는 '사람'에게 씁니다. 1-3인칭에 따라 구분하여 쓰며 각각 단수와 복수가 있습니다. 2인칭의 du와 ihr은 친한 관계에서 쓰므로 여행지에서는 Sie를 사용하는 것이 무난합니다.

● **명사와 정관사, 부정관사**

독일어의 명사에는 남성, 여성, 중성이 있습니다. 정관사 (der, die, das)와 부정관사 (ein, eine, ein)는 이에 대응하여 변화합니다.

주어	sein/자인(~에 있다)
ich/이히(나)	bin/빈
Sie/지(당신)	sind/진트
du/두(너)	bist/비스트
er/에어(그)	ist/이스트
sie/지(그녀)	ist/이스트
wir/비어(우리)	sind/진트
Sie/지(당신)	sind/진트
ihr/이어(너희들)	seid/자이트
sie/지(그들/그녀들)	sind/진트

155

단어장

Korean ——→ German

ㄱ

가격	**Preise** 프라이세
가격, 상	**Preis** 프라이스
가격표	**Preisliste/Tarif** 프라이스리스테/타리프
가격표	**Preisschild** 프라이스쉴트
가구	**Möbel** 뫼벨
가구상점	**Möbelgeschäft** 뫼벨게셰프트
가득 찬	**voll** 뽈
가렵다	**jucken** 유켄
가루	**Pulver** 풀버
가방	**Tasche** 타셰
가볍다, 쉽다	**leicht** 라이히트
가속 레버	**Gashebel** 가스헤벨
가솔린 펌프	**Benzinpumpe** 벤찐품페
가수	**Sänger**(남)/**Sängerin**(여) 젱어/젱어린
가스	**Gas** 가스
가스 부족	**Gasmangel** 가스망엘
가위	**Schere** 셰어레
가을	**Herbst** 헤업스트
가장 가까운	**nächst** 네스트
가장 최신의	**neuest** 노이에스트
가전제품	**Elektroartikel** 엘렉트로아티켈
가정 상비약 상자	**Hausapotheke** 하우스아포테케
가정에서 손수 만든	**hausgemacht** 하우스게막트
가족	**Familie** 빠밀리에
가죽	**Leder** 레더
가죽제 상의	**Wildleder** 빌트레더
가죽 재킷	**Lederjacke** 레더야케
가죽 제품	**Lederartikel** 레더아티켈
각광	**Fußlicht** 뿌스리히트
간단한, 단순한, 쉬운	**einfach** 아인빠흐
간병인	**Krankenpfleger**(남)/**Krankenpflegerin**(여) 크랑켄플레거/크랑켄플레거린
간식거리	**Knabberzeug** 크나버쪼이그
간이 음식점	**Imbiss** 임비스
간장	**Sojasoße** 조야조세
갈아입다, 이사하다	**umziehen** 움찌헨
갈아입다	**sich umkleiden** 지히 움클라이덴
갈아타다	**umsteigen** 움슈타이겐
감기	**Erkältung** 에어쿀퉁
감기약	**Erkältungsmittel** 에어쿀퉁스미텔
감시, 망	**Wache** 바헤
감자	**Kartoffel** 카토펠
강	**Fluss** 쁠루스
강설	**Schneefall** 슈니빨
강의	**Vorlesung** 뽀어레중
강좌	**Kurs** 쿠어스
강하다	**stark** 슈타크
같은	**dasselbe/gleich** 다스젤베/글라이히
같이	**zusammen** 쭈잠멘

한국어	독일어	한국어	독일어	한국어	독일어
개	**Hund** 훈트	건강한	**gesund** 게준트	경기장	**Stadion** 슈타디온
개구리	**Frosch** 쁘로쉬	건물	**Gebäude** 게보이데	경련성 통증이 있다	**krampfartige Schmerzen haben** 크람쁘아티게 슈메어젠 하벤
개인용 컴퓨터	**PC** 페쩨	건배!	**Prost!/ Zum Wohl** 프로스트!/쭘 볼!		
개인적인 용도로	**für den persönlichen Gebrauch** 쀠어 덴 페어죈리헨 게브라우흐	건전지	**Trockenbatterie** 트로켄바테리	경비원	**Wächter**(남)/ **Wächterin**(여) 베히터/베히터린
		건조한	**trocknen** 트로크넨	경영자	**Manager**(남)/ **Managerin**(여) 매니저/매니저린
개장 시간	**off nungszeit** 외쁘 눙스짜이트	건조한 피부	**trockene Haut** 트로케네 하우트		
개찰구	**Bahnsteigsperre** 반슈타익슈페레	건축	**Bau** 바우	경유 비행 창구	**Anschlussflugschalter** 안슐루스쁠룩샬터
거리	**Entfernung** 엔트뻬어눙	건축	**Architektur** 알키텍투어	경찰 본부	**Polizeipräsidium** 폴리짜이프레시디움
거리, 지역	**Strecke** 슈트레케	건축가	**Architekt**(남)/ **Architektin**(여) 알키텍트/알키텍틴	경찰관	**Polizist**(남)/ **Polizistin**(여) 폴리찌스트/ 폴리찌스틴
거부하다	**ablehnen** 압레넨				
거북이	**Schildkröte** 쉴트크뢰테	걸어서	**zu Fuß** 쭈 뿌스		
거스름돈	**Wechselgeld** 벡셀겔트	검다	**schwarz** 슈바르츠	경찰관	**Polizei** 폴리짜이
거울	**Spiegel** 슈피겔	게시판	**Anschlagtafel** 안슐라타뻴	계단	**Treppe** 트레페
거주자	**Bewohner**(남)/ **Bewohnerin**(여) 베보너/베보너린	게임	**Spiel** 슈필	계란	**Ei** 아이
		겨울	**Winter** 빈터	계란프라이	**Spiegelei** 슈피겔아이
거주지	**Wohnung** 보눙	겨자	**Senf** 젠프	계산	**Rechnung** 레히눙
거주하다	**wohnen** 보넨	격리 기간	**Quarantäne** 카란테인	계산서, 영수증	**Rechnung** 레히눙
거즈	**Gaze** 가제	견본	**Muster** 무스터	계산하다	**rechnen** 레히넨
거짓말	**Lüge** 뤼게	결석	**Abwesenheit** 압베젠하이트	계속하다	**fortsetzen/ weitermachen** 뽀어트젯젠/ 바이터마헨
건강	**Gesundheit** 게준트하이트	결합, 연결	**Verbindung** 뻬어빈둥		

한국어	독일어	한국어	독일어	한국어	독일어
계약, 계약서	Vertrag 뻬어트락	고충	Beschwerde 베슈베어데	공원	Park 파크
계절	Jahreszeit 야레스짜이트	고향	Heimat 하이마트	공인된 환전소	anerkannte Wechselstube 안에어칸테 벡셀슈투베
계좌	Konto 콘토	고혈압	Bluthochdruck 블루트호흐드룩	공작	Pfau 빠우
계좌번호	Kontonummer 콘토눔머	곡괭이	Pickel 피켈	공장	Fabrik 파브릭
계획	Plan 플란	곤충	Insekt 인섹트	공적인	öffentlich 외펜트리히
고객 서비스	Kundendienst 쿤덴딘스트	골동품	Antike 안티케		
고등학생	Oberschüler(남)/ Obershülerin(여) 오버쉴러/오버쉴러린	골동품	Antiquität 안티크빗테트	공중시설 이용료	Gebühren öffentlicher Einrichtungen 게뷔어렌 외펜트리혀 아인리히퉁엔
		골동품 숍	Antiquitätenhandlung 안티크빗테텐한들룽		
고래	Wal 발	골절	Knochenbruch 크노헨브루흐	공중전화 부스	Telefonzelle 텔레폰쩰레
고마워하다	danken 당켄	골프	Golf 골프	공중 화장실	öffentliche Toilette 외펜트리혜 토일레테
고무	Gummi 구미	골프공	Golfball 골프발		
고무 밴드	Gummiband 구미반트	골프장	Golfplatz 골프플랏츠	공짜의	kostenlos/frei 코스텐로스/쁘라이
고속도로	Autobahn 아우토반	공기	Luft 루프트	공항	Flughafen 쁠룩하펜
고양이	Katze 캇쩨	공동묘지	Friedhof 프리드호프	공항버스	Flughafenbus 쁠룩하펜부스
고요한	still 슈틸	공연, 상연	Aufführung 아우프뷔어룽	공항 이용료	Flughafengebühr 쁠룩하펜게뷔어
고원	Hochebene 호흐에베네	공연되고 있다	aufgeführt/ auf der Bühne 아우프게뷔어트/ 아우프 데어 뷔네	곶	Kap 캅
고장, 실수	Panne 판네			과세	Besteuerung 베슈토이어룽
고장나다	außer Betrieb 아우써 베트립	공용 샤워실	Gemeinschaftsdusche 게마인샤프츠두셰	과일	Obst 옵스트
고장나다	kaputt gehen 카풋 게헨	공용 욕실	Gemeinschaftsbad 게마인샤프츠바트	관광, 관람, 구경	Besichtigung 베지히티궁
고지, 통고	Ansage 안자게	공용 화장실	Gemeinschaftstoilette 게마인샤프츠토일레테	관광 명소	Sehenswürdigkeit 제헨스뷔어디히카이트

158

관광버스	**Reisebus** 라이제부스
관광 안내소	**Touristeninformation** 투어리스텐인뽀마찌온
(관람석의 맨 앞) 1층	**erster Rang** 에어스터 랑
관리인	**Verwalter(남)/ Verwalterin(여)** 뻬어발터/뻬어발터린
관리인	**Schaffner(남)/ Shaffnerin(여)** 샤프너/샤프너린
관리인	**Concierge** 콘시어지
관세	**Zoll** 쫄
관세 면제	**Zollbefreiung** 쫄베쁘라이웅
관중석	**Tribüne** 트리뷔네
관할 경찰서	**Polizeirevier** 폴리짜이르비어
광고	**Werbung** 베어붕
광고	**Plakat** 플라카트
교과서	**Lehrbuch** 레어부흐
교실	**Klassenzimmer** 클라쎈찜머
교외	**Vorort** 뽀어오어트
교육	**Ausbildung** 아우스빌둥
교육	**Erziehung** 에어찌훙
교차로	**Kreuzung** 크로이쭝
교통비	**Fahrkosten** 빠코스텐
교통사고	**Verkehrsunfall** 뻬어케어스운빨
교통 정체	**Verkehrsstau** 뻬어케어스슈타우
교환	**Austausch** 아우스타우슈
교환하다	**verwechseln** 뻬어벡셀
교환하다	**austauschen/ wechseln** 아우스타우센/벡셀
교회	**Kirche** 킬혜
구급차	**Krankenwagen** 크랑켄바겐
구두끈	**Schnürsenkel** 슈뉘어스엥켈
구름	**Wolke** 볼케
구름 낀	**bewölkt** 베뵐크트
구멍	**Loch** 로흐
구명조끼	**Rettungsweste** 레퉁스베스테
구명 튜브	**Rettungsring** 레퉁스링
구석 자리	**Eckplatz** 엑플랏츠
구운	**gebacken** 게바켄
구운	**gebraten** 게브라텐
구운	**gekocht** 게코흐트
구입	**Einkauf** 아인카우프
구토, 구토하다	**Erbrechen** 에어브레헨
구토증	**Brechreiz** 브레히라이츠
국가	**Staat** 슈타트
국가의	**national** 나찌오날
국경	**Grenze** 그렌쩨
국기	**Nationalflagge** 나찌오날쁠라게
국내산 맥주	**heimisches Bier** 하이미셰스 비어
국내선	**Inlandsfluglinie** 인란츠쁠룩리니에
국내의	**inländisch** 인랜디쉬
국도	**Bundesstraße** 분데스슈트라쎄
국립공원	**Nationalpark** 나찌오날파크
국무총리	**Premierminister(남)/ Premierministerin(여)** 프레미어미니스터/ 프레미어미니스터린
국적	**Staatsangehörigkeit** 슈타츠안게회어리히카이트
국제 면허증	**internationaler Führerschein** 인터나찌오날러 쀠어거샤인
국제선	**internationale Fluglinie** 인터나찌오날레 쁠룩리니에
국제적인	**international** 인터나찌오날
국제전화	**Auslandsgespräch** 아우스란츠게슈프레히
국회의사당	**Parlamentsgebäude** 팔라멘츠게보이데
굳다	**hart** 하르트
굴뚝	**Schornstein** 쇼언슈타인
굴뚝	**Kamin** 카민

한국어	독일어	한국어	독일어	한국어	독일어
굽다	backen 바켄	그저께	vorgestern 뽀어게스턴	기내 서비스	Verpflegung im Flugzeug 뻬어쁠레궁 임 쁠룩쪼이그
궁전	Palast 팔라스트	극문학	Drama 드라마	기내 수하물	Handgepäck 한트게펙
궁정	Hof 호프	극작품	Theaterstück 테아터슈튁	기념비	Denkmal 뎅크말
권투하다	Boxen 복센	극장	Kino 키노	기념 우표	Sondermarke 존더마케
귀걸이	Ohrring 오어링	극장	Theater 테아터	기념일	Jubiläum 유빌레움
귀고리	Ohrstecker 오어슈테커	근육	Muskel 무스켈	기념품	Souvenir 수베니어
귀금속	Edelmetall 에델메탈	근처에 있다	in der Nähe sein 인 데어 네에 자인	기념품 가게	Souvenirladen 수베니어 라덴
귀여운	niedlich 니드리히	글자	Schriftzeichen 슈리프트짜이헨	기다리다	warten 바르텐
귀중품	Wertgegenstände 베어트게겐슈텐데	금	gold 골드	기록	Rekord 레코드
규칙	Regel 레겔	금고	Tresor 트레조어	기름	Öl 욀
그녀의 집	Ihr Haus 이어 하우스	금액	Betrag 베트락	기름에 튀긴	frittiert 쁘리티어트
그램	Gramm 그람	금연구역	Nichtraucherabteil 니히트라우허압타일	기쁜	froh 쁘로
그렇게	nicht so 니히트 조	금연구역	Nichtraucherplatz 니히트라우허플랏츠	기쁜	fröhlich 쁘뢸리히
그렇게 비싸진 않다	nicht so teuer 니흐트 조 토이어	금은방	Metallwarengeschäft 메탈바렌게셰프트	기사, 품목	Artikel 아티켈
그레고리력	gregorianischer Kalender 그레고리아니셔 칼렌더	금지	Verbot 뻬어보트	기상 예보	Wettervorhersage 베터뽀어헤어자게
그룹	Gruppe 그루페	금지 물품	Verbotsartikel 뻬어보츠아티켈	기술	Technik 테크닉
그림	Bild 빌트	급진적인	radikal 라디칼	기술자	Techniker(남)/ Technikerin(여) 테크니커/테크니커린
그림 엽서	Ansichtskarte 안지히츠카르테	급한	dringend 드링엔트		
그림책	Bilderbuch 빌더부흐	급행 우편	Eilpost 아일포스트	기억	Erinnerung 에리너룽
그물, 망	Netz 넷츠	기계	Maschine 마쉬네	기억하다	sich erinnern 지히 에리너렌
		기관지염	Bronchitis 브론쉬티스		

기입하다	Einschreiben 아인슈라이벤
기절하다	ohnmächtig 온메히티히
기증품	Spende 슈펜데
기차	Zug 쭉
기차에서	im Zug 임 쭉
기차역	Bahnhof 반호프
기차역에서	am Bahnhof 암 반호프
기초화장품	Grundschminke 그룬트슈밍케
기침	Husten 후스텐
기타	Gitarre 기타레
기회	Chance 샹세
기후	Klima 클리마
긴	lang 랑
긴 소매가 있는	mit langen Ärmeln 밑 랑엔 에어멜
길	Straße 슈트라쎄
길 위에서	auf der Straße 아우프 데어 슈트라쎄
길을 잃다	sich verlaufen 지히 뻬어라우뻰
깃발	Fahne 빤네
깨끗한	sauber 자우버

깨지기 쉬운 물건	leicht zerbrechliche Ware 라이히트 쩨어브레흐리헤 바레
깨지기 쉬운 물건	zerbrechlicher Gegenstand 쩨어브레흐리혀 게겐슈탄트
껌	Kaugummi 카우구미
꼭대기	Gipfel 깁뻴
꽃	Blume 블루메
꽃가게	Blumenladen 블루멘라덴
꽃병	Vase 바제
꿀	Honig 호니히
꿈	Traum 트라움
끝내다	enden 엔덴

ㄴ

나가다	ausgehen 아우스게헨
(나라의) 수도	Hauptstadt 하우프트슈타트
나룻배	Fähre 뻬어레
나이가 들다	alt 알트
나이 든 남자	alter Mann 알터 만
나이 든 여자	alte Frau 알테 쁘라우
나이트 클럽	Nachtlokal 나흐트로칼

나이트 클럽	Nachtklub 나흐트클룹
나일론	Nylon 나일론
낙엽이 물듦	Laubfärbung 라우브뻬어붕
난방	Heizung 하이쭝
난파하다, 실패하다	scheitern 샤이턴
날것의	roh 로
날고기	roher Schinken 로어 슁켄
날씨	Wetter 베터
날짜	Datum 다툼
남자	Mann 만
남자들	Herren 헤렌
남자들과 여자들	Männer und Frauen 메너 운트 쁘라우엔
남자들과 여자들의 공통점	Gemeinsamkeit von Männern und Frauen 게마인자카이트 뽄 메너 운트 쁘라우엔
남자친구/ 여자친구	Freund(남)/ Freundin(여) 쁘로인트/쁘로인딘
남자형제	Bruder 브루더
남쪽	Süden 쥐덴
낫다	heilen 하일렌
낭만적인	romantisch 로만티쉬

낮은 목소리로	leise 라이제	노래	Lied 리드	눈	Schnee 슈니
내과의	Internist(남)/ Internistin(여) 인터니스트/ 인터니스틴	노래방	Karaoke 카라오케	눈물	Träne 트렌네
		노래하다	singen 징엔	눕다	sich legen 지히 레겐
내기하다	wetten 베텐	노선	Route 루테	뉴스	Nachrichten 나흐리히텐
내년	nächstes Jahr 네스테스 야	노인	alte Leute 알테 로이테	뉴스	Nachricht 나흐리히트
내선 번호	Hausruf 하우스루프	논의	Besprechung 베슈프레홍	늦게 도착하다	spät ankommen 슈펫 안콤멘
내용	Gehalt 게할트	놀다	spielen 슈필렌	늦다	sich verspäten 지히 뻬어슈페텐
내용	Inhalt 인할트	놀라게 하다	überraschen 위버라셴		ㄷ
내일	morgen 모르겐	놀이공원	Freizeitpark 쁘라이자이트파크	다도	Teezeremonie 티쩨레모니
내일 오후	morgen Nachmittag 모르겐 나흐미탁	놀이터	Spielplatz 슈필플랏츠	다루다	behandeln 베한델
내일 저녁	morgen Abend 모르겐 아벤트	농가	Bauernhaus 바우언하우스	다른 방	anderes Zimmer 안더레스 찜머
냄비	Pfanne 빤네	농업	Landwirtschaft 란트비어트샤프트	다리	Brücke 브뤼케
냄비	Topf 톱프	높은	hoch 호흐	다리미	Bügeleisen 뷔겔아이젠
냄새	Geruch 게루흐	놓치다	verpassen 뻬어파쎈	다리미질 하다	bügeln 뷔겔
냄새를 맡다	riechen 리헨	놔두다	liegen lassen 리겐 라쎈	다양한	verschieden 뻬어쉬덴
냅킨	Serviette 절비어테	뇌	Gehirn 게히언	다음 달	nächsten Monat 네스텐 모나트
냉장고	Kühlschrank 퀼슈랑크	뇌졸중	Hirnschlag 히언슐락	다음 주	nächste Woche 네스테 보헤
넥타이	Krawatte 크라바테	뇌진탕	Gehirnerschütterung 게히언에어셔터룽		
노랑	gelb 겔프	누르다, 압박하다	drücken 드뤼켄	다이아몬드	Diamant 디아만트

한국어	독일어	한국어	독일어	한국어	독일어
다인승 차표	Mehrfahrtenkarte 메어빠르텐카르테	담배	Zigarette 찌가레테	대합실	Wartezimmer 바르테찜머
다인실	Mehrbettzimmer 메어베트찜머	담보	Kaution 카우찌온	대형 탁상 시계	Standuhr 슈탄트우어
다친	verletzt 뻬어렛츠트	당국, 관청	Verwaltung 뻬어발퉁	대화	Gespräch 게슈프레히
단 것	Süßigkeiten 쥐시히카이텐	당기다	ziehen 찌헨	더 나이 든 남자	älterer Mann 앨터러 만
단순	Schlichtheit 슐리히트하이트	당뇨병	Zuckerkrankheit 쭈커크랑크하이트	더 나이 든 여자	ältere Frau 엘테레 쁘라우
단어	Wort 보어트	당일치기 소풍	Tagesausflug 타게스아우스쁠룩	더 낫다	noch bessere 노흐 베써레
단지	nur 누어	당일치기 여행	Tagereise 타게스라이제	더 뒷부분	hinterer Teil 힌터러 타일
단지 약간만	nur ein bisschen 누어 아인 비스헨	당황하다	verlegen sein 뻬어레겐 자인	더 싸다	noch billigere 노흐 빌리거레
단체 여행	Gruppenreise 그루뻰라이제	대기자 명단에 올리다	auf die Warteliste setzen 아우프 디 바테리스테 젯쩬	더 작다	noch kleinere 노흐 클라이너레
단추	Knopf 크놉프			더 크다	noch größere 노흐 그뢰써레
닫다	schließen/ zumachen 슐리쎈/쭈마헨	대답하다	zurückrufen 쭈뤽후픈	더러운	schmutzig 슈뭇찌히
		대사관	Botschaft 보트샤프트	더운	heiß 하이스
달	Mond 몬트	대성당	Kathedrale/Dom 카테드랄레/돔	더치페이 하다	getrennt zahlen 게트렌트 짤렌
달력	Kalender 칼렌더	대참사	Katastrophe 카타스트로페	덮개, 이불	Decke 데케
달리다	laufen 라우뻰	대통령	Präsident(남)/ Präsidentin(여) 프레지덴트/ 프레지덴틴	덮개, 편지봉투	Umschlag 움슐락
달아나게 놔두다	entkommen lassen 엔트콤멘 라쎈			데려다주고 데려오다	bringen und abholen 브링엔 운트 압흘렌
(달이 태양을 가리는) 일식	Sonnenfinsternis 존넨빈슈테어니스	대학	Universität 우니버시테트		
달콤한	süß 쥐스	대학강사	Dozent(남)/ Dozentin(여) 도쩬트/도쩬틴	도구	Werkzeug 베어크쪼이그
닭고기	Hühnerfleisch 휘너쁠라이쉬	대학생	Student(남) / Studentin(여) 슈투덴트/슈투덴틴	도난 신고	Diebstahlmeldung 딥슈탈멜둥

한국어	독일어	한국어	독일어	한국어	독일어
도난당한 물건	gestohlene Sache 게슈톨레네 자헤	독서용 전등	Leselampe 레제람페	동쪽	Osten 오스텐
도둑	Dieb 딥	독일	Deutschland 도이칠란트	동행자	Gefährte(남)/ Gefährtin(여) 게페어테/게페어틴
도둑, 강도	Einbrecher 아인브레허	독특한	seltsam 젤츠잠	되돌아가다	zurückgehen 쭈뤽게엔
도로, 길	Straße 슈트라세	독특한 선물	ein originelles Geschenk 아인 오리기넬레스 게셴크	되돌아오다	zurückkommen 쭈뤽콤멘
도서관	Bibliothek 비블리오텍	돈	Geld 겔트	된장	Miso 미소
도시	Stadt 슈타트	돌아다니는	umgehend 움게헨트	두드러기	Nesselausschlag 네쎌아우스슐락
도시 지도	Stadtplan 슈타트플란	돕다	helfen 헬펜	두통	Kopfschmerzen 콥프슈메어쩬
도시로	in die Stadt 인 디 슈타트	동거인	Mitbewohner(남)/ Mitbewohnerin(여) 밑베보너/ 밑베보너린	둥근	rund 룬트
도시에	in der Stadt 인 데어 슈타트			뒷면 / 뒤에	Rückseite/ hinter 뤽자이테/힌터
도시의	städtisch 슈텟티쉬	동경하다	sich sehnen 지히 제넨	드라이브	Spazierfahrt 슈파찌어빠아트
도심	Innenstadt 인넨슈타트	동료	Kollege(남)/ Kollegin(여) 콜레게/콜레긴	드라이아이스	Trockeneis 트로켄아이스
도자기	Porzellan 포젤란	동물	Tier 티어	드라이클리닝	chemische Reinigung 케미셰 라이니궁
도자기점	Porzellanladen 포젤란라덴	동물원	Zoo 쪼	드러그 스토어	Drogerie 드로게리
도착	Ankunft 안쿤프트	동상	Bronzestatue 브론제슈타투에	듣는 사람	Hörer 회어거
도착 시간	Ankunftszeit 안쿤프츠짜이트	동아리	Klub 클룹	듣다	hören 회렌
도착하다	erreichen/ ankommen 에어라이헨/안콤멘	동전	Münze 뮌쩨	들어올리다	aufheben 아우프헤벤
		동전 반환 레버	Münzrückgabehebel 뮌쯔뤽가벨헤벨	등	Rücken 뤼켄
독감	Grippe 그리페	동전 지갑	Münzbörse 뮌쯔뵈어제	등급, 학급	Klasse 클라쎄
독립적인	selbständig 젤브슈텐디히	동전 투입구	Münzeinwurfschlitz 뮌쯔아인부어프슐릿츠	디자이너	Designer(남)/ Designerin(여) 디자이너 /디자이너린

디자인	Design 디자인	램프	Lampe 람페	마루, 판자	Brett 브레트
디저트 숟가락	Dessertlöffel 데저트뢰펠	레몬	Zitrone 찌트로네	마무리, 수정, 과로	Überarbeitung 위버알바이퉁
디지털 카메라	Digitalkamera 디기탈카메가	레시피	Rezept 레쩹트	마스크	Maske 마스케
따뜻한	warm 밤	레이온	Kunstseide 쿤스트자이데	마시다	trinken 트링켄
따로따로 계산하다	getrennt zahlen 게트렌트 짤렌	레코드 가게	Schallplattenladen 샬플라텐라덴	마요네즈	Majonäse 마요네제
딱 맞다	passen 파쎈	렌즈	Linse 린제	마을	Dorf 도프
딸	Tochter 토흐터	렌터카	Leihwagen/ Mietwagen 라이히바겐/밑바겐	마중 나가 데려오다	abholen 압홀렌
땀	Schweiß 슈바이스			마천루	Wolkenkratzer 볼켄크랏쩌
떨어지다	fallen 빨렌	~로 만들어진	aus ~ gemacht 아우스 ~ 게막트	막다른 골목	Sackgasse 작가세
뙤약볕	Sonnenbrand 존넨브란트	로비	Lobby 로비	막대기	Stange 슈탕에
뚜껑	Deckel 데켈	로비층	Erdgeschoss 에어트게쇼스	막차	letzter Zug 렛츠터 쭉
뜨개질 한 것	Strickarbeit 슈트릭알바이트	룰렛	Roulette 룰렛	만	Bucht 부흐트
뜰, 정원	Garten 가르텐	룸서비스	Zimmerservice 찜머서비스	만나다, 보다	treffen/sehen 트레뻰/제헨
		룸서비스 요금	Zimmerservicegebühr 찜머서비스게뷔어	만년필	Füllfeder 풀뻬더
ㄹ		린넨	Leinen 린넨	만성 질환	chronische Krankheit 크로니셰 크랑크하이트
라디오	Radio 라디오				
라이터	Feuerzeug 뽀이어쪼이그	립스틱	Lippenstift 립펜슈티프트		
라벨	Etikett 에티켓	**ㅁ**		만족	Zufriedenheit 쭈브리덴하이트
라켓	Schläger/ Rakett 슐레거/라켓	마개	Stöpsel 슈퇸셀	많은	viel 삘
라틴 문자	lateinischer Buchstabe 라타이니셔 부흐슈타베	마늘	Knoblauch 크노블라우흐	말	Pferd 뻬어트
		마라톤 경주	Marathonlauf 마라톤라우프		

말하다	sagen	자겐
맛없다	nicht schmecken	니히트 슈메켄
(맛이) 시다	sauer	자우어
맛있다	gut schmecken	굿 슈메켄
맛있다	lecker	레커
맛있다	schmackhaft	슈막하프트
망원경	Fernglas	뻬언글라스
맡겨진 소포	aufgegebenes Gepäck	아우프게게베네스 게픽
맡기다	aufbewahren	아우프베바렌
매너	Manieren	마니어렌
매니큐어	Maniküre	마니퀴어레
매우 아프다	sehr weh tun	제어 베 툰
매일	jeden Tag	예덴 탁
매점, 식당	Erfrischungsraum	에어쁘리슝스라움
매진된	ausverkauft	아우스뻬어카우프트
매표소	Kasse	카쎄
맥박	Puls	풀스
맥주	Bier	비어
맥줏집	Bierhaus	비어하우스
맨 처음에	erst	에어스트
맵다	scharf	샤프
맹장염	Blinddarmentzündung	블린트다멘트쮠둥
머리	Kopf	콥쁘
머리카락	Haar	하
머무르다	bleiben	블라이벤
먹다, 음식	essen	에쎈
먼지	Staub	슈타웁
멀다	weit/locker	바이트/로커
멀다	fern	뻬언
멀미	Bewegungskrankheit	베베궁스크랑크하이트
멈추다	anhalten	안할텐
메뉴판	Speisekarte	슈파이제카르테
메모장	Notizbuch	노티쯔부흐
메시지	Massage	메시지
면	Nudel	누델
면도기	Rasierapparat	라지어아파가트
면도칼	Rasiermesser	라지어메써
면세점	Duty-free-Shop	두티쁘리숍
면세품	zollfreie Ware	쫄쁘라이에 바레
면직물	Baumwolle	바움볼레
명예직의	ehrenamtlich	에렌암트리히
명찰	Namensschild	나멘스쉴트
모기	Mücke	뮈케
모닝콜 서비스	Weckanruf	벡안루프
모든	alles	알레스
모레	übermorgen	위버모르겐
모자	Hut	후트
모직물	Wollstoff	볼슈토프
모터	Motor	모토어
모퉁이	Ecke	에케
모피	Pelz	펠츠
목	Kehle	켈레
목	Hals	할스
목걸이	Kette	케테
목걸이	Halskette	할스케테
목록	Liste	리스테
목소리	Stimme	슈팀메

한국어	독일어	한국어	독일어	한국어	독일어
목욕	**Baden** 바덴	문장	**Satz** 잣츠	밀	**Weizen** 바이첸
목욕 수건	**Badetuch** 바데투흐	문제	**Problem** 프로블렘	밀가루	**Weizenmehl** 바이첸멜
목적지	**Zielort** 찔오어트	문학	**Literatur** 리터라투어	밀크커피	**Milchkaffee** 밀히카페
목표	**Ziel** 찔	문화	**Kultur** 쿨투어		**ㅂ**
몸	**Körper** 쾨어퍼	물	**Wasser** 바써	바	**Bar** 바
못쓰게 되다	**verderben** 페어데어벤	물고기	**Fisch** 퓌쉬	바겐 세일	**Schlussverkauf** 슐루쓰페어카우프
무겁다, 어렵다	**schwer** 슈베어	물이 흐르게 놔두다	**Wasser fließen lassen** 바써 플리쎈 라쎈	바구니	**Korb** 코브
무게	**Gewicht** 게비히트	물품 보관함	**Schließfach** 슐리스파흐	바늘	**Nadel** 나델
무늬 없는	**ungemustert** 운게무스터트	뮤즐리	**Müsli** 뮤즐리	바다	**Meer** 메어
무대	**Bühne** 뷔네	뮤지컬	**Musical** 무지칼	바다	**See** 제
무대 장치	**Bühnenausstattung** 뷔넨아우스슈타퉁	미각, 취향	**Geschmack** 게슈막	바다에서	**am Meer** 암 메어
무대 장치	**Kulisse** 쿨리쎄	미끄러운	**rutschig** 루트쉭	바닥	**Boden** 보덴
무덥다	**schwül** 슈뷜	미네랄 워터	**Mineralwasser** 미네랄바써	바둑	**Go-Spiel** 고-슈필
무효의	**ungültig** 운귈티히	미니바	**Minibar** 미니바	바람	**Wind** 빈트
문	**Tor** 토어	미술관	**Galerie/ Kunsthalle** 갤러리/쿤스트할레	바람이 분다	**Wind weht** 빈트 베트
문	**Tür** 튀어	미용실	**Frisiersalon** 프리지어잘롱	바쁘다	**beschäftigt** 베셰프틱트
문방구	**Schreibwarenladen** 슈라입바렌라덴	미용실	**Schönheitssalon** 셴하이츠잘롱	바위	**Fels** 펠스
문법	**Grammatik** 그라마틱	미지근하다	**lauwarm** 라우밤	바이올린	**Geige/Violine** 가이게/비올리네
문서	**Dokument** 도쿠멘트	민속 예술품점	**Volkskunstartikelhandlung** 뽈크스쿤스트아티켈한들룽	바지	**Hose** 호제

167

한국어	독일어/발음	한국어	독일어/발음	한국어	독일어/발음
박물관	**Museum** 무제움	방금	**gerade** 게라데	뱀	**Schlange** 슐랑에
박수	**Beifall** 바이발	방 번호	**Zimmernummer** 찜머눔머	뱃멀미	**Seekrankheit** 제크랑크하이트
박자	**Schlag** 슐락	방 열쇠	**Zimmerschlüssel** 찜머슐뤼쎌	버리다	**wegwerfen** 벡베어픈
반나절	**halbtägig** 할프테기히	방문객 카드	**Gästekarte** 게스테카르테	버스	**Bus** 부스
반대하다	**dagegen sein** 다게겐 자인	방법	**Art und Weise/ Methode** 아트 운트 바이제/ 메토데	버스 노선도	**Busstreckenplan** 부스슈트레켄플란
반지	**Ring** 링			버스 정류장	**Busstation** 부스슈타찌온
반창고	**Pflaster** 플라스터	방향	**Richtung ~** 리히퉁	버스 정류장	**Bushaltestelle** 부스할테슈텔레
반환하다	**zurückgeben** 쭈뤽게벤	방향	**Himmelsrichtung** 힘멜스리히퉁	버찌	**Kirsche** 키르셰
받아들이다	**akzeptieren** 악쩹티어렌	배	**Schiff** 쉬프	버터	**Butter** 부터
발	**Fuß** 뿌스	배고프다	**hungrig sein** 홍그리히 자인	번개	**Blitz** 블릿츠
발레	**Ballett** 발렛	배고픈	**hungrig** 홍그리히	번역	**übersetzung** 위버젯쭝
발목	**Fußgelenk** 뿌스게렝크	배달원	**Zustelldienst** 쭈슈텔딘스트	법	**Gesetz** 게젯츠
발송인	**Absender** 압젠더	배달차	**Lieferwagen** 리퍼바겐	벗나무	**Kirschbaum** 키르쉬바움
발전	**Entwicklung** 엔트비클룽	배우	**Schauspieler(남)/ Schauspielerin(여)** 샤우슈필러/ 샤우슈필러린	베개	**Kopfkissen** 콥쁘키센
발코니	**Balkon** 발콘			벨트	**Gürtel** 귀어텔
밝은	**hell** 헬	(배우) 준비실	**Ankleideraum** 안클라이데라움	벽	**Wand** 반트
밤	**Nacht** 나흐트	배타고 가다	**mit dem Schiff fahren** 밑 뎀 쉬프 빠렌	벽장	**Wandschrank** 반트슈랑크
방	**Zimmer** 찜머	배터리	**Batterie** 바테리	벽지	**Tapete** 타페테
방 가격	**Zimmerpreis** 찜머프라이스	백화점	**Kaufhaus** 카우프하우스	변기	**Toilettensitz/ Toilettenbecken** 토일레텐짓츠/ 토일레텐베켄

변비	Verstopfung	뻬어슈톱뿡
변하다	sich verändern	지히 뻬어엔던
변호사	Rechtsanwalt(남)/Rechtsanwältin(여)	레히츠안발트/레히츠안벨틴
별	Stern	슈테언
별도 요금	Extrakost	엑스트라코스트
병	Flasche	쁠라셰
병	Krankheit	크랑켄하이트
병따개	Flaschenöffner	쁠라셴외프너
병원	Krankenhaus/Klinik	크랑켄하우스/클리닉
보내다	liefern/shicken	리펀/쉬켄
보내다	schicken	쉬켄
보다	sehen	제헨
보다 이른	früher	쁘뤼허
보도	Bürgersteig	뷔어거슈타익
보드카	Wodka	보드카
보석	Edelstein	에델슈타인
보석 가게	Juweliergeschäft	유벨리어게셰프트
보존하다	aufbewahren	아우프베바렌
보증서	Garantieschein	가란티샤인
보통 휘발유	Normalbenzin	노말벤찐
보트	Boot	보트
보행자 우선	Vorrang für Fußgänger	뽀어랑 뛰어 뿌스갱어
보험	Versicherung	뻬어지허룽
보험 회사	Versicherungsfirma	뻬어지허룽스삘마
복권	Rehabilitation	레하빌리타찌온
복도	Korridor/Flur	코리도어/쁠루어
복장 규칙	Kleiderordnung	클라이더오드눙
복제 열쇠	Nachschlüssel	나흐슐뤼셀
복통	Bauchschmerzen	바우흐슈메어쩬
볼펜	Kugelschreiber	쿠겔슈라이버
봄	Frühling	쁘륄링
봉지	Tüte	튀테
봉투	Umschlag	움슐락
부가가치세 (VAT)	Mehrwertsteuer (MwSt.)	메어베어츠슈토이어
부두	Kai	카이
부모님	Eltern	엘턴
부부	Ehe	에
부엌	Küche	퀴혜
북	Norden	노르덴
분리된	getrennt	게트렌트
분실 신고	Verlustmeldung	뻬어루스트멜둥
분실물 보관소	Fundbüro	뿐트뷔로
분위기	Atmosphäre	아트모스뻬어레
분유	Trockenmilch	트로켄밀히
불	Feuer	뽀이어
불꽃	Feuerwerk	뽀이어베어크
불량품	Ausschussware	아우스슈스바레
불만	Beschwerde	베슈베어데
불쌍하다	arm	암
불쾌하다	übel	위벨
붕대	Verband	뻬어반트
뷔페	Büffet	뷔페
브래지어	BH	베하
브레이크	Bremse	브렘제
브로치	Brosche	브로셰

블라우스	Bluse 블루제	빈, 자유로운	frei 쁘라이	사람 수	Anzahl von Menschen 안짤 본 멘셴
블라인드	Rollladen 롤라덴	빈혈	Anämie/ Blutarmut 아네미/ 블루트아무트	사랑	Liebe 리베
비	Regen 레겐	빌려주다, 빌리다	ausleihen 아우스라이헨	사랑하다	lieben 리벤
비극	Tragödie 트라괴디에	빗	Kamm 캄	사막	Wüste 뷔스테
비누	Seife 자이페	빗	Haarbürste 하뷔어스테	사무실	Büro 뷔로
비단	Seide 자이데	빛	Licht 리히트	사본	Kopie 코피
비디오 카메라	Videokamera 비디오카메가	빨간 파프리카	rote Paprika 로테 파프리카	사용 설명서	Gebrauchsanweisung 게브라우흐스안바이중
비밀	Geheimnis 게하임니스	빨간색	rot 로트	사우나	Sauna 사우나
비상시 누르는 버튼	Nottaste 노트타스테	빨대	Strohhalm 슈트로함	사원	Tempel 템펠
비상출구	Notausgang 노트아우스강	빨리	schnell 슈넬	사이즈	Größe 그뢰쎄
비싸다	teuer 토이어	빵	Brot 브로트	사전	Wörterbuch 뵈어터부흐
비용	Kosten 코스텐	뼈	Knochen 크노헨	사증	Visum 비줌
비자	Visum 비줌	뱀	Verstauchung 뻬어슈타우훙	사진	Foto 뽀토
비행	Flug 쁠룩			사진관	Fotogeschäft 뽀토게셰프트
비행기	Flugzeug 쁠룩쪼이그		ㅅ	사진기	Fotoapparat 뽀토아파가트
비행기 탑승구	Flugsteig 쁠룩슈타익	사각형	Viereck 삐어에크	사진 촬영 금지	Fotografieren verboten 뽀토그라삐어렌 뻬어보텐
비행기 티켓	Flugticket 쁠룩티켓	사건	Ereignis 에어아이그니스		
빈	leer 리어	사고	Unfall 운빨	사촌	Cousin(남)/ Cousine(여) 쿠종/쿠지네
빈 방	freies Zimmer 쁘라이에스 찜머	사고 소식	Unfallmeldung 운빨멜둥		
빈 자리	freier Platz 쁘라이어 플랏츠	사기	Betrug 베트룩	사탕	Bonbon 봉봉

사회 복지	**soziale Wohlfahrt** 소찌알레 볼파아트	상업	**Handel** 한델	생략	**Abkürzung** 압퀴어쭝
산	**Berg** 베어크	상인	**Händler** 핸들러	생략하다	**abkürzen** 압퀴어쩬
산 옆에서	**an der Bergseite** 안 데어 베어크자이테	상자	**Schachtel** 샤흐텔	생리 기간	**Menstruationstage** 멘스트루아찌온스타게
산부인과 의사	**Frauenarzt(남)/ Frauenärztin(여)** 쁘라우엔아르츠트/ 쁘라우엔에어쯔틴	상점	**Geschäft** 게셰프트	생리대	**Damenbinde** 다멘빈데
		상처	**Wunde** 분데	생리통	**Menstruationsschmerzen** 멘스트루아찌온스슈메어쯘
산소 마스크	**Sauerstoffmaske** 자우어슈토프마스케	상층	**Obergeschoss** 오버게쇼스	생물	**Lebewesen** 레베베센
		상쾌한	**frisch** 쁘리쉬	생산지	**Herkunftsort** 헤어쿤프츠오어트
산책	**Spaziergang** 슈파찌어강	상태	**Zustand** 쭈슈탄트	생선회	**roher Fisch** 로어 삐쉬
산호초	**Korallenriff** 코랄렌리프	상품권	**Gutschein** 굿샤인	생일	**Geburtstag** 게부어츠탁
살림살이, 가계	**Wirtschaft** 비어트샤프트	새	**Vogel** 뽀겔	샤워기	**Dusche** 두셰
삶	**Leben** 레벤	새로 발행된	**neu ausstellen** 노이 아우스슈텔렌	샤워기가 있는	**mit Dusche** 밑 두셰
삶은 계란	**gekochtes Ei** 게코흐테스 아이	새롭다	**neu** 노이	샴푸	**Shampoo** 샴푸
삼각	**Dreieck** 드라이에크	새우	**Garnele** 가넬레	서늘하다	**kühl** 퀼
삼발이	**Dreifuß** 드라이뿌스	색깔	**Farbe** 빠르베	서다	**sich stellen** 지히 슈텔렌
상륙	**Landung** 란둥	색소 첨가물이 없는	**ohne farbliche Zusatzstoffe** 오네 빠르블리혜 쭈잣츠슈토뻬	서두르다	**sich beeilen** 지히 베아일렌
상부, 윗옷	**Oberteil** 오버타일			서랍	**Schublade** 슈라데
상세	**Detail** 디타이	샌드위치	**Sandwich** 샌드위치	서류 가방	**Brieftasche** 브리프타셰
		샐러드	**Salat** 잘라트	서류꽂이	**Hefter** 헤프터
상시적인 통증이 있다	**stechende Schmerz haben** 슈테헨데 슈메어쯔 하벤	생강	**Ingwer** 잉베어	서머타임, 하계	**Sommerzeit** 좀머짜이트
		생년월일	**Geburtsdatum** 게부어츠다툼		

서명	**Unterschrift** 운터슈리프트	선택하다	**auswählen** 아우스벨렌	세안크림	**Reinigungscreme** 라이니궁스크림
서비스	**Bedienung** 베디눙	선풍기	**Ventilator** 벤틸라토어	세제	**Waschmittel** 바쉬미텔
서점	**Buchhandlung** 부흐한들룽	설명서	**Erklärungsformular** 에어클레어룽스뽀물라	세척	**Waschen** 바셴
서쪽	**Westen** 베스텐	설명하다	**erklären** 에어클레어렌	세척	**Spülung** 슈쀨룽
서핑하다	**Surfen** 주어뻰	설사	**Durchfall** 두어히빨	세척 버튼	**Ausspültaste** 아우스슈쀨타스테
선글라스	**Sonnenbrille** 존넨브릴레	설사약	**Durchfallmittel** 두어히빨미텔	세탁기	**Waschmachine** 바쉬마쉬네
선금	**Anzahlung** 안짤룽	설사약	**Abführmittel** 압쀠어미텔	세탁소	**Wäsche** 베셰
선물	**Geschenk** 게솅크	설탕	**Zucker** 쭈커	세트 메뉴	**Menü** 메뉴
선박 유람여행	**Kreuzfahrt** 크로이쯔빠아트	섬	**Insel** 인젤	셀프 서비스	**Selbstbedienung** 젤브스트베디눙
선불	**Vorausbezahlung** 뽀라우스베짤룽	성	**Burg/Schloss** 부어크/슐로쓰	셔츠	**Hemd** 헴트
선생님	**Lehrer(남)/ Lehrerin(여)** 레러거/레러긴	성	**Familienname** 빠밀리엔나메	소개하다	**vorstellen** 뽀어슈텔렌
선술집	**Kabarett** 카바렛	성냥	**Streichholz** 슈트라이히홀쯔	소고기	**Rindfleisch** 린트쁠라이쉬
선술집	**Kneipe** 크나이페	성별	**Geschlecht** 게슐레히트	소금	**Salz** 잘츠
선실	**Kabine** 카비네	성인	**Erwachsener** 에어박세너	소나기	**Regenschauer** 레겐샤우어
선원	**Kabinenbegleiter(남)/ Kabinenbegleiterin(여)** 카비네베글라이터/ 카비네베글라이터린	성질	**Eigenschaft** 아이겐샤프트	소녀	**Mädchen** 메드헨
		세계	**Welt** 벨트	소년	**Junge** 융에
선장, 주장	**Kapitän** 카피텐	세계 문화유산	**Weltkulturerbe** 벨트쿨투어에어베	소독제	**Desinfektionsmittel** 데징쁰찌온스미텔
선크림	**Sonnencreme** 존넨크림	세관 신고서	**Zollerklärungsformular** 쫄에어클레어룽스뽀물라	소리	**Klang** 클랑
선택식 요리, 일품요리	**à-la-carte-Gericht** 아 라 카르테 게리히트	세금을 내다	**Steuer bezahlen** 슈토이어 베짤렌	소리가 크다	**laut** 라우트
		세부사항	**Detail** 디타일	소매가 짧은	**mit kurzen Ärmeln** 밑 쿠어쩬 에어멜

한국어	독일어	한국어	독일어	한국어	독일어
소매치기	Taschendieb 타셴딥	손님들	Gäste 게스테	수단, 자원	Ressource 레수어세
소방대	Feuerwehr 뽀이어베어	손목시계	Armbanduhr 암반트우어	수도	Wasserleitung 바써라이퉁
소변	Urin 유린	손수건	Taschentuch 타셴투흐	수도꼭지	Wasserhahn 바써한
소설	Roman 로만	손수건	Handtuch 한트투흐	수리 공장	Reparaturwerkstatt 레파가투어베어크슈타트
소시지	Wurst 부어스트	손자	Enkelkind 엥켈킨트	수리하다	reparieren 레파리어렌
소유	Besitz 베짓츠	손톱	Nagel 나겔	수면	Schlaf 슐라프
소유주	Eigentümer 아이겐뮈머	손톱깎이	Nagelknipser 나겔크닙서	수면 부족	Schlafmangel 슐라프망엘
소주	Soju 소주	손해 배상	Entschädigung 엔트셰디궁	수면제	Schlafmittel 슐라프미텔
소파	Sofa 소파	손해 배상 하다	entschädigen 엔트셰디겐	수상쩍다	verdächtig 뻬어데히티히
소포	Päckchen 펙헨	솔직한	ehrlich 에얼리히	수술, 작전	Operation 오퍼라찌온
소프라노	Sopran 조프란	솜	Baumwolle 바움볼레	수신	Empfang 엠빵
소프트웨어	Software 소프트웨어	솜	Watte 바테	수신인	Empfänger 엠뻉어
소형 자동차	Kompaktwagen 콤팍트바겐	솥	Kessel 케셀	수신하다	empfangen 엠빵엔
소화 장애	Verdauungsstörung 뻬어다웅스슈퇴룽	쇼핑, 쇼핑하다	Einkaufen 아인카우뻰	수업료	Unterrichtsgebühr 운터리히츠게뷔어
소화기	Feuerlöscher 뽀이어뢰셔	쇼핑센터	Einkaufsviertel 아인카우프스삐어텔	수영	Schwimmen 슈빔멘
속담	Sprichwort 슈프리히보어트	쇼핑센터	Einkaufszentrum 아인카우프스쩬트룸	수영복	Badeanzug 바데안쭉
속도계	Tachometer 타호메터	숄, 스카프	Schal 샬	수영장	Schwimmbad 슈빔바트
속옷	Unterwäsche 운터베셰	수 , 숫자	Zahl 짤	수영하다	schwimmen 슈빔멘
손	Hand 한트	수공업자	Handwerker(남)/ Handwerkerin(여) 한트베어커/ 한트베어커린	수입	Import 임포트
손님	Kunde/Gast 쿤데/가스트			수정	Kristall 크리스탈

수정하다	**korrigieren** 코리기어렌	숲	**Wald** 발트	슬리퍼	**Pantoffel** 판토펠
~ 수집	**Sammlung (von)** 잠룽 (폰)	쉬는 시간	**Zwischenzeit** 쯔비셴짜이트	슬픈	**traurig** 트라우리히
수채화	**Aquarell** 아크바렐	슈퍼마켓	**Supermarkt** 주퍼마크트	습격, 충격	**Anstoß** 안슈토쓰
수표	**Scheck** 셱	스시	**Sushi** 수시	습관	**Gewohnheit** 게본하이트
수하물	**Handgepäck** 한트게펙	스웨터	**Pullover** 풀오버	습도	**Feuchtigkeit** 뽀이히티히카이트
수하물 선반	**Gepäckregal** 게펙레갈	스위스	**die Schweiz** 디 슈바이츠	습한	**gedämpft** 게뎀프트
수하물 인도	**Gepäckausgabe** 게펙아우스가베	스위트룸	**Suite** 스위테	습한	**feucht** 뽀이히트
수하물 표	**Gepäckschein** 게펙샤인	스카치 테이프	**Tesafilm** 테자삘름	승객	**Passagier** 파사기어
수혈	**Transfusion/ Blutübertragung** 트란스푸지온/ 블루트위버트라궁	스카프	**Schal** 샬	승마	**Reiten** 라이텐
		스케이팅	**Eislauf** 아이스라우프	승차, 승차하다	**einsteigen** 아인슈타이겐
숙고	**Überlegung** 위버레궁	스케치 금지	**Skizzieren verboten** 스키찌어렌 뻬어보텐	승차시간	**Einstiegszeit** 아인슈틱스짜이트
숙박하다	**übernachten** 위버나흐텐	스케치하다	**zeichnen** 짜이히넨	시가	**Zigarre** 찌가레
숟가락	**Löffel** 뢰뻴	스크램블 에그	**Rührei** 뤼어아이	시가지 지도	**Straßenkarte** 슈트라쎈카르테
술	**Alkohol** 알코홀	스키	**Ski** 쉬	시각	**Uhrzeit** 우어짜이트
숨	**Atem** 아템	스타	**Star** 슈타	시간	**Zeit** 짜이트
숨쉬다	**atmen** 아트멘	스탬프	**Poststempel** 포스트슈템펠	(시간이) 걸리다	**dauern** 다우언
숫자, 번호	**Nummer** 눔머	스트레스	**Stress** 슈트레스	시계	**Uhr** 우어
숫자	**Zahl** 짤	스포츠센터	**Fitnessstudio** 피트니스스투디오	시계점	**Uhrengeschäft** 우어렌게셰프트
				시내 관광	**Stadtrundfahrt** 슈타트룬트빠아트

시내 통화	**Ortsgespräch** 오어트게슈프레히	식비	**Verpflegungskosten** 뻬어쁠레궁스코스텐	신호등	**Blinklicht** 블링크리히트	
시도하다	**probieren** 프로비어렌	식사 요금	**Tischgebühr** 티쉬게뷔어	신호등	**Ampel** 암뻴	
시외 통화	**Ferngespräch** 뻬언게슈프레히	식욕	**Appetit** 아페티트	신혼여행	**Hochzeitstreise** 호흐짜이츠라이제	
시작하다	**anfangen/ beginnen** 안빵엔/베긴넨	식이요법	**Diät** 디에트	싣다, 충전하다	**aufladen** 아우프라덴	
시장	**Markt** 막트	식중독	**Lebensmittelvergiftung** 레벤스미텔뻬어기프통	실	**Faden** 빠덴	
시차 장애	**Jetlag** 제트락	식초	**Essig** 에씨히	실용적인	**praktisch** 프락티쉬	
시청	**Rathaus** 라트하우스	신	**Gott** 고트	실제로	**tatsächlich** 탓제흐리히	
시키다	**lassen** 라쎈	신고	**Anmeldung** 안멜둥	실종된 아이	**vermisstes Kind** 뻬어미스테스 킨트	
시험	**Prüfung** 프뤼뿡	신년	**Neujahr** 노이야	실직	**Arbeitslosigkeit** 알바이츠로시히카이트	
식기	**Geschirr** 게쉬어	신문	**Zeitung** 짜이퉁	실행하다	**aktivieren** 악티비어렌	
식기 가게	**Geschirrladen** 게쉬어라덴	신발	**Schuhe** 슈에	심장	**Herz** 헤어쯔	
식당	**Restaurant** 레스토랑	신발 가게	**Schuhladen** 슈라덴	싸다	**billig** 빌리히	
식당	**Speisesaal** 슈파이제잘	신분 증명서	**Personalausweis** 뻬어조날아우스바이스	싸우다	**streiten** 슈트라이텐	
식당	**Cafeteria** 카페테리아	신선한	**frisch** 쁘리쉬	쌀	**Reis** 라이스	
식당차	**Speisewagen** 슈파이제바겐	신선한 식료품	**frische Lebensmittel** 쁘리셰 레벤스미텔	쓰다	**schreiben** 슈라이벤	
식료품점	**Lebensmittelgeschäft** 레벤스미텔게셰프트	신선한 착즙 주스	**frisch gepresster Saft** 쁘리쉬 게프레스터 자프트	쓰레기	**Müll** 뮐	
식물	**Pflanze** 플란쩨			쓰레기통	**Mülleimer** 뮬아이머	
식물원	**botanischer Garten** 보타니셔 가르텐	신용카드	**Kreditkarte** 크레딧카르테	쓴	**bitter** 비터	
		신전	**Tempel** 템펠	쓸데없는	**vergeblich** 뻬어게블리히	

한국어	독일어	한국어	독일어	한국어	독일어
씻다	**waschen** 바셴	아쿠아리움	**Aquarium** 아크바리움	안전핀	**Sicherheitsnadel** 지허하이츠나델
	O	악기	**Musikinstrument** 무직인스트루멘트	앉히다	**sich setzen** 지히 젯쩬
아기	**Baby** 베이비	악기 상점	**Musikinstrumentladen** 무직인스트루멘트라덴	알다	**wissen/kennen** 비쎈/켄넨
아나운서	**Ansager(남)/ Ansagerin(여)** 안자거/안자거린	악수하다	**Hände schütteln** 헨데 쉬텔른	알람	**Alarm** 알람
아동복	**Kinderkleidung** 킨더클라이둥	안개	**Nebel** 네벨	알레르기	**Allergie** 알레어기
아들	**Sohn** 존	안경	**Brille** 브릴레	알레르기가 있는	**allergisch** 알레르기쉬
아래에	**unter** 운터	안경상	**Optiker** 옵티커	알약	**Tablette** 타블레테
아몬드	**Mandel** 만델	안과 의사	**Augenarzt(남)/ Augenärztin(여)** 아우겐아츠트/ 아우겐에어쯔틴	알코올 음료	**alkoholische Getränke** 알코홀리셰 게트렝케
아빠	**Vater** 빠터				
아스피린	**Aspirin** 아스피린	안내 요금	**Führungsgebühr** 쀠어룽스게뷔어	앞좌석	**Vordersitz** 뽀어더짓츠
아울렛 상점	**Outlet-Store** 아웃렛-스토어	안내 책자	**Broschüre** 브로쉬어	앞에	**vorn** 뽀언
아이	**Kind** 킨트	안내소, 정보	**Information** 인뽀마찌온	애니메이션 영화	**Zeichentrickfilm** 짜이헨트릭빌름
아이디어	**Idee** 이데	안내에 따라	**mit Führung** 밑 쀠어룽	앨범	**Album** 앨붐
아이스하키	**Eishockey** 아이스호키	안내자	**Führer(남)/ Führerin(여)** 쀠어러/쀠어거린		
아이와 함께	**mit dem Kind** 밑 뎀 킨트	안녕하세요	**Hallo** 할로	야간 투어	**Nachttour** 나흐트투어
아침	**Morgen** 모르겐	안약	**Augentropfen** 아우겐트롭뻰	야경	**Nachtansicht** 나흐트안지히트
아침식사	**Frühstück** 쁘뤼슈튁	안전벨트	**Sicherheitsgürtel** 지허하이츠귀어텔	야외의	**draußen** 드라우쎈
아케이드	**Arkade** 알카데	안전벨트	**Sitzgurt** 짓츠구어트	야채	**Gemüse** 게뮤제

176

한국어	독일어	한국어	독일어	한국어	독일어
약간	**ein bisschen** 아인 비스헨	어댑터	**Adapter** 아답터	엄지손가락	**Daumen** 다우멘
약간 익힌	**geköchelt** 게쾨헬트	어두운	**dunkel** 둥켈	엉덩이	**Hüfte** 휘프테
약간의	**etwas** 에트바스	어린	**jung** 융	에스컬레이터	**Rolltreppe** 롤트레페
약국	**Apotheke** 아포테케	어린이 요금	**Kinderpreis** 킨더프라이스	에어컨	**Klimaanlage** 클리마안라게
약속하다	**Versprechen** 뻬어슈프레헨	어부	**Fischer** 삐셔	에어컨이 설치된	**mit Klimaanlage** 밑 클리마안라게
얇게 잘린 조각	**dünn geschnittene Scheibe** 뒨 게슈니테네 샤이베	어음 배서	**Indossament** 인도사멘트	엘리베이터	**Aufzug** 아우프쭉
얇은	**dünn** 뒨	어제	**gestern** 게스턴	여객선	**Passagierschiff** 파사기어쉬프
양념을 한	**gewürzt** 게뷔어츠트	어질어질 하다	**schwindlig sein** 슈빈드리히 자인	여과기	**Sieb** 집
양말	**Strümpfe** 슈트륌뻬	언덕	**Hügel** 휘겔	여권	**Reisepass** 라이제파스
양말	**Socken** 조켄	언어	**Sprache** 슈프라헤	여기에	**hier** 히어
양모	**Wolle** 볼레	언제	**wann** 반	여러 날 동안 숙박하다	**mehrere Nächte übernachten** 메레레 네히테 위버 나흐텐
양복	**Anzug** 안쭉	얼굴	**Gesicht** 게지히트		
양산	**Sonnenschirm** 존넨쉬름	얼굴 보호	**Gesichtspflege** 게지히츠쁠레게	여름	**Sommer** 좀머
양송이	**Champignon** 샴삐뇽	얼룩	**Fleck** 쁠렉	여자	**Frau** 쁘라우
양조장	**Brauerei** 브라우어라이	얼어붙다	**einfrieren** 아인쁘리어렌	여자 형제	**Schwester** 슈베스터
양초	**Kerze** 케어쩨	얼은	**gefroren** 게프로렌	여자들	**Damen** 다멘
양파	**Zwiebel** 쯔비벨	얼음, 아이스크림	**Eis** 아이스	여주인공	**Heldin** 헬딘
		엄마	**Mutter** 무터		

한국어	독일어		한국어	독일어		한국어	독일어
여행	Reise 라이제		연기	Rauch 라우흐		영수증	Kassenzettel/ Quittung 카쎈쩨텔/크빗퉁
여행	Tour 투어		연락 버튼	Rufknopf 루프크높프		영악한	gerieben 게리벤
여행 가이드	Reiseführer 라이제퓌어거		연락처	Kontaktadresse 콘탁트아드레쎄		영어	Englisch 엥글리쉬
여행 책자	Reisebroschüre 라이제브로쉬레		연령	Lebensalter 레벤스알터		영업 중	geöffnet 게외프네트
여행 비용	Tourpreis 투어프라이스		연못	Teich 타이히		영향	Wirkung 비어쿵
여행사	Reisebüro 라이제뷔로		연민	Bedauern 베다우언		영화	Film 삘름
여행용 손가방	Reisetasche 라이제타셰		연소	Verbrennung 뻬어브렌눙		옆으로 꺾이다	abbiegen 압비겐
여행자 수표	Reisescheck 라이제스체크		연예인	Entertainer(남)/ Entertainerin(여) 엔터테이너/ 엔터테이너린		예매 티켓	Vorverkaufskarte 뽀어뻬어카우프스카르테
역무원	Bahnpersonal 반뻬어조날					예민한 피부	empfindliche Haut 엠삔트리혜 하우트
역사	Geschichte 게슈히슈테		연장	Verlängerung 뻬어렝어룽			
역사적 관광명소	historische Sehenswürdigkeiten 히스토리셰 제헨스 뷔어디히카이텐		연필	Bleistift 블라이슈티프트		예쁜	schön 셴
			연휴	aufeinander folgende Feiertage 아우프아인안더 뽈겐데 빠이어타게		예산	Budget 뷔제
역사적 장소	historischer Ort 히스토리셔 오어트					예술가	Künstler(남)/ Künstlerin(여) 퀸스틀러/퀸스틀러린
연간 행사	jährliche Veranstaltung 예어리혜 뻬어안슈탈퉁		열	Fieber 삐버		예약	Reservierung 레저비어룽
			열다	öffnen 외프넨		예약 명단	Reservierungliste 레저비어룽리스테
연결	Verbindung 뻬어빈둥		열린	offen 오뻰		예약되지 않은 자리	nicht reservierter Platz 니히트 레저비어터 플랏츠
연결된 방	Verbindungszimmer 뻬어빈둥스찜머		열쇠	Schlüssel 슐뤼쎌			
연고	Salbe 잘베		엷은 색	dünne Farbe 뒤네 빠르베			

178

예약된 좌석	reservierter Sitzplatz 레저비어터 짓츠플랏츠	오른쪽으로 꺾다	nach rechts abbiegen 나흐 레히츠 압비겐	온수	warmes Wasser 바메스 바써
예약된 좌석	reservierter Platz 레저비어터 플랏츠	오른쪽으로 꺾다	rechts abbiegen 레히츠 압비겐	온천	heiße Quelle 하이쎄 크벨레
예약하다	reservieren 레저비어렌	오리	Ente 엔테	올리브 오일	Olivenöl 올리벤욀
예약 확인	Reservierungsbestätigung 레저비어룽스베슈테티궁	오스트리아	Österreich 외스터라이히	올림픽 대회	Olympische Spiele 올림피셰 슈필레
예측	Prognose/ Erwartungen 프로그노제/ 에어바퉁엔	오전	Vormittag 뽀어미탁	옳은	richtig 리히티히
		오전 공연	Matinee 마티네	옳은 길	richtiger Weg 리히티거 벡
오늘	heute 호이테	오전 비행	Flug am Vormittag 쁠룩 암 뽀어미탁	옷	Kleidung 클라이둥
오늘 오전	heute Vormittag 호이테 뽀어미탁	오점	Fleck 쁠렉	옷 갈아입는 칸	Umkleidekabine 움클라이데 카비네
		오징어	Tintenfisch 틴텐삐쉬	옷걸이	Kleiderbügel 클라이더뷔겔
오늘 오후	heute Nachmittag 호이테 나흐미탁	오케스트라	Orchester 오케스터	옷깃	Kragen 크라겐
		오토매틱 자동차	Auto mit Automatik 아우토 밑 아우토마틱	옷 보관소	Garderobe 가데로베
오늘 저녁	heute Abend 호이테 아벤트	오페라	Oper 오퍼	(옷) 입다	anziehen 안찌엔
오렌지, 주황색	Orange 오랑지	오한	Schüttelfrost 쉬텔쁘로스트	옷장	Kleiderschrank 클라이더슈랑크
오르간	Harmonium/ Orgel 하모니움/ 오르겔	오후	Nachmittag 나흐미탁	와인	Wein 바인
		오후 비행	Flug am Nachmittag 쁠룩 암 나흐미탁	와인 메뉴판	Weinkarte 바인카르테
오르골	Spieldose 슈필도제	온도	Temperatur 템퍼라투어	와인 한 잔	ein Glas Wein 아인 글라스 바인
오른쪽	rechts 레히츠	온도계	Thermometer 텔모메터	와플	Waffel 바뻴

왕복	Hin-und-Zurück 힌-운트-쭈뤽	욕실	Badezimmer 바데찜머	우편 엽서	Postkarte 포스트카르테
왕복 승차권	Rückfahrkarte 뤽빠카르테	욕실이 있는	mit Bad 밑 바트	우편료	Porto 포르토
외과 의사	Chirurg 쉬루크	욕조	Badewanne 바데바네	우편 번호	Postleitzahl 포스트라이트짤
외관	Figur 삐구어	욕조가 있는	mit Badewanne 밑 바데바네	우표	Marke 마케
외국에서 공부하다	im Ausland studieren 임 아우스란트 슈투디어렌	우기	Regenzeit 레겐짜이트	우표	Briefmarke 브리프마케
		우물	Brunnen 브루넨	운동	Sport 슈포트
외국인	Ausländer(남)/ Ausländerin(여) 아우스렌더/ 아우스렌더린	우산	Regenschirm 레겐쉼	운동용품점	Sportwarengeschäft 슈포트바렌게셰프트
		우연히	zufällig 쭈뻴리히	운동화	Sortschuhe 슈포트슈에
외국 화폐 교환 증명	Fremdwährungswechselausweis 쁘렘트베룽스벡셀아우스바이스	우유	Milch 밀히	운이 좋은	glücklich 글뤽클리히
		우유가 든 차	Tee mit Milch 테 밑 밀히	운전면허증	Führerschein 쀠어거샤인
외투	Mantel 만텔	우정	Freundschaft 쁘로인트샤프트	운전사	Fahrer(남)/ Fahrerin(여) 빠러/빠러린
외화	ausländische Währung 아우스렌디셰 베룽	우주, 천지만물	Weltall 벨트알		
왼쪽	links 링크스	우주 비행사	Astronaut(남)/ Astronautin(여) 아스트로너트/ 아스트로너틴	운하	Kanal 카날
				운행 시간표	Fahrplan 빠플란
왼쪽으로 꺾다	nach links abbiegen 나흐 링크스 압비겐	우주 정거장	Weltraumstation 벨트라움슈타찌온	울다	weinen 바이넨
요거트	Joghurt 요거트	우체국	Postamt 포스트암트	원료	Stoff 슈토프
요금	Gebühr 게뷔어	우체통	Briefkasten 브리프카스텐	원숭이	Affe 아뻬
요리	Gericht/ Kochen 게리히트/코헨	우편	Post 포스트	원주민	Ureinwohner 우어아인보너
				원피스	Kleid 클라이드

한국어	독일어	한국어	독일어	한국어	독일어
원형	Original 오리기날	유료 도로	gebührenpflichtige Straße 게뷔어렌쁠리히티게 슈트라쎄	음료	Getränk 게트렝크
원형 경기장	Zirkus 찌어쿠스	유료의	gebührenpflichtig 게뷔어렌쁠리히티히	음료 전문 시장	Getränkemarkt 게트렝케막트
월식	Mondfinsternis 몬트삔스터니스	유료 화장실	gebührenpflichtige Toilette 게뷔어렌쁠리히티게 토일레테	음식물	Nahrung 나룽
위	Magen 마겐			(음식을 식탁에) 올리다	auftragen 아우프트라겐
위경련	Magenkrampf 마겐크람프	유리잔	Glas 글라스	음악	Musik 무직
위생 봉투	Hygienebeutel 히기에네보이텔	유머	Humor 휴머	음악 페스티벌	Musikfest 무직페스트
위스키	Whisky 위스키	유명	Berühmtheit 베륌트하이트	음주	Trinken 트링켄
~위에	oben 오벤	유명한	berühmt 베륌트	응급 상황	Notfall 노트빨
위장약	Magen-Darmmedikament 마겐-담메디카멘트	유모차	Kinderwagen 킨더바겐	응급 처치	Erste Hilfe 에어스테 힐뻬
위조	Fälschung 뻴숭	유화(액)	Emulsion 에멀젼	응답하다	antworten 안트보어텐
위치	Lage 라게	유화	Ölgemälde 욀게멜데	의류점	Bekleidungsgeschäft 베클라이둥스게셰프트
위통	Magenschmerzen 마겐슈메어쩬	유효 기간	Gültigkeitsdauer 귈티히카이츠다우어	의미	Meinung 마이눙
위험	Gefahr 게빠	유효한	gültig 귈티히	의사	Arzt(남)/ Ärztin(여) 아츠트/에어쯔틴
윙크하다	winken 빙켄	으깨진	zerquetscht 쩨어크벳슈트	의사 증명서	ärztliches Attest 에어쯔트리헤스 아테스트
유감스럽게도	leider 라이더	은	silber 질버		
유감스럽다	bedauerlich 베다우어리히	은행	Bank 방크	(~의) 생가	Geburtshaus (von~) 게부어츠하우스(본~)
유니폼	Uniform 우니폼	은행원	Bankangestellter(남)/ Bankangestellte(여) 방크안게슈텔터/ 방크안게슈텔테	의약품	Medikament 메디카멘트
유람선	Ausflugsschiff 아우스쁠룩스쉬프				

한국어	독일어	한국어	독일어	한국어	독일어
의자	Stuhl 슈툴	이용료	Benutzungsgebühr 베눗쭝스게뷔어	인조 가죽	Kunstleder 쿤스트레더
의학, 약품	Medizin 메디찐	이웃	Nachbar(남)/ Nachbarin(여) 나흐바/나흐바린	인터넷	Internet 인터넷
이	Zahn 짠	이유	Grund 그룬트	인형	Puppe 푸페
이륙	Abflug 압쁠룩	이코노미 클래스	Economy-Klasse 이코노미-클라쎄	인후통	Halsschmerzen 할스슈메어쩬
이륙/출발	Abflug/ Abfahrt 압쁠룩/압빠아트	이코노미 클래스 좌석	Sitzplatz in der Economy-Klasse 짓츠플랏츠 인 데어 이코노미-클라쎄	일	Arbeit 알바이트
이륙 시간, 출발 시간	Abflugzeit/ Abfahrtzeit 압쁠룩짜이트/ 압빠아트짜이트			일	Job 좁
이륙하다, 출발하다	abfliegen/ abfahren 압쁠리겐/ 압빠렌	이해하다	verstehen 뻬어슈테헨	일기	Tagebuch 타게부흐
이름	Name 나메	익숙하지 않은	ungewöhnlich 운게뷘리히	일반적인	allgemein 알게마인
이발	Haareschneiden 하레슈나이덴	인공위성	Satellit 자텔리트	일방통행	Einbahnverkehr 아인반뻬어케어
이번 달	dieser Monat 디저 모나트	인구	Bevölkerung 베뵐커룽	일본 만화	Manga 망가
이번 주	diese Woche 디제 보헤	인기 있는	beliebt 베립트	일어나다	aufstehen 아우프슈테엔
이불	Betttuch 베트투흐	인기 투어	beliebte Tour 베립테 투어	일용품	der tägliche Bedarfsartikel 데어 테글리혜 베다프스아티켈
이상한 소리	komisches Geräusch 코미셰스 게로이쉬	인도	Führung 쀠어룽	일월	Tag und Monat 탁 운트 모나트
이쑤시개	Zahnstocher 짠슈토허	인상	Eindruck 아인드룩	일일권	Tageskarte 타게스카르테
이어폰	Kopfhörer 콥쁘회어거	인쇄물	Drucksache 드룩자헤	일회용 기저귀	Wegwerfwindel 벡베어프빈델
		인스턴트 식품	Fertiggericht 뻬어티히게리히트		

잃다	**verlieren** 뻬어리어렌	잊다	**vergessen** 뻬어게쎈	자전거 타기	**Radfahren** 라드빠렌
잃어버린 물건	**verlorene Sachen** 뻬어로어레네 자헨	**ㅈ**		자화상	**Selbstbildnis** 젤브스트빌드니스
임산부	**Schwangere Frau** 슈방어레 쁘라우	자다	**schlafen** 슐라펜	작년	**letztes Jahr** 레츠테스 야
입구, 입장	**Eingang** 아인강	자동의	**automatisch** 아우토마티쉬	작은	**klein** 클라인
입국	**Einreise** 아인라이제	자동 잠금장치	**automatischer Verschluss** 아우토마티셔 뻬어슐루스	작은 빵	**Brötchen** 브뢰트헨
				작은 새	**Vögelchen** 쀠겔헨
입국 사유	**Grund der Einreise** 그룬트 데어 아인라이제	자동차	**Auto** 아우토	잔	**Becher** 베허
입국 신청서	**Einreiseformular** 아인라이제뽀물라	자동 판매기	**Automat** 아우토마트	잔돈	**Kleingeld** 클라인겔트
입국 심사	**Passkontrolle** 파스콘트롤레	자리	**Sitz/Platz** 짓츠/플랏츠	잔디	**Rasen** 라젠
입석	**Stehplatz** 슈테에플랏츠	자리가 다 찬	**voll besetzt** 뽈 베젯츠트	잘 돌아가는	**in Ordnung** 인 오드눙
입어 보다	**anprobieren** 안프로비어렌	(자리가) 채워진	**besetzt** 베젯츠트	잘못하다	**fehlen** 뺄렌
입원	**Krankenhausaufenthalt** 크랑켄하우스아우뻰트할트	자명종	**Wecker** 베커	잠옷	**Pyjama** 피자마
입장	**Eintritt** 아인트리트	자석	**Magnet** 마그넷	잡지	**Zeitschrift** 짜이트슈리프트
		자손	**Samen** 자멘	잡화점	**Gemischtwarenladen** 게미슈츠바렌라덴
입장하다	**eintreten/ hineingehen** 아인트레텐/ 히나인게헨	자수	**Stickerei** 슈티커라이	장갑	**Handschuhe** 한트슈에
		자연	**Natur** 나투어	장난	**Witz** 빗츠
입학	**Einschulung** 아인슐룽	자유	**Freiheit** 쁘라이하이트	장난감	**Spielzeug** 슈필쬐이그
잉크	**Tinte** 틴테	자전거	**Fahrrad** 빠라드	장난감 가게	**Spielzeugladen** 슈필쬐이그라덴

한국어	독일어	한국어	독일어	한국어	독일어
장소	Ort 오어트	저녁 비행	Flug am Abend 쁠룩 암 아벤트	전시, 전시회	Ausstellung 아우스슈텔룽
장식	Schmuck 슈묵	저녁식사	Abendessen 아벤트에쎈	전시하다	ausstellen 아우스슈텔렌
장애인 전용 화장실	Toiletten für den Rollstuhlfahrer /die Rollstuhlfahrerin 토일레텐 쀠어 덴 롤슈툴빠러 /디 롤슈툴빠러린	저울	Waage 바게	전쟁	Krieg 크릭
		저자	Autor(남)/ Autorin(여) 아우토어/ 아우토어린	전통	Tradition 트라디찌온
				전통 의상	Volkstracht 뽈크스트라흐트
장화	Stiefel 슈티뻴	저장, 비축	Vorrat 뽀어라트	전통 축제	traditionelles Fest 트라디찌오넬레스 뻬스트
재고 정리 세일	Ausverkauf 아우스뻬어카우프	저쪽에서	drüben 드뤼벤		
재단, 기부	Stiftung 슈티푸퉁	적어 두다	aufschreiben 아우프슈라이벤	전화	Telefon 텔레폰
재떨이	Aschenbecher 아셴베허	전광판	Anzeigetafel 안짜이게타뻴	전화 교환원	Telefonist(남)/ Telefonistin(여) 텔레포니스트/ 텔레포니스틴
재료	Material 마테리알	전기	Elektrizität 엘렉트리찌테트		
재봉틀	Nähmaschine 네마쉬네	전망대	Aussichtsplattform 아우스지히츠플랏폼	전화 요금	Telefongebühr 텔레폰게뷔어
재즈	Jazz 재즈	전망이 좋은	mit gutem Ausblick 밑 구템 아우스블릭	전화번호부	Telefonbuch 텔레폰부흐
재즈클럽	Jazzklub 재즈클룹			전화상담소	Telefonauskunft 텔레폰아우스쿤프트
재채기	Niesen 니젠	전문의	Facharzt 빠흐아츠트	절반	Hälfte 헬프테
재킷	Jacke 야께	전문점	Fachgeschäft 빠흐게셰프트	점심 도시락	Lunchpaket 런치파켓
재판	Gericht 게리히트	전보	Telegramm 텔레그람	점심식사	Mittagessen 미탁에쎈
재확인하다	rückbestätigen 뤽베슈테티겐	전수조사	allgemeine Untersuchung 알게마이네 운터주흥	점화	Entzündung 엔쮠둥
잼	Marmelade 마말라데			접시	Teller 텔러

접착제	Klebstoff 클렙슈토프	제한되지 않은	unbeschränkt 운베슈렝크트	조용한	ruhig 루이히
젓가락	Essstäbchen 에스슈텝혠	조각	Skulptur/ Bildhauerei 스쿨처/ 빌트하우어라이	조종사	Flugkapitän 플룩카피텐
정가	fester Preis 페스터 프라이스			조종 핸들	Lenkrad 렝크라드
정돈	Einrichtung 아인리히퉁	조각가	Bildhauer(남)/ Bildhauerin(여) 빌트하우어/ 빌트하우어린	조카	Neffe 네뻬
정보 잡지	Info-Magazin 인포-마가찐			졸리다	schläfrig 슐레프리히
정어리	Sardine 잘디네	조개	Muschel 무셸	좁다	eng 엥
정열적인	leidenschaftlich 라이덴샤프트리히	조건	Bedingung 베디눙	종교	Religion 렐리기온
정오	Mittag 미탁	조깅	Jogging 조깅	종류	Sorte 조어테
정장	Gala 갈라	조망	Ausblick 아우스블릭	종업원 (남자)	Kellner 켈너
정지	Anhalten 안할텐	조명	Beleuchtung 베로이히퉁	종업원 (여자)	Kellnerin 켈너린
정책	Politik 폴리틱	조사	Untersuchung 운터주훙	종이	Papier 파피어
정체	Stau 슈타우	조사하다	untersuchen 운터주헨	종이 손수건	Papiertaschentuch 파피어타셴투흐
정하다	bestimmen 베슈팀멘	조세, 세금	Steuer 슈토이어	종이 쇼핑백	Papiertasche 파피어타셰
젖병	Saugflasche 자우그쁠라셰	조수	Assistent(남)/ Assistentin(여) 아시스텐트/ 아시스텐틴	종이컵	Papierbecher 파피어베허
제시간의/ 계획적인	pünktlich/ planmäßig 쀵트리히/ 플란메씨히			좋은 날씨	schönes Wetter 셰네스 베터
		조심	Vorsicht 뽀어지히트		
제안	Vorschlag 뽀어슐락	조심히 다루다	Vorsichtig behandeln 뽀어지히티히 베한델	좋은 친구	guter Freund/ gute Freundin 구터 쁘로인트/ 구테 쁘로인딘
제출	Eingabe 아인가베				

좌석	Sitz 짓츠	주소	Adresse 아드레쎄	중국 약제	chinesisches Arzneimittel 히네지셰스 아르츠나이미텔
좌석	Sitzplatz 짓츠플랏츠	주소	Anschrift 안슈리프트	중국 음식	chinesisches Essen 히네지셰스 에쎈
좌석 번호	Sitznummer 짓츠눔머	주스	Saft 자프트	중국산	in China hergestellt 인 히나 헤어게슈텔트
좌석을 예약하다	Sitzplatz reservieren 짓츠플랏츠 레저비어렌	주역	Hauptrolle 하우프트롤레		
		주유소	Tankstelle 탕크슈텔레	중앙	Mitte 미테
좌회전 금지	Linksabbiegen verboten! 링스압비겐 페어보텐	주의	Notiz 노티쯔	중요한	wichtig 비히티히
주	Woche 보헤	주의하다	achten 아흐텐	중학교	Mittelschule 미텔슐레
주 관중석	Haupttribüne 하우프트리뷔네	주차 금지	Parken verboten! 파켄 페어보텐	중학생	Mittelschüler(남)/ Mittelschülerin(여) 미텔쉴러/ 미텔쉴러린
주거 단지	Häuserblock 호이저블록				
주름	Falte 빨테	주차 요금	Parkgebühr 파크게뷔어	중형차	mittelgroßes Auto 미텔그로쎄스 아우토
주말	Wochenende 보헤넨데	주차장	Parkplatz 파크플랏츠		
주머니	Tasche 타셰	주차하다	parken 파켄	쥐	Maus 마우스
주문	Bestellung 베슈텔룽	주행 수치	Kilometerstand 킬로메터슈탄트	즉시	sofort 조뽀어트
주문하다	bestellen 베슈텔렌	죽	Brei 브라이	증기, 방향	Duft 두프트
주방	Küche 퀴헤	준비	Vorbereitung 뽀베라이퉁	증명	Beweis 베바이스
주사기	Spritze 슈프릿쩨	중간 크기의	mittelgroß 미텔그로쓰	증명	Bestätigung 베슈테티궁
주사위	Würfel 뷔어뻴	중고품	Gebrauchtware 게브라우흐트바레	증명하다	bestätigen 베슈테티겐

증상	Symptom 짐톰	지역, 지방	Land 란트	진통제	Schmerzmittel 슈메어쯔미텔
증오	Hass 하스	지우개	Radiergummi 라디어구미	질문	Frage 쁘라게
지갑	Geldbeutel 겔트보이텔	지진	Erdbeben 에어트베벤	질문하다	fragen 쁘라겐
지금	jetzt 예츠트	지폐	Geldschein 겔트샤인	짐	Gepäck 게쁵
지나가다	vorbeigehen 뽀바이게헨	지하	Untergeschoss 운터게쇼스	짐꾼	Gepäckträger 게쁵트레거
지난 달	letzten Monat 레츠텐 모나트	지하	Untergrund 운터그룬트	짐 보관소	Gepäckaufbewahrung 게쁵아우프베바룽
지난 주	letzte Woche 렛츠테 보헤	지하철	U-Bahn 우반	짐 싣는 곳	Kofferraum 코퍼라움
지도, 노선도	Streckenplan 슈트레켄플란	지하철 노선도	U-Bahn— Streckenplan 우반-슈트레켄플란	집	Haus 하우스
지루한	langweilig 랑바일리히	지하철 역	U-Bahnhof 우반호프	집에서 일 하는 여자/ 집에서 일 하는 남자	Hausfrau/ Hausmann 하우스프라우/ 하우스만
지방	Fett 뻬트	직사각형	Rechteck 레히테크	집 전화	Haustelefon 하우스텔레폰
지불	Bezahlung 베짤룽	직업	Beruf 베루프	집합 지점	Treffpunkt 트레프풍트
지불하다	bezahlen 베짤렌	직원	Personal 페어조날	짓다	bauen 바우엔
지붕	Dach 다흐	직항 비행기	Direktflug 디렉트쁠룩	짙다, 어둡다	stark/dunkel 슈타크/둥켈
지역	Region 레기온	직행 버스	Direktbus 디렉트부스	짠	salzig 잘찌히
지역 음식점	lokale Küche 로칼레 퀴혜	진실	Wahrheit 바하이트	짧은	kurz 쿠어쯔
지역 특산물	lokale Spezialität 로칼레 슈페찌알리테트	진주	Perle 페흐레		ㅊ
				차	Tee 테

차도	Fahrbahn 빠반	천막	Zelt 쩰트	체질	Körperbeschaffenheit 쾨어퍼베샤펜하이트
차량	Wagen 바겐	천식	Asthma 아스트마	체크아웃 시간	Check-Out-Zeit 체크아웃 짜이트
차표	Fahrkarte 빠카르테	철도	Eisenbahn 아이젠반		
차표 자동판매기	Fahrkartenautomat 빠카르텐아우토마트	철도패스	Railpass 레일패스	체크아웃 하다	Auschecken 아우스체켄
차표 창구	Fahrkartenschalter 빠카르텐샬터	첨가물이 없는	ohne Zusatzstoffe 오네 쭈잣츠슈토뻬	체크인하다	Einchecken 아인체켄
착하다, 친절한	nett 넷	첨가하다	zusetzen/ nachbestellen 쭈젯쩬/ 나흐베슈텔렌	초	Sekunde 제쿤데
참기름	Sesamöl 제잠욀			초대	Einladung 아인라둥
창가 자리	Fensterplatz 뻰스터플랏츠	첫차	erster Zug 에어스터 쭉	초대하다	einladen 아인라덴
창구	Schalter 샬터	청바지	Jeans 진스	초등학교	Grundschule 그룬트슐레
창문	Fenster 뻰스터	청소	Reinigung 라이니궁	초록불	grünes Licht 그뤼네스 리히트
찾다	suchen 주헨	청소 비용	Reinigungskosten 라이니궁스코스텐	초록색	grün 그륀
채식주의자 (남자)/ 채식주의자 (여자)	Vegetarier(남)/ Vegetarierin(여) 베게타리어/ 베게타리어린	청소년 유스호스텔	Jugendherberge 유겐트헤어베어게	초상	Porträt 포트레트
		청소하다	reinigen/ putzen 라이니겐/풋쩬	초콜릿	Schokolade 쇼콜라데
책	Buch 부흐	체류 기간	Aufenthaltsdauer 아우펜트할츠다우어	총	Gewehr 게베어
~처럼	wie 비	체온	Körpertemperatur 쾨어퍼템퍼라투어	최근에	in letzter Zeit 인 레츠터 짜이트
처음의	erst 에어스트	체온계	Fieberthermometer 삐버털모메터	최대의	maximal 막시말
천둥	Donner 도너	체조	Gymnastik 김나스틱	최소의	minimal 미니말

최저요금	Mindestgebühr 민데스트게뷔어	출국 티켓	Ausreisekarte 아우스라이제카르테	치약	Zahnpasta 짠파스타
최종 목표	Endziel 엔트찔	출생지	Geburtsort 게부어츠오어트	치질	Hämorrhoide 헤모어호이데
최후의	letzt 렛츠트	출입국심사	Immigration 이미그라찌온	치통	Zahnschmerzen 짠슈메어
추가 비용	Zuschlag 쭈슐락	출판	Verlag 페어락	친척	Verwandte 페어반드테
추가 침대	Zusatzbett 쭈잣츠베트	춤	Tanz 탄쯔	친하다	befreundet 베쁘로인데트
추운, 춥다	kalt 칼트	춤추다	tanzen 탄쩬	침대	Bett 베트
추워지다	kalt werden 칼트 베어덴	충전기	Ladegerät 라데게레트	침대 옆 서랍장	Nachtkästchen 나흐트케스트헨
추종자	Anhänger(남)/ Anhängerin(여) 안헹어/ 안헹어린	취급	Behandlung 베한들룽	침대차	Schlafwagen 슐라프바겐
		취미	Hobby 호비	침대 추가 요금	Liegeplatzzuschlag 리게플랏츠쭈슐락
추천	Empfehlung 엠뻴룽	취소	Stornierung 슈토니어룽	침실	Schlafzimmer 슐라프찜머
추천하다	empfehlen 엠뻴렌	취소하다	stornieren 슈토니어렌	칫솔	Zahnbürste 짠뷔어스테
축구	Fußball 뿌스발	취하다	sich betrunken 지히 베트룽켄	ㅋ	
축제	Fest 뻬스트			카드	Spielkarte 슈필카르테
축축해지다	nass werden 나스 베어덴	측면	Seite 자이테	카운터	Theke 테케
출구	Ausgang 아우스강	층별 안내도	Etagenplan 에타겐 플란	카지노	Spielcasino 슈필카지노
출국세	Ausreisesteuer 아우스라이제슈토이어	치과 의사	Zahnarzt 짠아츠트	카탈로그	Katalog 카탈로그
출국장	Abflughalle 압쁠룩할레	치마	Rock 록	카트	Kofferkuli 코퍼쿨리
		치안, 안전	Sicherheit 지허하이트	카페	Café 카페

카펫	**Teppich** 테피히	콘센트	**Steckdose** 슈텍도제	탄산수	**Wasser mit Kohlensäure** 바써 밑 콜렌조이레
칵테일	**Cocktail** 콕테일	콘텍트렌즈	**Kontaktlinse** 콘탁트린제	탄산 없는 물	**Wasser ohne Kohlensäure** 바써 오네 콜렌조이레
칼	**Messer** 메써	콜라	**Cola** 콜라		
캐리어	**Koffer** 코퍼	콜렉트콜	**R-Gespräch** 에르-게슈프레흐	탑	**Turm** 투엄
캐시미어	**Kaschmirwolle** 카쉬미어볼레	크게 하다	**vergrößern** 뻬어그뢰쎤	탑승권	**Bordkarte** 보어트카르테
커튼	**Vorhang** 뽀어항	크다	**groß** 그로쓰	탑승하다	**an Bord** 안 보어트
커피	**Kaffee** 카페	크로아상	**Croissant** 크로이상	태양	**Sonne** 존네
컬러 영화	**Farbfilm** 빠브필름	크리스마스	**Weihnachten** 바이나흐텐	태풍	**Taifun** 타이푼
컴퓨터	**Computer** 콤퓨터	크림	**Creme** 크림	택시	**Taxi** 탁시
케이블카	**Seilbahn** 자일반	큰 도로	**Hauptstraße** 하우프트슈트라쎄	택시 미터기	**Taxameter** 탁사메터
케이크	**Kuchen** 쿠헨	큰 자동차	**großes Auto** 그로쎄스 아우토	택시정류장	**Taxistand** 탁시슈탄트
케첩	**Ketchup** 케첩	클래식 음악	**klassische Musik** 클라시셰 무직	턱	**Kiefer** 키뻐
코	**Nase** 나제	클릭하다	**klicken** 클리켄	테니스	**Tennis** 테니스
코르크 따개	**Korkenzieher** 코르켄찌허	키 홀더	**Schlüsselhalter** 슐뤼셀할터	테니스 공	**Tennisball** 테니스발
코인라커	**Münzschließfach** 뮌쯔슐리스빠흐		**E**	테니스장	**Tennisplatz** 테니스플랏츠
콘돔	**Kondom** 콘돔	타이어 펑크	**Reifenpanne** 라이펜판네	테러	**Terror** 테러
콘서트	**Konzert** 콘쩨어트	타이어, 후프	**Reifen** 라이뻰	테이블	**Tisch** 티쉬
		탁아소	**Kinderhort** 킨더호어트	테이블보	**Tischdecke** 티쉬데케

텔레비전 수상기	Fernsehapparat 페언제에아파가트	특징	Kennzeichen/ Merkmal 켄짜이헨/ 메어크말	패스트푸드	Fastfood 패스트푸드
토끼	Hase 하제			팬더	Panda 판다
토마토	Tomate 토마테	티백	Teebeutel 테보이텔	팬케이크	Pfannkuchen 반쿠헨
토스트	Toast 토스트	티셔츠	T-Shirt 티셔츠	페이퍼 타월	Papiertuch 파피어투흐
토지	Erde 에어데	티켓	Karte 카르테	펜	Stift 슈티프트
통과	Transit 트란짓	티켓 판매소	Ticketladen 티켓라덴	편도 차표	einfache Fahrkarte 아인빠헤 빠카르테
통로 쪽 좌석	Gangplatz 강플랏츠	팁	Trinkgeld 트링크겔트		
통역하다	dolmetschen 돌멧셴	팁, 봉사료	Bedienungsgeld 베디눙스겔트	편도선염	Mandelentzündung 만델엔쮠둥
통조림	Konserve 콘절베	<center>ㅍ</center>		편명 (비행기 번호)	Flugnummer 플룩눔머
통조림 따개	Dosenöffner 도젠외프너	파도	Welle 벨레	편안하다	angenehm 안게넴
통조림, 통	Dose 도제	파란색	blau 블라우	편안한	bequem 베크엠
통증	Schmerz 슈메어쯔	파리	Fliege 쁠리게	편의점	Convenience Shop 콘비니언스 숍
통증이 있다	schmerzen 슈메어쩬	파트너	Partner(남)/ Partnerin(여) 파트터/ 파트너린		
퇴직한	außer Dienst 아우써 딘스트	파티	Party 파티	편지	Brief 브리프
특별 전시회	Sonderveranstaltung 존더뻬안슈탈퉁	판돈	Spielgeld 슈필겔트	편지지	Briefpapier 브리프파피어
특별한 제품	spezielle Produkt 슈페찌엘레 프로둑트	판매원	Verkäufer(남)/ Verkäuferin(여) 뻬어코이퍼/ 뻬어코이퍼린	평균	Durchschnitt 두어히슈니트
				평야	Ebene 에베네
특징	Charakteristikum 카락테리스티쿰	판지 상자	Pappkarton 팝카톤	평일	Wochentag 보헨탁

한국어	독일어	한국어	독일어	한국어	독일어
평일	**Arbeitstag** 알바이츠탁	폴로 셔츠	**Polohemd** 폴로헴트	프로레슬링 선수	**Profi-Catchen** 프로피-켓헨
평화	**Frieden** 쁘리덴	폴리에스테르	**Polyester** 폴리에스터	프린터	**Drucker** 드루커
폐렴	**Lungenentzündung** 룽엔엔쯘둥	쬔	**Föhn** 쬔	플래시 금지	**Blitzlicht verboten!** 블릿츠리히트 뻬어보텐
폐쇄된	**gesperrt** 게슈페어트	쬔이 분다	**Föhnen** 쁴넨	플랫폼	**Bahnsteig** 반슈타익
폐장	**Schließung** 슐리쑹	표백제	**Bleichmittel** 블라이히미텔	플러그	**Stecker** 슈테커
폐장 시간	**Schließungszeit** 슐리쑹스짜이트	표시하다/ 알아차리다	**merken** 메어켄	피	**Blut** 블루트
폐점	**Ladenschluss** 라덴슐루스	표지판	**Schild** 쉴트	피가 나다	**bluten** 블루텐
폐허	**Ruine** 루이네	품목	**Artikel** 아티켈	피곤한	**müde sein** 뮤데 자인
포니테일	**Pony** 포니	품목	**Kategorie** 카테고리	피부	**Haut** 하우트
포장	**Verpackung** 쁴어파쿵	품질	**Qualität** 크발리테트	피부 자극 요소	**Reizstoff** 라이츠슈토프
포장된	**verpackt** 쁴어팍트	풍경	**Landschaft** 란트샤프트	피아노	**Klavier** 클라비어
포장하다 (테이크 아웃)	**zum Mitnehmen** 쭘 밋네멘	풍경화	**Landschaftsbild** 란트샤프츠빌트	필수적인	**notwendig** 노트벤디히
포크	**Gabel** 가벨	프랑스 음식	**französisches Essen** 쁘란쬐지셰스 에쎈	필수품	**Notwendigkeiten** 노트벤디히카이텐
포함하다	**enthalten** 엔트할텐	프런트	**Rezeption** 레쩹찌온	핑계	**Ausrede** 아우스레데
폭력적인	**gewaltsam** 게발트잠			ㅎ	
폭포	**Wasserfall** 바써빨	프로그램	**Programm** 프로그람	하녀	**Dienstmädchen** 딘스트메드헨
폭풍	**Sturm** 슈투엄			하늘	**Himmel** 힘멜

하드웨어	**Hardware** 한트바레	한국어	**Koreanisch** 코레아니쉬	항공 우편	**Luftpost** 블룩포스트
하루	**ein Tag** 아인 탁	한국에서의 연락주소	**Kontaktadresse** **in Korea** 콘탁트아드레세 인 코레아	항구	**Hafen** 하펜
하루	**Tag** 탁			항상	**immer** 임머
하루의	**eintägig** 아인테기히	한국인	**Koreaner(남)/** **Koreanerin(여)** 코레아너/ 코레아너린	항해	**Seefahrt** 제빠아트
하부	**Unterteil** 운터타일			해상 우편	**Seepost** 제포스트
하차하다	**aussteigen** 아우스슈타이겐	한밤중	**Mitternacht** 미터나흐트	해안	**Küste/Strand** 퀴스테/슈트란트
하품	**Gähnen** 게넨	한 쌍	**ein Paar** 아인 파	해열제	**Fiebermittel** 삐버미텔
학교	**Schule** 슐레	한 잔	**eine Tasse** 아이네 타쎄	해외여행	**Auslandsreise** 아우스란트라이제
학문	**Wissenschaft** 비쎈샤프트	한 장	**ein Blatt** 아인 블라트	해협	**Meeresstraße** 메어레스슈트라쎄
학생증	**Studentenausweis** 슈투덴텐아우스바이스	한 조각	**ein Stück** 아인 슈튁	핸드폰	**Handy** 한디
학습	**Lernen** 레어넨	할부	**Rate** 라테	햄버거	**Hamburger** 함부어거
한 걸음	**ein Satz** 아인 잣츠	할인	**Rabatt/** **Ermäßigung** 라바트/ 에어메시궁	향료가 든, 향기로운	**würzig** 뷔어찌히
한국	**Korea** 코레아			향수	**Perfüm** 퍼퓜
한국 대사관	**Koreanische** **Botschaft** 코레아니셰 보트샤프트	할인점	**Discountladen** 디스카운트라덴	향신료	**Gewürze** 게뷔어쩨
		할증	**Zuschlag** 쭈슐락	허가	**Erlaubnis** 에어라우브니스
한국 음식	**koreanische** **Essen** 코레아니셰스 에쎈	합계	**Summe** 줌메	허리	**Taille** 타일레
		핫도그	**Hot Dog** 핫 도그	헤드폰	**Kopfhörer** 콥쁘회어거
한국 자동차	**koreanisches** **Auto** 코레아니셰스 아우토	항공사	**Fluggesellschaft** 쁠룩게젤샤프트	헬리콥터	**Hubschrauber** 훕슈라우버

혀	Zunge 쭝에	화가	Maler(남)/ Malerin(여) 말러/ 말러린	환경 파괴	Umweltzerstörung 움벨트쩨어슈퇴어룽
현금	Bargeld 바겔트	화난	böse 뵈제	환승	Umsteigen 움슈타이겐
현지 시간	Ortszeit 오어츠짜이트	화단	Blumenbeet 블루멘베트	환승 차표	Umsteigefahrkarte 움슈타이게바카르테
혈압	Blutdruck 블루트드룩	화산	Vulkan 불칸	환영 인사	Begrüßung 베그뤼숭
혈액형	Blutgruppe 블루트그루페	화장수, 스킨로션	Gesichtswasser 게지히츠바써	환율 시세	Wechselkurs 벡셀쿠어스
협상하다	verhandeln 뻬어한델ㄴ	화장실	Toilette 토일레테	환자	Patient 파찌엔트
형식	Form 뽐	화장실 휴지	Toilettenpapier 토일레테파피어	환전	Geldwechsel 겔트벡셀
형제자매	Geschwister 게슈비스터	화장품	Schönheitsmittel 쇤하이츠미텔	환전소	Wechselstube 벡셀슈투베
형형색색의	bunt 분트	화장품	Kosmetikartikel 코스메틱아티켈	환호성	Jubel 유벨
호박	Bernstein 베언슈타인	화장품 회사	Kosmetikfirma 코스메틱삘마	활달한	lebhaft 렙하프트
호박	Kürbis 퀴어비스	화폐 신고	Währungserklärung 베룽스에어클레어룽	회사 사장	Firmenchef 삘르멘셰프
호출 버튼	Rufknopf 루프크놉프	화학	Chemie 헤미	회사원	Firmenangestellter (남)/ Firmenangstellte (여) 삘멘안게슈텔터/ 삘멘안게슈텔테
호텔	Hotel 호텔	확성기	Lautsprecher 라우트슈프레허		
호텔 명단	Hotelliste 호텔리스테	확실한	sicher 지허	회원증	Mitgliedsausweis 밑글리드아우스바이스
혼란	Aufruhr 아우프루어	환경	Umwelt 움벨트	회중 전등	Taschenlampe 타셴람페
혼합된	gemischt 게미슈트				
홀가분한, 간편한	leger 레거			회화	Gemälde 게멜데
홈페이지	Homepage 홈페이지	환경오염	Umweltverschmutzung 움벨트뻬어슈뭇쭝		

횡단보도	Zebrastreifen 제브라슈트라이펜
후식	Nachtisch 나흐티쉬
후추	Pfeffer 페퍼
훈제의	geräuchert 게로이허트
휘발유	Benzin 벤찐
훼손	Verletzung 페어렛쭝
휠체어	Rollstuhl 롤슈툴
휴가	Urlaub 우얼라우브
휴식	Pause 파우제
휴일	Feiertag 빠이어탁
흡연	Rauchen 라우헨
흡연 구역	Raucherplatz 라우허플랏츠
흡연 구역	Raucherbereich 라우허베라이히
흡연 금지!	Rauchen verboten! 라우헨 뻬어보텐
흡연하다	rauchen 라우헨
흥미롭다	interessant 인터레산트

흥분하다	sich aufregen 지히 아우프레겐
희극	Komödie 코뫼디
흰	weiß 바이스

그 외

100유로 지폐	100 Euro-Schein 아인훈더트 오이로 샤인
10유로 지폐	10-Euro-Schein 첸 오이로 샤인
1급의	erstklassig 에어스트클라씨히
1등급	erste Klasse 에어스테 클라쎄
1명 당	pro Person 프로 페어존
1번 더	noch einmal 노흐 아인말
1열	erste Reihe 에어스테 라이헤
1유로 동전	1-Euro-Münze 아인 오이로 뮌쩨
1인실	Einzelzimmer 아인쩰찜머
1층	erster Stock 에어스터 슈톡

1층 앞쪽	erster Rang vorne 에어스터 랑 뽀어네
1층 앞쪽 관람석	Parkett 파켓
24시간 영업	rund um die Uhr geöffnet 룬트 움 디 우어 게외프네트
2등급	zweiter Klasse 쯔바이터 클라쎄
2인용 침실	Doppelzimmer 도펠찜머
CD 가게	CD-Laden 쩨데라덴
PIN 넘버	Geheimzahl 게하임짤

단어장

German ⟶ Korean

A	
Abendessen 아벤트에쎈	저녁
Abfahrtszeit 압빠아츠짜이트	출발 시간
Abflughalle 압쁠룩할레	출국장
Abflugzeit 압쁠룩짜이트	출발 시간
Abführmittel 압쀠어미텔	설사약
abgeben 압게벤	제출하다
Abholschein 압홀샤인	수령표
Abreise 압라이제	출발
Abreisetag 압라이제탁	출발일
Adresse/ **Anschrift** 아드레쎄/ 안슈리프트	주소
à-la-carte- **Gericht** 아 라 카르테 게리히트	선택식 요리, 일품요리
Alarm 알람	알람
Allergie 알레어기	알레르기
alt 알트	나이 들다
am Fenster 암 펜스터	창문에서

Anämie/ **Blutarmut** 아네미/ 블루트아무트	빈혈
an Bord 안 보어트	탑승하다
anerkannte **Wechselstube** 안에어칸테 벡셀슈투베	공인된 환전소
Angeln 앙엘	낚시
Ankunft 안쿤프트	도착
anordnen 안오드넨	정리하다
anrufen/ **telefonieren** 안루펜/ 텔레뽀니어렌	전화하다
Ansage 안자게	고지
Ansichtskarte 안지히츠카르테	그림 엽서
Apotheke 아포테케	약국
Appetit 아페티트	식욕
Aquarium 아크바리움	아쿠아리움
Arbeit 알바이트	일
Arzt(남/ **Ärztin(여)** 아츠트/에어쯔틴	의사
Aschenbecher 아셴베허	재떨이

Aspirin 아스피린	아스피린
Asthma 아스트마	천식
Aufführung 아우프뷔어룽	공연, 상연
Aufzug 아우프쭉	엘리베이터
Augenbraue 아우겐브라우에	눈썹
Augentropfen 아우겐트롭뻰	안약
Auschecken 아우스체켄	체크아웃 하다
Ausflugsschiff 아우스쁠룩스쉬프	유람선
Ausgang 아우스강	출구
Auslandsreise 아우스란트라이제	해외여행
auslaufen 아우스라우뻰	완주하다
Ausreiseformular 아우스라이제뽀물라	출국 신고서
Außenseite 아우센자이테	외면
Ausspültaste 아우스슈필타스테	세척 버튼
aussteigen 아우스슈타이겐	하차하다
Ausstellung 아우스슈텔룽	전시, 전시회
Ausverkauf 아우스뻬어카우프	재고 정리 세일

ausverkauft 아우스뻬어카우프트	매진된
Auto 아우토	자동차
Automat 아우토마트	자동 판매기

B

Baby 베이비	아기
Bäckerei 베커라이	빵집
Badetuch 바데투흐	목욕 수건
Bahnhof 반호프	기차역
Bank 방크	은행
Bar 바	바
Bargeld 바겔트	현금
Baseball 베이스볼	야구
Bauchschmerzen 바우흐슈메어쩬	복통
Becher 베허	잔
Bedienungsgeld 베디눙스겔트	팁, 봉사료
Behandlung 베한들룽	취급
Bekleidungsgeschäft 베클라이둥스게셰프트	의류점
Benzin 벤찐	휘발유
Berg 베어크	산
Bergsteigen 베어크슈타이겐	등산

Beruf 베루프	직업
berühmt 베륌트	유명한
besetzt 베젯츠트	(자리가) 채워진
Besichtigung 베지히티궁	관광, 관람, 구경
bestellen 베슈텔렌	주문하다
Bett 베트	침대
Bibliothek 비블리오텍	도서관
Bier 비어	맥주
billig 빌리히	싸다
blau 블라우	파란색
Blitzlicht verboten! 블릿츠리히트 뻬어보텐	플래시 금지
Blut 블루트	피
Blutdruck 블루트드룩	혈압
bluten 블루텐	피가 나다
Blutgruppe 블루트그루페	혈액형
Bonbon 봉봉	사탕
Bordkarte 보어트카르테	탑승권
Botschaft 보트샤프트	대사관
Brief 브리프	편지

Briefkasten 브리프카스텐	우체통
Briefmarke 브리프마케	우표
Brille 브릴레	안경
Broschüre 브로쉬어	안내 책자
Buch 부흐	책
Buchhandlung 부흐한들룽	서점
Büffet 뷔페	뷔페
Bügeleisen 뷔겔아이젠	다리미
Bus 부스	버스
Bushaltestelle 부스할테슈텔레	버스정류장
Busstation 부스슈타찌온	버스정류장

C

chinesisches Arzneimittel 히네지셰스 아르츠나이미텔	중국 약재
Cocktail 콕테일	칵테일
Concierge 콘시어지	관리인
Convenience Shop 콘비니언스 숍	편의점

D

Dach 다흐	지붕
Dauerwelle 다우어바일레	지속 기간

기본회화
관광
맛집
쇼핑
뷰티
엔터테인먼트
호텔
교통수단
기본정보
단어장

Decke 데케	이불
Deckengemälde 데켄게멜데	천정화
deklarierte Artikel 데클라리어테 아티켈	세관 신고 물품
der betreffende Tag 데어 베트레뻰데 탁	당일
Design 디자인	디자인
dick 딕	두껍다
Dieb 딥	도둑
Diebstahl 딥슈탈	도둑질
Differenz 디뻐렌츠	차이
Digitalkamera 디기탈카메가	디지털 카메라
Diskothek 디스코텍	디스코텍
Dokument 도쿠멘트	문서
dolmetschen 돌멧쎈	통역하다
Dom/ Kathedrale 돔/카테드랄레	대성당
Doppelzimmer 도뻴찜머	2인용 침실
draußen 드라우쎈	야외의
drücken 드뤼켄	누르다, 압박하다
dunkel 둥켈	어둡다, 어두운

dünn 뒨	얇은
Dusche 두셰	샤워기
Duty-free-Shop 두티쁘리숍	면세점

E

Edelstein 에델슈타인	보석
Ei 아이	계란
Eilpost 아일포스트	급행 우편
Einchecken 아인체켄	체크인하다
einfach 아인빠흐	간단한, 단순한, 쉬운
Eingang 아인강	입구, 입장
Einkaufen 아인카우쁜	쇼핑
Einladung 아인라둥	초대
Einreiseformular 아인라이제뽀물라	입국 신고서
einsteigen 아인슈타이겐	승차, 승차하다
Einstiegszeit 아인슈틱스짜이트	승차 시간
Eintritt 아인트리트	입장
Eis 아이스	얼음, 아이스크림
Eisenbahn 아이젠반	철도
Ellbogen 엘보겐	팔꿈치
Empfang 엠빵	수신

empfangen 엠빵엔	수신하다
Englisch 엥글리쉬	영어
Entwicklung 엔트비클룽	발전
erbrechen 에어브레헨	구토하다
Erfrischungsraum 에어브리슝스라움	매점, 식당
Erinnerung 에리너룽	기억
Erkältung 에어켈퉁	감기
Erkältungsmittel 에어켈퉁스미텔	감기약
Erklärung 에어클레어룽	설명
erster Zug 에어스터 쭉	첫차
Erwachsener 에어박세너	성인
Essen 에쎈	먹다, 음식
Essig 에씨히	식초
Essstäbchen 에스슈텝헨	젓가락
Excel 엑셀	엑셀
Expresszug 엑스프레스쭉	급행열차

F

Fahrer(남)/ Fahrerin(여) 빠러/빠러린	운전사
Fahrkarte 빠카르테	차표

독일어	한국어	독일어	한국어	독일어	한국어
Fahrkartenschalter 빠카르텐샬터	차표 창구	**Firma/ Gesellschaft** 삘마/게젤샤프트	회사	**Frosch** 쁘로쉬	개구리
Fahrplan 빠플란	운행 시간표	**Flaschenöffner** 쁠라셴외프너	병따개	**früher** 쁘뤼허	보다 이른
Fahrpreis 빠프라이스	운임 요금	**Fleck** 쁠렉	얼룩	**Frühstück** 쁘뤼슈뛱	아침식사
Fahrrad 빠라드	자전거	**Flughafen** 쁠룩하펜	공항	**Fundbüro** 뿐트뷔로	분실물 보관소
Fälschung 뻴슝	위조	**Flughafenbus** 쁠룩하펜부스	공항버스	**für Kinder** 뛰어 킨더	아이용
Familie 빠밀리에	가족	**Flughafengebühr** 쁠룩하펜게뷔어	공항 이용료	**Fuß** 부스	발
Farbe 빠르베	색깔	**Flugnummer** 쁠룩눔머	편명 (비행기 번호)	**Fußgelenk** 부스게렝크	발목
Fax 팍스	팩스	**Flugsteig** 쁠룩슈타익	비행기 탑승구	**G**	
fern/weit 뻬언/바이트	멀다	**Flugticket** 쁠룩티켓	비행기 티켓	**Garnele** 가넬레	새우
Ferngespräch 뻬언게슈프레히	시외 통화	**Flugzeug** 쁠룩쪼이그	비행기	**Garten** 가르텐	뜰, 정원
Fernsehapparat 뻬언제에아파가트	텔레비전 수상기	**Fluss** 쁠루스	강	**Gebrauchsanweisung** 게브라우흐스안바이중	사용 설명서
Fertiggericht 뻬어티히게리히트	인스턴트 식품	**Flüssigkeit** 쁠뤼시카이트	액체	**Gebühr** 게뷔어	요금
Fest 뻬스트	축제	**Föhn** 뾘	푄	**gebührenpflichtig** 게뷔어렌쁠리히티히	유료의
fester Preis 뻬스터 프라이스	정가	**Foto** 뽀토	사진	**Geburtstag** 게부어츠탁	생일
Fieber 삐버	열	**Fotoapparat** 뽀토아파가트	사진기	**Gefahr** 게빠	위험
Fiebermittel 삐버미텔	해열제	**Fotografieren verboten!** 뽀토그라삐어렌 뻬어보텐	사진 촬영 금지	**Geheimnis** 게하임니스	비밀
				Geheimzahl 게하임짤	PIN 넘버
Film 삘름	영화	**Frau** 쁘라우	여자	**Geld** 겔트	돈
				Geldbeutel 겔트보이텔	지갑
Finger 삥어	손가락	**Freizeit** 쁘라이짜이트	자유 시간	**Gemälde** 게멜데	회화
				geöffnet 게외프네트	영업 중

199

독일어	한국어		독일어	한국어		독일어	한국어
geradeaus 게라데아우스	직진		Hals 할스	목		Hose 호제	바지
Gericht 게리히트	요리		Halskette 할스케테	목걸이		Hotel 호텔	호텔
gesalzene Fische 게잘쩨네 삐셰	절인 생선		Hammelfleisch 함멜쁠라이쉬	양고기		Hühnerfleisch 휘너쁠라이쉬	닭고기
Geschäft/Laden 게셰프트/라덴	상점		Hand 한트	손		Hund 훈트	개
Geschenk 게셴크	선물		handgefertigte Ware 한트게뻬어티히테 바레	수제품		Hut 후트	모자
Geschlecht 게슐레히트	성별		Handgepäck 한트게펙	기내 수하물		**I**	
gesperrt 게슈페어트	폐쇄된		Handtuch 한트투흐	손수건		Information 인쁘마찌온	안내소
gestern 게스턴	어제		Handy 한디	핸드폰		Inlandsfluglinie 인란츠쁠룩리니에	국내선
Getränke 게트렝케	음료수		Haus 하우스	집		Innenstadt 인넨슈타트	도심
getrennt 게트렌트	분리된		Haut 하우트	피부		Insekt 인섹트	곤충
Gewürze 게뷔어쩨	향신료		heiß 하이스	더운		internationale Fluglinie 인터나찌오날레 쁠룩리니에	국제선
Glas 글라스	유리		Heizung 하이쭝	난방		internationaler Führerschein 인터나찌오날러 쀠어거샤인	국제 면허증
Glasmalerei 글라스말러라이	스테인드 글라스		hell 헬	밝다			
Grippe 그리페	독감		heute 호이테	오늘		Internet 인터넷	인터넷
groß 그로쓰	크다		hineingehen/ eintreten 히나인게헨/ 아인트레텐	입장하다		**J**	
Größe 그뢰쎄	사이즈					Jacke 야케	재킷
Gültigkeitszeitraum 귈티히카이츠짜이트라움	유효 기간		Himmelsrichtung 힘멜스리히퉁	방향		Jahreszeit 야레스짜이트	계절
Gutschein 굿샤인	상품권		Hobby 호비	취미		Jubiläum 유빌레움	기념일
H			Höflichkeit 회쁠리히카이트	예의		Junge 융에	소년
Haar 하	머리카락		Höhe 회에	높이			

K

Kabarett 카바렛	선술집
Kaffee/Café 카페/카페	커피/카페
kalt 칼트	추운, 춥다
Karate 카라테	가라테
Karte 카르테	카드, 지도
Katze 캇쩨	고양이
kaufen 카우뻰	사다
Kaufhaus 카우프하우스	백화점
Kaugummi 카우구미	껌
Kellner(남)/ Kellnerin(여) 켈너/켈너린	종업원
Keramik 케라믹	도기
Ketchup 케첩	케찹
Kiefer 키뻐	턱
Kind 킨트	아이
Kirche 킬혜	교회
Kirsche 키르셰	버찌
Klebstoff 클렙슈토프	접착제
Kleid 클라이드	원피스
Klimaanlage 클리마안라게	에어컨

Knoblauch 크노블라우흐	마늘
kommen 콤멘	오다
Kontaktadresse 콘탁트아드레쎄	연락처
Kontakt aufnehmen 콘탁트 아우프네멘	연락을 하다
Kontoguthaben 콘토굿하벤	예금 잔고
Kopf 콥쁘	머리
Kopfkissen 콥쁘키센	베개
Kopfschmerzen 콥쁘슈메어쩬	두통
Kopie 코피	사본
koreanische Botschaft 코레아니셰 보트샤프트	한국 대사관
Körper 쾨어퍼	몸
Körpertemperatur 쾨어퍼템퍼라투어	체온
Korridor/Flur 코리도어/쁠루어	복도
kostenlos/frei 코스텐로스/쁘라이	공짜의
Krankenhaus/ Klinik 크랑켄하우스/ 클리닉	병원
Krankenwagen 크랑켄바겐	구급차
Krawatte 크라바테	넥타이

Kreditkarte 크레딧카르테	신용카드
Küche 퀴혜	부엌
Kühlschrank 퀼슈랑크	냉장고
Kultur 쿨투어	문화
Kunde/Gast 쿤데/가스트	손님
kurz 쿠어쯔	짧은

L

Ladenschluss 라덴슐루스	폐점
Lampe 람페	램프
Land 란트	땅
Landschaft 란트샤프트	풍경
lang 랑	길다
langsam 랑잠	느린
Langstreckenbus 랑슈트레켄부스	장거리 버스
laut 라우트	시끄럽다
Lebensalter 레벤스알터	연령
Lebensmittelgeschäft 레벤스미텔게셰프트	식료품점
lecker/ gut schmecken 레커/굿 슈메켄	맛있다
leger 레거	홀가분한, 간편한

201

leicht 라이히트	가볍다, 쉽다
Leihwagen/ Mietwagen 라이히바겐/밑바겐	렌터카
Leinen 라이넨	린넨
letzter Zug 렛츠터 쭉	막차
Licht 리히트	빛
Lied 리드	노래
links 링크스	왼쪽
Lippenstift 립펜슈티프트	립스틱
Löffel 뢰벨	숟가락
lokal 로칼	지역의

M

Mädchen 메드혠	소녀
Magen 마겐	위
Majonäse 마요네제	마요네즈
Maniküre 마니퀴어레	매니큐어
Markt 막트	시장
Marmelade 마말라데	잼
Massage 메시지	메시지
Medikament 메디카멘트	의약품
Meer 메어	바다
Mehrfahrtenkarte 메어빠르텐카르테	다인승 차표
Mehrwertsteuer (MwSt.) 메어베어츠슈토이어	부가가치세 (VAT)
Milch 밀히	우유
Minderjähriger 민더예리거	미성년의
Mindestgebühr 민데스트게뷔어	최저 요금
Mineralwasser 미네랄바써	미네랄워터
mit der Hand gemacht 밑 데어 한트 게막트	손으로 만든
Mitte/Zentrum 미테/쩬트룸	중앙, 중심
Möbel 뫼벨	가구
Möglichkeit 뫼글리히카이트	가능성
Möhre/Karotte 뫼레/카로테	당근
morgen 모르겐	내일
Morgen 모르겐	아침
Mücke 뮈케	모기
müde werden 뮈데 베어덴	피곤해지다
Mülleimer 뮐아이머	쓰레기통
Münze 뮌쩨	동전
Museum 무제움	박물관
Musik 무직	음악
Muster 무스터	견본

N

Nachricht 나흐리히트	뉴스
Nachrichten 나흐리히텐	뉴스
Nacht 나흐트	밤
Nachtclub 나흐트클룹	나이트클럽
Nachtisch 나흐티쉬	후식
Nachzahlung 나흐짤룽	후불
Name 나메	이름
Narkose 나코제	마취
Natur 나투어	자연
neu 노이	새롭다
Neuausstellung 노이아우스슈텔룽	새출시
nicht reservierter Platz 니히트 레저비어터 플랏츠	예약되지 않은 자리
Nichtraucherplatz 니히트라우허플랏츠	금연 구역
nicht schmecken 니히트 슈메켄	맛없다
niedlich 니드리히	귀여운
Norden 노르덴	북
Notausgang 노트아우스강	비상 출구

Nummer 눔머	숫자, 번호

O

Oberteil 오버타일	상부
Obst 옵스트	과일
öffnen 외프넨	열다
Öffnungszeit 외프눙스짜이트	개점 시간
ohne farbliche Zusatzstoffe 오네 빠브리혜 쭈잣츠슈토페	색소 첨가물이 없는
ohne Zusatzstoffe 오네 쭈잣츠슈토페	첨가물이 없는
Öl 욀	기름
Onkel 옹켈	삼촌
Operation 오퍼라찌온	수술, 작전
Ortsgespräch 오어트게슈프레히	시내 통화
Ortszeit 오어츠짜이트	현지 시간
Osten 오스텐	동쪽

P

Päckchen 펙헨	소포
Papierbecher 파피어베허	종이컵
Papier 파피어	종이
Papiertasche 파피어타셰	종이 쇼핑백
Parken verboten! 파켄 뻬어보텐	주차 금지!
Parkplatz 파크플랏츠	주차장
Passkontrolle 파스콘트롤레	입국 심사
PC 페쩨	개인용 컴퓨터
Pelz 펠츠	모피
Pfeffer 페퍼	후추
Plan 플란	계획
Polizei 폴리짜이	경찰관
Polizeipräsidium 폴리짜이프레시디움	경찰서
Polizeiwache 폴리짜이바헤	파출소
Porto 포르토	우편료
Porzellan 폴쩰란	도자기
Post 포스트	우편
Postamt 포스트암트	우체국
Präsident 프레지덴트	대통령
Preis 프라이스	가격
Preise 프라이세	가격, 상
Preisliste/Tarif 프라이스리스테/ 타리프	가격표
Profi-Baseball 프로피 베이스볼	프로 야구선수
Prognose 프로그노제	예측
Programm 프로그람	프로그램
pünktlich 핑트리히	제시간의

Q

Quittung 크빗퉁	영수증

R

Rabatt 라바트	할인
Radio 라디오	라디오
Ramyeon 라먄	라면
Rasierapparat 라지어아파가트	면도기
Rauchen verboten! 라우헨 뻬어보텐	흡연 금지!
Raucherplatz 라우허플랏츠	흡연 구역
Rechnung 레히눙	계산, 계산서, 영수증
rechts 레히츠	오른쪽
Regel 레겔	규칙
Regen 레겐	비
Regenschirm 레겐쉼	우산
Region 레기온	지역
reif 라이프	익은

203

독일어	한국어	독일어	한국어	독일어	한국어
rein 라인	순수한	R-Gespräch 에르-게슈프레히	콜렉트콜	sauer 자우어	(맛이) 시다
Reinigung 라이니궁	청소	Rindfleisch 린트플라이쉬	소고기	Schal 샬	숄, 스카프
Reis 라이스	쌀	Ring 링	반지	Scheck 셱	수표
Reise 라이제	여행	Rollstuhl 롤슈툴	휠체어	Schere 셰어레	가위
Reisebus 라이제부스	관광버스	Rolltreppe 롤트레페	에스컬레이터	schicken 쉬켄	보내다
Reiseführer 라이제쀠어거	여행 가이드	Röntgen 뢴트겐	방사선	Schiff 쉬프	배
Reisepass 라이제파스	여권	rot 로트	빨간색	schließen 슐리쎈	닫다
Reisescheck 라이제스체크	여행자 수표	rote Paprika 로테 파프리카	빨간 파프리카	Schließfach 슐리스빠흐	물품 보관함
Religion 렐리기온	종교	rückbestätigen 뤽베슈테티겐	재확인하다	Schließungszeit 슐리숭스짜이트	폐장 시간
rennen 렌넨	달리다	Rückfahrkarte 뤽빠카르테	왕복 승차권	Schmerz 슈메어쯔	통증
reservieren 레저비어렌	예약하다	Ruine 루이네	폐허	schmerzen 슈메어쩬	통증이 있다
reservierter Platz 레저비어터 플랏츠	예약된 좌석	Rundflug 룬트플룩	순회 비행	Schmerzmittel 슈메어쯔미텔	진통제
Reservierung 레저비어룽	예약	rund um die Uhr geöffnet 룬트 움 디 우어 게 외프네트	24시간 영업	Schmuck 슈묵	장식
Reservierungsnummer 레저비어룽스눔머	예약 번호			schmutzig 슈뭇찌히	더러운
Restaurant 레스토랑	식당	**S**		Schnee 슈니	눈
Rettich 레티히	무	Saft 자프트	주스	schnell 슈넬	빨리
Rettungsweste 레퉁스베스테	구명조끼	sagen 자겐	말하다	schön 셴	예쁜
Rezept 레쩹트	레시피	Salz 잘츠	소금	schönes Wetter sein 셰네스 베터 자인	날씨가 좋다
Rezeption 레쩹찌온	프런트	Sand 잔트	모래		
		Satz 잣츠	문장		

schreiben 슈라이벤	쓰다	Sitzplatz/Platz 짓츠플랏츠/플랏츠	좌석/자리	Stadtplan 슈타트플란	도시 지도
Schuhe 슈에	신발	Socken 조켄	양말	Steuer 슈토이어	조세, 세금
Schule 슐레	학교	Sohn 존	아들	stornieren 슈토니어렌	취소하다
Schulter 슐터	어깨	Soju 소주	소주	Straße 슈트라쎄	도로, 길
Schweinefleisch 슈바이네플라이쉬	돼지고기	Souvenir 수베니어	기념품	Streckenplan 슈트레켄플란	지도, 노선도
schwer 슈베어	무겁다, 어렵다	Speisekarte 슈파이제카르테	메뉴판	Strohhalm 슈트로함	빨대
Schwimmen 슈빔멘	수영	Speisesaal 슈파이제잘	식당	Stromausfall 슈트롬아우스팔	정전
seicht 자이히트	얕다	speziell 슈페찌엘	특별한	Student(남)/ Studentin(여) 슈투덴트/ 슈투덴틴	대학생
Seide 자이데	비단	spezielle Produkt 슈페찌엘레 프로둑트	특별한 제품		
Seife 자이페	비누	Spezifikation 슈페찌피카찌온	명세서	suchen 주헨	찾다
Selbstbedienung 젤브스트베디눙	셀프 서비스	Spiegel 슈피겔	거울	Summe 줌메	합계
seltsam 젤트잠	독특한	Spielcasino 슈필카지노	카지노	Supermarkt 주퍼마크트	슈퍼마켓
Shampoo 샴푸	샴푸	spielen 슈필렌	놀다	süß 쥐스	달콤한
sich beeilen 지히 베아일렌	서두르다	Sport 슈포트	운동	**T**	
Sicherheit 지허하이트	치안, 안전	Sprache 슈프라헤	언어	Tankstelle 탕크슈텔레	주유소
Silber 질버	은	sprechen 슈프레헨	말하다	Tante 탄테	이모, 고모
singen 징엔	노래하다	Spritze 슈프릿쩨	주사기	Tanz 탄쯔	춤
		Spülung 슈필룽	세척	Tasche 타셰	가방
Sitzgurt 짓츠구어트	안전벨트	staatlich 슈타트리히	국가의	Taschendieb 타셴딥	소매치기
Sitznummer 짓츠눔머	좌석 번호	Staatsangehörigkeit 슈타츠안게회어리히카이트	국적	Taschentuch 타셴투흐	손수건

Taxi 탁시	택시
Taxigebühr 탁시게뷔어	택시 요금
Taxistand 탁시슈탄트	택시 정류장
Tee 테	차
Telefon 텔레폰	전화
Telefongebühr 텔레폰게뷔어	전화 요금
Telefonnummer 텔레폰눔머	전화번호
Telegramm 텔레그람	전보
Teller 텔러	접시
Tempel 템펠	사원
Temperatur 템퍼라투어	온도
Tennis 테니스	테니스
Teppich 테피히	카펫
teuer 토이어	비싸다
Theater 테아터	극장
Thermometer 털모메터	온도계
tief 티프	깊다
Tisch 티쉬	테이블
Tochter 토흐터	딸
Tofu 토푸	두부
Toilette 토일레테	화장실
Toilettenbecken 토일레텐베켄	변기
Tourgebühr 투어게뷔어	투어 요금
Touristeninformation 투어리스텐인포마찌온	관광안내소
traurig 트라우리히	슬픈
treffen/sehen 트레펜/제헨	만나다, 보다
Treppe 트레페	계단
Tresor 트레조어	금고
Trinkgeld 트링크겔트	팁

U

U-Bahn 우반	지하철
U-Bahnhof 우반호프	지하철 역
überlassen 위버라쎈	남기다
übermorgen 위버모르겐	모레
Uhr 우어	시계
Umschlag 움슐락	덮개, 편지봉투
Unfall 운빨	사고
Unfallmeldung 운빨멜둥	사고 소식
Unterschrift 운터슈리프트	서명
untersuchen 운터주헨	조사하다
Unterteil 운터타일	하부
Urlaub 우얼라우브	휴가

V

Verband 뻬어반트	붕대
Verbrennung 뻬어브렌눙	연소
Verkehrsunfall 뻬어케어스운빨	교통사고
Verletzung 뻬어렛쭝	훼손
verlorene Sachen 뻬어로어레네 자헨	잃어버린 물건
Verlust 뻬어루스트	분실
Verpackung 뻬어파쿵	포장
verschieben 뻬어쉬벤	미루다
verschieden 뻬어쉬덴	다양한
Versicherung 뻬어지허룽	보험
Verstopfung 뻬어슈톱풍	변비
verzögern 뻬어쬐건	늦추다
Visitenkarte 비지텐카르테	명함
Vogel 뽀겔	새
Vorhang 뽀어항	커튼
Vorsicht 뽀어지히트	조심
Vorsichtig behandeln! 뽀어지히티히 베한델	조심히 다루세요!

W

Waage 바게	저울
warm 밤	따뜻한
warmes Wasser 바메스 바써	온수
Wartezimmer 바르테찜머	대합실
waschen 바셴	세척
Wasser 바써	물
Wasser mit Kohlensäure 바써 밑 콜렌조이레	탄산수
Wasser ohne Kohlensäure 바써 오네 콜렌조이레	탄산 없는 물
Watte 바테	솜
Wechselgeld 벡셀겔트	거스름돈
Wechselkurs 벡셀쿠어스	환율 시세
Wechselstube 벡셀슈투베	환전소
Weckanruf 벡안루프	모닝콜 서비스
Wecker 베커	자명종
weich 바이히	부드럽다
Weihnachten 바이나흐텐	크리스마스
Weinkarte 바인카르테	와인 메뉴판
weiß 바이스	흰
Welt 벨트	세계
Werbung 베어붕	광고
Wertgegenstände 베어트게겐슈텐데	귀중품
Westen 베스텐	서쪽
westlicher Stil 베스트리혀 슈틸	서양 스타일
Wetter 베터	날씨
Wettervorhersage 베터뵈어헤어자게	기상 예보
Wind 빈트	바람
Wirkung 비어쿵	영향
Wohnung 보눙	거주지
Wolle 볼레	양모
Wunde 분데	상처

Z

Zahl 짤	수
Zahn 짠	이
Zahnbürste 짠뷔어스테	칫솔
Zebrastreifen 제브라슈트라이펜	횡단보도
Zeitung 짜이퉁	신문
zerbrechlich 쩨어브레흐리히	깨지기 쉬운
ziehen 찌엔	당기다
Ziel 찔	목표
Zigarette 찌가레테	담배
Zimmer 찜머	방
Zimmernummer 찜머눔머	방 번호
Zimmerpreis 찜머프라이스	방 가격
Zimmerservice 찜머서비스	룸서비스
Zoll 쫄	관세
Zollbefreiung 쫄베쁘라이웅	관세 면제
Zollerklärungsformular 쫄에어클레어룽스뽀 룰라	세관 신고서
zollfreie Ware 쫄쁘라이에 바레	면세품
Zoo 쪼	동물원
Zucker 쭈커	설탕
Zug 쭉	기차
zurückgeben 쭈뤽게벤	반환하다
Zusatzbett 쭈잣츠베트	추가 침대
Zuschauer 쭈샤우어	관객
Zuschlag 쭈슐락	추가 비용
Zweck 쯔벡	목적

여행 독일어 co-Trip ことりっぷ

초판 인쇄일 2023년 1월 15일
초판 발행일 2023년 1월 27일

지은이 코트립 편집부
옮긴이 신의진, 임휘준
발행인 박정모
등록번호 제9-295호
발행처 도서출판 혜지원
주소 (10881) 경기도 파주시 회동길 445-4(문발동 638) 302호
전화 031) 955-9221~5 팩스 031) 955-9220
홈페이지 www.hyejiwon.co.kr

기획 박혜지
진행 박혜지, 박주미
디자인 조수안
영업마케팅 김준범, 서지영
ISBN 979-11-6764-038-3
정가 13,000원

co-Trip KAIWA CHOU ことりっぷ 会話帖